以紙幣回溯中國近現代史

＊（）內為紙幣上標記的年份

人民幣誕生前

川陝省蘇維埃政府工農銀行（1933 年左右）

1931 年，中國共產黨於江西省瑞金成立中華蘇維埃共和國臨時政府，但因戰況不利，被迫遷移。圖為當時所發行的布製貨幣，稱為三串幣，上頭寫著「全世界無產階級聯合起來」。

滿洲中央銀行（1938 年左右）

滿洲國建國後，隨即在 1932 年 6 月於新京（現吉林省長春）成立滿洲中央銀行。銀行職員與關東軍游擊隊同行，回收地方政府與軍閥發行的貨幣，以滿洲中央銀行的貨幣代替。上頭印有孔子的肖像。

中央銀行（1936 年）

由蔣介石領導國民黨掌握政權的中華民國，接受英、美的支援，在 1935 年實施貨幣制度改革。由中央銀行、中國銀行、交通銀行、中國農民銀行四家銀行發行法定貨幣——「法幣」，終結了銀本位制。

中央儲備銀行（1940 年）

國民黨內，與蔣介石對立、以汪兆銘為首的親日政權成立中央銀行，發行貨幣。和「法幣」一樣採用孫文的肖像。發行的紙幣被稱為儲備銀行券，負責日本戰爭經費的調度，以及驅逐法幣的任務。

冀南銀行（1939 年）

中日戰爭期間，在共產黨根據地「邊區」所發行的一種「邊幣」。因是抗日貨幣，又被稱為「抗幣」。以山西、河北一帶為據點的冀南銀行，是 1948 年成立的中國人民銀行的前身之一。

長城銀行（1948 年）

成立於國共內戰時期，以河北、遼寧、內蒙古一帶為據點。紙幣上印有毛澤東的肖像，是否有取得毛澤東的同意並不得而知，也可能是在毛澤東不知情的情況下發行的。

人民幣誕生後

第一套人民幣（1949 年）
於 1948 至 1953 年發行。有些紙幣仍以中華民國紀年。圖案超過六十種，印刷及品質參差不齊。圖案以工業、農業相關的風景為主。進入 1950 年代後，也發行一萬元與五萬元紙幣。

第二套人民幣（1956 年）
於 1955 至 1962 年發行。這張紙幣一開始構想的圖案是人們高舉著毛澤東的肖像畫，但和第一套人民幣的情況相同，毛澤東拒絕使用自己的肖像。當時得到蘇聯的技術支援。

第三套人民幣（1965 年）
於 1962 至 1974 年發行。包括文化大革命時期在內，流通長達三十年左右。圖案重視煉鋼或工廠等生產力之象徵。沒有使用毛澤東的肖像，在崇拜毛澤東最盛的文化大革命時期，人民銀行因此飽受批評。

第四套人民幣（1990 年）
於 1987 至 1998 年發行。紙幣上首次出現共產黨領導人的肖像，由右至左分別為毛澤東、周恩來、劉少奇及朱德，當時四人均已過世。為配合經濟發展，發行了五十元與一百元的「大額紙幣」。

第四套人民幣（1980 年）
正式發行時間為 1987 至 1998 年，但由於文化大革命的混亂，與紙幣上標記的年份可能不一致。這張紙幣上印著回族與藏族男女。這套紙幣有十種以上的少數民族與女性圖案，意在強調「團結」。

第五套人民幣（1999 年）
於 1999 年開始發行。為紀念建國五十週年而發行的新紙幣，統一印上毛澤東的肖像，僅以顏色區分不同面額。當初也有考慮其他政治人物的肖像。自 2005 年起，因意識到國際化，於紙幣背面加上元的羅馬拼音 YUAN。

特殊幣

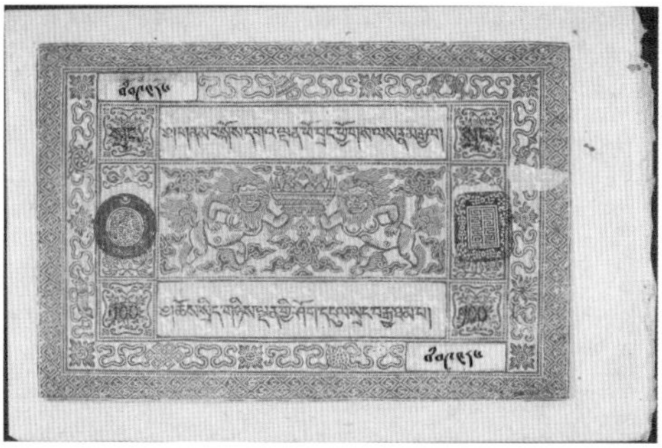

西藏紙幣

在西藏，直到 1959 年中國共產黨禁止之前，印度盧比等外幣，西藏自己的銀幣、銅幣、紙幣都可以流通使用。這張紙幣印有兩頭獅子舉著聚寶盆的圖案，上頭文字為藏文，尺寸為 140 mm×210 mm。也有手刷木版印製的紙幣。

港幣三種

香港流通的紙幣有三種，分別由渣打銀行、中國銀行、香港上海匯豐銀行發行，各自有不同的圖案。自英國殖民時代起，港幣已有一百五十多年的歷史。

外匯兌換券

與人民幣等值的證明票券，可兌換外幣。由中國銀行於 1980 年發行，至 1994 年廢止，主要供外國人使用。目的在於集中管理外幣，避免人民幣流到海外。過去外匯兌換券黑市交易猖獗。

廣東省本票

改革開放後，於經濟發展快速的廣東省實驗性地發行，為與人民幣等值的證明票券。面額為當時人民幣沒有的五十元與一百元。1985 年 2 月發行，僅可於廣東省使用，但一個月左右就廢除。

袁大頭（袁世凱銀元）

袁世凱趁中華民國剛建國，局勢混亂之際，掌握政權，在二十世紀初發行銀幣。其上鑄有仍在世的掌權者的肖像，在中國是很稀有的貨幣。

資料提供：植村峻、加藤千洋（廣東省本票）

參閱：植村峻，《紙幣的文化史》（NTT 出版）、中國人民銀行貨幣發行司編，《人民幣圖冊》（中國金融出版社）、陳雨露，《人民幣讀本》（中國人民大學出版社）

人民幣的野心

改寫世界經濟的中國貨幣發展史

人民元の興亡

毛沢東・鄧小平・習近平が見た夢

吉岡桂子——著

郭清華——譯

台灣版序

致各位台灣讀者：

我現在正位在香港的金融街道上。聳立於眼前的是總部設在倫敦的香港上海匯豐銀行（HSBC）、渣打銀行，以及中國的大型國有銀行中國銀行大樓。身穿黑色衣服且戴著口罩的示威群眾被警察追著四散奔逃，跑到發行香港貨幣港幣的三家銀行旁。

因要將刑事案件嫌疑人自香港引渡至中國的《逃犯條例》修正案而引發的市民抗議行動，自二〇一九年六月開始已持續了超過三個月。示威群眾與警察的衝突越演越烈，也擴及到了國際金融中心香港的心臟地帶——金融街。警察投擲催淚彈，示威群眾在地下鐵出口放火。即使香港政府已經決定撤回逃犯條例，依然無法平息市民們的怒火。對中國政府唯命是從的香港政府已然失去信用，以激烈的手段暴力相向的警察更是大失民心。自英國於一九九七年將香港歸還給中國已二十多年過去，可以看到香港人民面對香港不斷被「中國化」所產生的恐懼，以及在這刺激下所激起的香港民族主義正壟罩著香港社會。

在「光復香港，時代革命」、「今天的新疆、明天的香港」、「停止白色恐怖」這類口號的塗鴉當中，我看到了當時協商歸還香港的英國首相柴契爾夫人與中國最高掌權者鄧小平並列的海報，上頭寫了「RESPECT ONE COUNTRY WHILE WE NEGLECT TWO SYSTEMS」（尊重一國之時，漠視兩制）。中國承諾香港回歸之後的五十年間，可繼續維持諸如資本主義這些跟中國本土不同的政治、經濟制度，並保有除外交與國防之外的「高度自治」。這個「一國兩制」的承諾，在中國習近平政權的強硬政策之下逐漸遭到剝奪，那張海報就是在諷刺這樣的現況。

不僅僅只是限制了政治與言論的自由，香港經濟看似也正遭到中國蠶食鯨吞。每年有五千萬名中國旅客到訪香港，而該人數約莫是香港人口的七倍。中國的國內生產毛額，在香港回歸中國的時候，曾是香港的五倍，現在則已經膨脹至三十七倍。單就經濟規模而言，香港不過是中國的一個地區都市。從能夠顯示富足程度的平均每人國內生產毛額來看，北京、上海、深圳超越了香港，廣州則是逼近香港的水準。

香港最大的優勢就是金融，作為國際金融中心維持著繼紐約與倫敦之後的地位，而其金融核心就是香港的貨幣——港幣。中國的企業在香港股票市場上市，利用能自由兌換成美元等外幣的港幣籌措金錢，將事業版圖擴及世界，至今中國與外國之間仍有不少投資資金透過香港進行往來。在背後支撐港幣信用的，是香港有、而中國沒有的東西——法治與自由。

一旦香港失去法治與自由，港幣所擁有的價值也就會隨之消失了吧。反過來說，中國貨幣人民幣的國際化在經濟規模擴大之下裹足不前，在在顯示出了欠缺法治與自由的中國，在政治、經濟與社會制度上的弱點。中國當局本身因為擔心國內動盪，所以才無法認可人民幣自由匯兌外幣、在國際市場上自由交易，人民幣的國際化仍是一個尚未實現的夢想。中國共產黨、中國政府應該要察覺到，「香港就是香港」對中國來說也是一件重要的事。當市民的群情激憤與對中國的抵抗之情擺在眼前，這場戰爭可以說是才剛剛開始。

「一國兩制」原本就只是中國為統一台灣而挖空心思提出的論點，身在台灣的各位應該比世界上的其他人都更嚴肅地看待香港所面對的問題吧！之所以在一開始，就先對接下來要閱讀《人民幣的野心》的各位讀者提到香港，是因為本書的內容不但論及金融與經濟層面，還涉及了貨幣所背負的歷史、所體現的主權與國家形態。從中國視為屈辱歷史起點的十九世紀中葉「鴉片戰爭」開始，再到崛起的中國與其唯一視為對手的二十一世紀霸權國家美國之間的對立，對於這些國際政治也有廣泛著墨。尤其是，在胡錦濤政權移交為習近平政權的那個時代，我自己就親自在當地進行採訪。並且還從日本銀行總裁、日本政府官員，以及亞洲開發銀行總裁等日本的相關人員口中得到各種證言。針對日本過去是如何透過貨幣面對中國這個大國、未來又將會如何去面對進行探討，也是本書的特色所在。也收錄了當時亞洲開發銀行的日本人總裁的證言，指出中國加入亞洲開發銀行以後，曾想要將已經先行加入的台灣踢出組織，後來經過一番與中國之間的竭力交涉，才贏得了留下台灣這個成員的結果。由衷希望各位與日本關係深厚的台灣讀者都能一讀。

讓我們將目光望向未來吧。眼下，為世界帶來不確定性的美中霸權爭奪中，貨幣是中國最居下風的領域之一。人民幣仍處在無法立即就撼動也支撐著軍事霸權的美元關鍵貨幣地位的階段。正因為如此，投資銀行等金融領域仍舊是中美合作的舞台。只不過，當世界開始邁入無現金時代，整體局勢便漸漸發生微妙改變。而站在最前方的也是中國。舉例來說，世界大型資訊科技企業阿里巴巴所建立起來的智慧型手機支付網路，其累積記錄下來的大眾行為或購物資訊大數據，會被誰掌握在手中，又會被如何利用呢？在貨幣的價值逐漸轉變為情報訊息的發展中，人民幣又會占據什麼樣的地位呢？

即便是在以被稱為「區塊鏈」的新技術為基礎的「加密資產」上面，中國也打算要走自己的路。由美國 Facebook 等多數跨國企業齊聚的協會所管理的話題性貨幣「Libra」，令日本、美國、歐洲已開發國家的政府與中央銀行疲於思索對策。而中國也急於著手準備由中央銀行自行發行加密資產。無論是不景氣時期的舊人民幣或是未來的數位人民幣，中國共產黨都不會放棄對貨幣的嚴格管制。其歷史背景與涵義，似乎能在直視中國一路走來的貨幣興亡史中，看得清楚一些。

在美國川普政權打亂世界秩序的時候，中國作為以一黨獨裁為背景的特殊技術革新大國，以經濟實力為武器不斷地進行擴張。人民幣象徵著中國經濟核心，如果對人民幣有所了解，能夠為亞洲這個地區，以及對台灣未來的思考有所幫助，那將會是我的榮幸。

於香港中環

二〇一九年初秋　吉岡桂子

序　被瓜分的恐懼

想像一下，在日本的港口城市，可以使用美元、英鎊、歐元、俄羅斯盧布、中國人民幣、韓圜、泰銖或新加坡元等各國外幣。因為地緣關係，盧布在北海道、人民幣或新台幣在沖繩、韓圜在島根的流通量特別高。

不僅如此，進駐的外資銀行也開始發行自己的貨幣。在英國占領的四國，部分地區正式採用的貨幣是「四國元」；中國占領九州，建立九州國，並發行「九州國幣」。

發行貨幣的金融機構不只日本銀行，從北海道到沖繩，各地的掌權者或地方政府均逕行成立銀行，發行當地的貨幣。以農村為根據地的新政黨也發行自己的貨幣。

哪一種貨幣最有信用？哪一種最有價值？人們在使用上感到相當困惑。

我到底想說什麼？是在寫無聊的小說嗎？並非如此。我只是試圖將一八四〇年代中英鴉片戰爭爆發後，中國貨幣在那一百年間的情形加以濃縮，並置換成日本列島，便呈現出這樣的景象。

歐美列強利用不平等條約取得特權，使用自己國家銀行發行的貨幣進行貿易。日本占領東北地區，建立「滿洲國」，更往南擴大勢力範圍，發行日圓關係貨幣。

「外國政府或銀行侵犯地方的貨幣主權。之後，與中國全面開戰的日本，甚至想掠奪整個國家的貨幣主權」（河北師範大學教授戴建兵），中國的歷史學家特別強調在列強侵略下，貨幣主權受到侵犯的屈辱。

但為所欲為的不僅是外國的銀行。因為中國原本就有多種貨幣混雜流通。

中國文明源遠流長，貨幣經濟很早就蓬勃發展。紙幣的歷史至少可追溯到北宋時期（九六〇至一一二七年）。義大利人馬可波羅曾仕宦於蒙古族所建立的元朝（一二七一至一三六八年），他在《馬可波羅遊記》中稱元世祖忽必烈是「最厲害的鍊金術師」，因為元朝的貨幣並不是金、銀、銅等貴金屬，而是毫不值錢的桑樹樹皮做成的紙片，作為貨幣流通非常便利。

冠上永樂皇帝之名的「永樂錢」，如大家所知，是明朝（一三六八至一六四四年）政府發行的貨幣。但當時各地都有人擅自發行貨幣，民間甚至有貨幣兌換商提供匯兌服務。

中國的貨幣制度史，學術上仍有許多未知之處。試想，中國那麼大，各地的經濟情勢各異，要讓皇帝授權發行的貨幣普及至每一個地方絕非易事。讓各地有自己的貨幣，不僅省事，也才符合實際情況。應該說，要統一貨幣根本是不可能的事。不管是明朝還是清朝（一六一六〔一六三六〕至一九一二年），造幣工廠都設在內陸，那個時代尚缺乏製造均一貨幣的技術。就算在京城統籌印製貨幣，再運至各地，漫長的路上還有被盜賊襲擊的風險。

分散的各地貨幣並存的經濟制度，就這樣持續了數百年。其中也涵蓋從清末開始，受到列強侵犯的一百年間。

隨著辛亥革命成功，清朝被推翻，中國兩千多年的帝制政治落幕。一九一二年，從日本留學歸國的孫文被推舉為臨時大總統，建立中華民國，但貨幣還是未能統一，即便法律明訂「幣制發行權歸屬中央」，也無法落實。未準備足夠資本就大量發行貨幣，當時的情況是一片混亂。

趁機奪權的袁世凱也懷著統一貨幣的夢，他成立「幣制改革委員會」，但成效不彰。最後，袁世凱的貨幣改革制度，中國人只記得他留下了鑄有其頭像的銀幣「袁大頭」。

各地貨幣並存，包括從海外流入的銀幣、銅幣，地方政府的金融機構，以及與軍閥合作的銀行也紛紛發行自己的貨幣。國有銀行、中國資本家設立的民營銀行、地方銀行，甚至民間的商人也開始發行紙幣。

為因應各種貨幣的匯兌，每天都有新的市場行情。

總之，當時情況很複雜。不是列強分裂了中國統一的貨幣制度，而是中國的貨幣原本就是分散的，包括日本在內的外國銀行所發行的紙幣也混雜其中。比起國家的貨幣主權受到侵犯這件大事，對市井小民來說，「又冒出新的紙鈔了」，恐怕才是更直接的感受。

一九三五年，蔣介石領導的國民政府在首都南京成立中央銀行，發行印有孫文肖像的紙幣「法幣」。法幣獲英國與美國的支持，以英鎊、美元的信用為後盾，試圖統一貨幣。法幣暫時穩定了貨幣市場，但也僅限於國民政府勢力所及的範圍。外國體系或地方發行的貨幣仍持續流通。日本成立傀儡政權的滿洲國，便是使用印有孔子與孟子的「滿洲國幣」；毛澤東領導的共產黨，則以農村為據點，發行自己的貨幣。有人說當時中國的貨幣一度超過一千種。

國內的貨幣變得更加分散，列強的外幣又強行侵入。舉步維艱之際，日圓關係貨幣不僅在滿洲國使用，更試圖擴大流通範圍。清末以來的一百年間，中國的貨幣與中國這個國家在國際上的處境，猶如硬幣的兩面。

有個詞叫「瓜分危機」。當時中國的知識分子用「瓜分」來描述中國如同被以刀剖瓜般地分割的恐懼。

自鴉片戰爭戰敗，與英國訂定《南京條約》以來，列強一再要求簽署不平等條約，取得特權。列強以租借地的名義占領各地，奪取財富。每一塊被分割的瓜，都流通著各自的貨幣。這個時代所刻劃的記憶，國家深陷分裂危機，是所有中國人，尤其是統治者，心中共同的恐懼。

孫文留有一句名言：「我們是一盤散沙。」感嘆中國人太自由，不懂得團結，面對帝國主義列強的侵略與逼商也無法反抗。話中充滿了對自己民族因為不團結而被外國人欺負的憤恨。

中國人就像一盤散沙。確實，自古以來，中國人只要有機會便發行自己的貨幣。懷有稱霸一方夢想的人會想要建立自己的勢力網，要在這種離心力作用下凝聚社會力量並不容易。

被稱呼為「核心」的現任「皇帝」習近平，應該也有著與孫文相同的感嘆。

根據英國經濟學者安格斯・麥迪森（Angus Maddison）的看法，十九世紀前半葉，中國是占世界經濟規模近三成的超級大國。中國共產黨經歷對日抗戰，並於內戰中打敗國民黨後，於一九四九年建立中華人民共和國。過去，因為列強的分裂而陷入「屈辱與苦難」的中國歷史，自此轉化為愛國故事，成為約束中國人民的工具。

貨幣是以國家的信用為基礎，更背負著民族主義的宿命。熟悉中國近代史的京都府立大學教授岡本隆司曾說：「二十世紀初，列強的『瓜分』或西藏、蒙古的獨立運動，使清朝與中華民國深感威脅，因而更積極地追求統合。貨幣管理是關乎國家與國民整體的問題。隨著對民族國家及國民經濟的追求，中國的貨幣制度也由清朝的放任態度，走向統一管理。」

一九四八年，人民幣誕生了，在中華人民共和國成立前的十一個月。其後，存在於各地的多種貨幣、軍票，在槍口下一一消失。對於被揶揄擁有「雜種幣制」的中國而言，這是「史上頭一遭」（岡本隆司）。

因鴉片戰爭而成為英國殖民地的香港，在回歸中國後，擁有百年以上歷史的港幣仍舊通用，唯一改變的是市面上流通的貨幣多出了一種——人民幣。

以貨幣單位來看，中國的「元」（YUAN）與日本的「円」（YEN），其實有著相同的起源。自十八世紀後半葉起，透過貿易流入中國的墨西哥等國家的銀幣，因為是圓形的，中國人便以「銀圓」稱之。「圓」於是成為貨幣的單位，並在十九世紀前半葉傳入日本，這種說法相當可信。在中國，因為「元」與「圓」發音相同且筆畫更少，「元」便取代了「圓」；在日本則改用新體字「円」。

人民幣與日圓的貨幣符號同為「¥」，兩者的未來應該還是會互相影響。建國的精神領袖毛澤東與帶領改革開放、讓經濟走向成長的鄧小平，以及懷抱復興中華民族之夢的習近平……這些中國的領導人大概都把自己的野心寄託在人民幣上了。

那麼，故事就此開始。

目次

人民幣的野心

人民幣的野心

改寫世界經濟的中國貨幣發展史

人民元の興亡

毛沢東・鄧小平・習近平が見た夢

文中的頭銜、團體名稱均為採訪當時使用的名稱。

又，二〇一六年年平均匯率如下：

一美元＝六・六四二三元人民幣（中國人民銀行官網）

一美元＝一〇九・八四日圓；一元人民幣＝一六・六七日圓

（三菱 UFJ 調查＆諮詢公司官網）

| 第一章 |

貨幣與權力

我的像不能用，我沒有這個資格。

——毛澤東

人民幣上的男人

成為人民幣紙幣上肖像的，只有毛澤東一人。

穿著中山裝的毛澤東，頭髮梳成七三分，表情平靜，視線望向左上方。人民幣最大面額的百元紙幣，正反面均為紅色，那是革命的顏色。

自一九九九年使用到現在的紙幣，是第五套人民幣，從一九四八年十二月首次發行人民幣以來的第五套。人民幣上頭圖案的變遷，便是一部中國現代史。

建國的精神領袖毛澤東，生前拒絕把自己的肖像印在紙幣上，還不只拒絕了一次。毛澤東為何拒絕？我們從中國留下的紀錄來一探究竟。

首先，在一九三〇年左右，毛澤東說：「我的像不能用，我沒有這個資格。」並表示：「可以考慮列寧的肖像。」

佛拉迪米爾·伊里奇·列寧（Влади́мир Ильи́ч Улья́нов）是領導俄羅斯革命，建立世界第一個社會主義國家蘇聯的政治家。一九二一年於上海成立的中國共產黨，受到莫斯科共產主義政黨的國際組織「共產國際」莫大的影響。

因為毛澤東的建議，共產黨決定貨幣上就採用蓄著鬍鬚的列寧肖像。貨幣的發行由毛澤東之弟毛澤民擔負重任，而負責設計的，是曾留學日本的黃亞光。

日本與中國的歷史交錯，就讓我們來疏理其中經緯吧！

繪製「蘇幣」的畫筆

當時的中國，由蔣介石領導的國民政府打敗以日本為後盾的軍閥張作霖，一度完成統一霸業。蔣介石與以上海為中心、領導中國經濟圈的浙江財閥聯手，在英國與美國的支持下，達成由國民黨統一政權的目標。

國民黨在都市取得優勢的同時，毛澤東領導的共產黨則退到深山農村，擬定策略。一九三一年十一月，共產黨在江西省瑞金成立中華蘇維埃共和國臨時政府，由毛澤東擔任主席。但因為反覆遭到國民黨經濟封鎖，共產黨作為據點的農村，錢財和物資都十分匱乏。

毛澤東意識到，革命不是光靠志向就能完成。調度戰爭經費需要錢，想建立自己的國家，就需要有屬於自己的貨幣。遂於翌年成立臨時政府的國家銀行，這是擁有發行貨幣權限的中央銀行，也是今日中國人民銀行的前身。由小毛澤東三歲的弟弟毛澤民擔任行長。農民出身的毛澤民，曾任小學庶務人員、煤礦經理，也曾任某地區的經濟部長。

國家銀行行員只有五人，包括讀過四年私塾的毛澤民在內，全是農村出身、只有小學學歷的店員與工人，是一家鄉下銀行。總行是農家提供的兩層樓小房子，五名行員全蝸居於此。要如何取得發行貨幣的信用？紙幣又要如何製造？事實上，裝滿金幣、銀幣及外幣的麻布袋，早已由士兵祕密運至總行了。

找人設計紙幣也是難題。

「有個人曾留學日本，寫得一手好字，又擅繪畫。」他們找到了與日本有著不淺淵源的黃亞光。

黃亞光本名黃雨霖，一九〇一年出生於福建省的富裕教師家庭，成績優異，自一九一六年起前往日本留學兩年。留學日本期間，正值日本在明治維新後，以富國強兵政策於日中戰爭、日俄戰爭中取得勝利，景氣大好的「大正泡沫」時代。因為在第一次世界大戰時出口「戰爭特需」，經濟大幅成長。在政治、社會及文化方面，則出現以建立自由民主社會為目標的浪潮，為「大正民主」時代。但另一邊的中國仍處於混亂狀態，甫誕生的中華民國，內部紛爭不斷，各地軍閥跋扈。

黃亞光赴日的一九一六年，是日本對中國提出《二十一條要求》的隔年。當時歐洲列強正疲於第一次世界大戰，無暇顧及中國，日本便趁機搶奪在山東省的特權。中國至今仍將簽署《二十一條要求》的五月九日視為「國恥日」，是中國屈辱歷史的起點。

在此時代背景下留學日本的黃亞光，「見日本經濟的繁榮而憂母國之落後」（福建省江夏黃氏源流研究會官網），喚醒了沉睡在心底的民族主義，遂將名字由「雨霖」改為「亞光」，蘊含著突破亞洲、為國家贏得光榮的氣概。

黃亞光從日本回國後，一面於地方上教畫，一面加入共產黨。曾因政治鬥爭而被宣判死刑，卻因為毛澤民兄弟的保薦，進入國家銀行，設計共產黨最早的貨幣——「蘇幣」，也就是在中國蘇維埃地區流通的貨幣。

農村沒有畫筆、圓規、顏料，也沒有銅版，必須從上海輾轉入手。甚至連紙也沒有，眾人便到山裡剝樹皮，並試著利用鞋底、麻料、繩索等素材手工造紙。

黃亞光筆下的列寧表情平靜，視線落在左下方。他以紅褐色顏料，由右至左題上「壹圓」二字，下方則是首任行長毛澤東之弟毛澤民的簽名。紙幣背面正中央大大寫著英文字母「ONE」。深山農村印製的紙幣竟寫著「ONE」，當時對國際社會有多少認知我們不得而知，但對於曾赴剝奪祖國權益的日本留學，在那裡首次受到外國文化薰陶的黃亞光來說，此舉必定有著他欲「突破亞洲」的意念。

不過，「蘇幣」流通的時間並不長，短短數年便結束了它的使命。在國民黨軍一再的攻擊下，共產黨無法堅守據點。毛澤東等人帶著家產及物資，開始自一九三四年起，長達兩年、跋涉一萬兩千五百公里，被稱為「長征」的逃亡行動。這個約有十萬人的大型逃亡隊伍，成立小小中央銀行的黃亞光等人也在行列中。

六十種「抗日貨幣」

由蔣介石領導的國民黨掌握政權的中華民國，自一九三五年起，接受英、美的支援，發行全國通用的法定貨幣「法幣」。法幣具備可與美元及英鎊這些國際貨幣匯兌的信用，上頭有孫文的肖像，以「圓」為單位。

所謂法定貨幣，是依據國家法律正式發行的貨幣。雖然法幣的發行，在歷史上被定位為「貨幣統一」，但此時期於中國境內流通的貨幣，卻不只有印著孫文肖像的法幣一種。背叛蔣介石、與日本聯手的汪兆銘親日政權，也發行印有孫文肖像的貨幣。在東北地區，日本建立的滿洲國也成立中央銀行，發行自己的貨幣。河北省等華北地區的銀行也因有日本撐腰，紛紛群起效尤。除此之外，美元等外幣或由外資銀行發行的紙幣也在中國境內流通。各個勢力的消長與貨幣的流通範圍有時重疊、有時分離，中國宛如陷入「貨幣戰爭」中。

一九三七年開始的中日戰爭期間，毛澤東打出「國共合作」口號，以不發行全國通用貨幣的方式，表示對法幣的支持。其實當時的共產黨也沒有那個能力，但要維持據點的勢力及物資的調度都需要錢，只好在各自的勢力範圍內，發行各種稱為「邊幣」的貨幣。「邊幣」是共產黨在各個據點發行的地方貨幣，藉以向當地農家或商家換取物資。

這些如同共產黨軍票的地方貨幣，又稱作「抗幣」，為「抗日貨幣」的簡稱，英文為「Anti Japan Currency」。到一九四五年中日戰爭結束前，中國境內共發行了近六十種「抗幣」。

這種作為人民幣起源的共產黨貨幣，具有「抗日」的象徵意義，成為今日部分錢幣收藏家眼中的至寶。在北京的拍賣會上，一枚喊價三十萬人民幣，價值極高。此外，二〇一五年夏天，中國為慶祝「抗日戰爭勝利七十週年」舉行了一連串的活動，包括發行「抗幣」的複製品——「紅色貨幣．抗幣金銀紀念鈔」以示慶祝。

這套紀念鈔以各地發行的五款「抗幣」為藍本，混入一公克的純金和五十五公克的純銀製成，實在很有中國的「土豪」風格。這套紀念鈔限量發行一萬套，每套售價三千九百八十元人民幣。

當中有一張綠色的「伍圓」鈔，上頭印著年輕時的毛澤東肖像，看起來纖弱而神經質，瘦長的臉，直視前方。其藍本是總行位於江蘇省的江淮銀行於一九四四年發行的紙幣，當地的軍方紀念館仍保存著當時的紙幣。這座紀念館也是抗日戰爭勝利的愛國主義教育基地，胡耀邦、江澤民、胡錦濤等歷代共產黨領導人都曾前來視察訪問。

一位戰時曾於江淮銀行工作、現已九十四歲的老人，在二〇一五年夏天接受《解放軍報》採訪時表示：「受到經濟封鎖，無法獲得（紙幣的）材料。先是利用稻草製作紙漿，但做出來的紙太軟，不能印刷，還混合了桑樹皮與棉花來加強硬度。但後來銀行被日軍占領，設立才三個月的銀行只能被迫遷移。」

根據紀錄，毛澤東生前曾再三拒絕將自己的肖像印在紙幣上，為什麼會同意用在「抗幣」上呢？國共內戰時，部分地區的紙幣上印有毛澤東的肖像，筆觸、表情各異。這些紙幣極有可能是發行者擅自印製，並未徵得毛澤東的同意。彼時，距離紙幣統一採用毛澤東的肖像並在全中國流通，尚有大一段時日。

「大家一起愛護人民幣」

毛澤東領導的共產黨從中日戰爭的混亂脫身，試圖在內戰中制伏國民黨。在距離共產黨一九四九年一月進入北京之前不到一年，共產黨將位於陝西省延安的總部遷到距離北京三百公里左右的河北省西柏坡，在此規劃建國藍圖。

為發行自己的貨幣，共產黨著手設立中央銀行，即中國人民銀行。在命名之初，尚有「解放銀行」、「聯合銀行」等提案，最後黨中央選擇了「人民銀行」，於一九四八年十二月一日開始營運。

毛澤東的肖像終於要印在紙幣上了嗎？事情並未如此發展。

人民幣的誕生，和共產黨老幹部之一董必武有著很深的淵源。董必武是湖北省人，一八八六年出生，十七歲時通過清朝時代的科舉考試，可說是一位精英，也曾留學日本。後來當上中國國家副主席，是建國元老之一。

當時，董必武負責共產黨的財政經濟，其後擔任華北人民政府主席。發行人民幣時，董必武提議將毛澤東的肖像印在紙幣上，他諮詢黨中央，也獲得同意，但不久後就傳來毛澤東拒絕的消息。

「人民幣是屬於國家的，是政府發行的，不是黨發行的，我現在是黨主席，不是政府主席，怎麼能把我的頭像印上呢？」雖然在中國粉飾領導人發言的情形並不罕見，毛澤東是不是真的這麼想無從考證，但這說法確實是對的。

毛澤東的發言讓負責準備的人亂了陣腳。因為距離發行只剩不到一年，也已經將有著毛澤東肖像的紙幣型版送至印刷單位了。現在必須馬上想出新方案，董必武於是找上人民銀行首任行長南漢宸商量。

「就用工業、農業生產的風景吧。」

順利趕在人民銀行成立的同時發行的人民幣並不多，包括繪有在田裡從事農作的農民和行進中的火車的十元紙幣，以及繪有載運煤炭的貨車、馬和稻田風景的五十元紙幣等，還是採用中華民國紀年。自此之後，到一九五三年之間（中間還歷經一九四九年十月中華人民共和國建國），人民銀行共發行了六十二種人民幣。

人民銀行成立時的發行科長石雷，在其著作《人民幣史話》中提及，當時由於紙張、油墨、印刷設備不足，只能四處找工廠印製，導致印製品品質參差不齊。原計畫是以庶民生活所需的小額紙幣為主要發行面額，但後來一元、五元紙幣來不及印製，十元、二十元的印量也很少，五十元竟成為發行量最多的面額。而且當時經濟局勢仍相當混亂，在物價不斷上漲的情況下，一九五三年時甚至還發行五萬元的紙幣。

不過，一直流通至一九五〇年代中期的第一套人民幣，確實忠實呈現出社會主義的理想風景，例如經過農村工廠旁邊的貨車、放牧的羊或馬、駱駝、紡織機、電線、曳引機、火車站等。人民幣上的「肖像」，則是扛著鋤頭的農民與拿著鐵槌的工人，這些人帶著自豪的表情，出現在五十元紙幣上。

「大家一起愛護人民幣」，打倒蔣介石的「法幣」、推崇人民幣，人民銀行的職員組成宣傳隊，他們又打梆子又敲鑼地唱著歌，到各地宣傳：

「大家的敵人蔣介石／他發行法幣，與外國人交易賺取暴利／搶奪人民的財產／為了內戰的軍事費用大量發行法幣，造成物價高漲／兩百萬法幣只能買一斤麵粉／一盒火柴要十萬元／工、商業倒閉，人民生活非常苦」

「我們發行的人民幣／以人民的利益優先／好好使用、多多使用，讓人民幣流通，讓解放區繁榮／男女老少立刻了解／如果有人不知道就告訴他」

歌詞中反覆出現「大家一起愛護人民幣」。

人民銀行成立隔天，毛澤東緊握首任行長南漢宸的手，鼓勵道：「人民銀行是社會主義的銀行，是提升國民經濟的一股力量。」南漢宸也訓示幹部們：「我對幹部們只有一個要求，一定要放下自己對革命的功績與知識分子的驕矜。服務人民的精神與能力非常重要，這才是我們的任務。」

當時人民幣無法兌換黃金或白銀，也沒有美元或英鎊作為後盾，能為人民幣擔保信用的，只有「稅收或國家的商品、物資」（陳雨露《人民幣讀本》）。換言之，就是中國這個國家的信用。董必武、南漢宸等幹部認為：「能與黃金或白銀兌換的貨幣，會受到國際金、銀價格波動影響。人民想要的是吃與穿的保障，所以人民幣應該是與食衣住並肩而行的貨幣。」

毛澤東的二度拒絕

一九四九年，共產黨在國共內戰中取得勝利。毛澤東離開河北省，前往北京，並於同年十月一日，在北京天安門宣布中華人民共和國成立，掛在天安門上的肖像畫從蔣介石變成毛澤東。

前一年底開始流通的第一套人民幣，是在內戰中匆促發行的，是時候推行真正的人民幣了。人民解放軍於是接收各地的造幣工廠，著手準備發行新的人民幣。這次，人民幣上的肖像，應該就是毛主席了吧？人民銀行首任行長南漢宸再度請示毛澤東。他在位於天安門附近，共產黨幹部居住、辦公的中南海，於會議中場休息時向毛澤東提議：「您已經是中央政府的主席了，可以印在人民幣上了吧！」

但是毛澤東的態度相當堅決：「不可因勝利而傲慢，必須謙虛審慎。在進入北京之前，我們在會議上已經決定，不以人名作地名。就算我是政府主席，人民幣上也不能印我的像。」

的確，當時共產黨曾對黨員下達指示，要求黨員謹守不送禮、不勸酒、演講時不過度鼓掌，不以領導姓名作地名等規範。要是在紙幣上印自己的肖像，就等於違反指示。毛澤東甚至表示：「必須摒棄（對領導者）歌功頌德的傳統。」

這或許是過度美化的說法，卻也足以窺見當時取得政權的共產黨，雖然批評國民黨腐敗，自詡為農民與勞動者的代表，也開始煩惱腐敗、誇耀權力的問題了。在握有權力的一刻，經常就是腐敗的開始。

所以，自一九五五年開始發行的第二套人民幣上，仍舊看不到毛澤東的身影。

此時，具體的紙幣圖案也開始規劃：五元紙幣上是高舉著毛澤東肖像畫遊行的少數民族，一元紙幣上是掛著毛澤東肖像畫的天安門，二角（一元的十分之一為「角」）上則是行進中的火車，車頭上掛著毛澤東的肖像畫。果然，毛澤東還是拒絕了。當時的總理周恩來命令人民銀行修正，少數民族高舉的毛澤東肖像，變成寫著「中華人民共和國萬歲」、「中華各民族大團結萬歲」等口號的布條，火車頭上的肖像則改成一顆五角星，掛在天安門上的毛澤東肖像也不見了。

領導階層對此相當關心，周恩來甚至仔細地對十元紙幣上的農婦表情提出意見。被視為經濟政策權威的共產黨元老陳雲則認為「和平時代已經來臨」，軍人不再適合成為紙幣上的圖案。

發行第二套人民幣時，因為中國造幣的設備與技術不足，將部分的印製工作委託蘇聯進行。在中、蘇的「蜜月期」，蘇聯的親切指導令中國非常「感激」（《中國的名片人民幣》）。印製完成的貨幣，選在中國境內的內蒙古自治區的滿洲里交件，為免被偷，雙方都偽裝成貿易公司。然而，到了一九五〇年代末，雙方外交關係惡化，蘇聯不再協助印製，中國因而陷入五元紙幣不足等混亂。

其後，自一九六二年開始發行的第三套人民幣，流通了三十多年，是流通最久的一套。第三套人民幣上是手握曳引機方向盤的農民、焊接工人和象徵大團結的少數民族等，襯托這些人物則是陝西省延安等被視為革命聖地的內陸農村的風景。從一九六六年開始，中國發生長達十年的政治運動文化大革命，在文化大革命最盛時，人民對毛澤東的個人崇拜也達到最高點，群眾紛紛抗議：「為什麼人民幣上沒有毛主席？這個設計是政治大陰謀！」連造幣工廠的工人也熱切希望能印上毛澤東的肖像。

但是，沉醉於民眾呼喊「毛主席萬歲」與背誦《毛語錄》的毛澤東卻還是拒絕了。直到毛澤東死後十年，一九八七年第四套人民幣發行時，他的臉才終於出現在人民幣上。

「做秀」的可能性

然而，毛澤東拒絕的理由，真的是因為謙虛，認為自己不夠資格嗎？許多地方都豎有毛澤東的銅像，郵票上也有毛澤東的肖像，甚至天安門上也懸掛著毛澤東的巨幅肖像畫。貨幣應該是更能彰顯其權力的管道，這實在太令人費解了。

我訪問日本研究中國共產黨史的第一把交椅、京都大學人文科學研究所教授石川禎浩，這個研究所是戰前日本研究中國的西部據點——東方文化學院京都研究所的分支。「貨幣上的肖像與毛澤東……很有意思的觀察角度呢！」石川教授一邊說著，一邊加入我的解謎遊戲。

石川教授首先針對一九三〇年代初期，中華蘇維埃共和國臨時政府發行的「蘇幣」選用列寧肖像的理由，提出他的看法：「那時候毛澤東尚未確立黨內領導者的地位，況且，當時黨內尚有與留學蘇聯派的鬥爭，採用他的肖像，是否是來自黨共同的意見也令人存疑。」此外，當時共產黨推崇馬克思主義，認為馬克思主義不只是中國，更是全人類共同的價值觀，藉此區隔與蔣介石領導的國民黨之間的差異。貨幣上的肖像，也是價值的象徵。

「追求超越國境的世界共通價值，為了反映這個理念，或者說方針，給外界留下這樣的印象，貨幣上使用共產黨元祖列寧的肖像，確實比中國共產黨領導人的肖像更適合。」石川教授推測。

原來如此，有些事情其實是超出毛澤東的個人意見，是共產黨內的政治立場或黨的方針所不允許。

那麼，人民幣的情況又是如何？儘管高居黨主席之位，但因尚未成為政府主席，而不適合印在代表國家的紙幣上。身為黨的領導者，當然要更謹慎。

石川教授更進一步指出中華人民共和國建國前後，共產黨政治立場的變化。從抗日戰爭的末期開始，與國民黨的內戰越演越烈，期間共產黨不斷提倡「聯合政府」的構想，主張「集結各黨各派與無黨無派的代表人物，成立民主的臨時聯合政府」（一九四五年，中國共產黨第七次全國代表大會）。因與國民黨爆發內戰，共產黨持續抵制地主與官僚，拉攏工人、農民，宣布「建立人民民主專政國家」（一九四九年）。中華人民共和國建國會議的與會者，除了共產黨以外，還有中國民主同盟等民主黨派、人民團體及少數民族。首任副總理等政府重要官員，也是由非共產黨的人士擔任。表現出集結眾人力量建國的姿態是相當重要的。

石川教授據此推測：「即便共產黨實際擁有壓倒性的勢力，但是在聯合政府的方針底下，紙幣上還是不要出現共產黨領導人的肖像比較好，當時可能是這樣判斷的。」因此，董必武等人一再提出請求，「請毛主席務必同意」，也可能是在了解毛澤東一定會拒絕的前提下而演出的一齣戲。

這段關於人民幣肖像的軼事，僅記載於人民銀行保存的史料中，而未見於詳細記錄毛澤東言行的《毛澤東年譜》。雖然「必須待更多史料與事證出現」（石川禎浩），但這段美談的鍍金也層層剝落了。

然而，在毛澤東享受著個人崇拜的文化大革命時期，仍然拒絕將自己的肖像印在人民幣上，這又是為什麼呢？此時期發行的郵票，甚至有毛澤東背後散發著萬丈光芒的版本。有一種說法是，當時的中國為建立一個不需要貨幣的烏托邦社會展開各種運動，興建共產主義樣板的人民公社，所有財產共有，一起生產、一起消費，認為金錢是不潔的東西。

倘若如此，那就是超越政治與經濟的文明論了。

當權者的神祕面紗

再更深入回溯中國的歷史，思考其背景。中國自西元前的秦始皇時代就已有貨幣流通，但不管是紙幣還是硬幣，大部分時候，上頭都沒有人物肖像。相較之下，同為古文明搖籃的希臘，早在西元前就有刻有雅典守護神「女神雅典娜」的硬幣。之後，西方貨幣上也經常出現國王、女王或總統等當權者的肖像。

中國最早出現刻有肖像的貨幣，是清朝末期光緒年間（一八七五至一九〇八年）的銀幣。中國普遍認為皇帝的身分十分尊貴，若輕易出現在一般人面前，會失去其權威。為維護皇帝的威嚴，人們只能透過垂簾間接見到皇帝的「龍顏」。

倘若當權者的容貌出現在貨幣上，對於威權形象的提升是有害無利。因此，紙幣上多以龍、鳳等吉祥鳥獸圖樣取代皇帝的肖像。此外，以物質條件而言，因中國硬幣中間多有孔洞，也不適合刻上肖像。

直到二十世紀初期，與西方有更多的接觸，肖像才正式出現在中國的紙幣上。繪製肖像與印刷紙幣的技術，也在當時傳入中國。其中最具代表性的，是一九一〇年左右由大清銀行與北洋天津銀行發行，印著清末政治家李鴻章肖像的紙幣。李鴻章是外交、軍事的大臣，也是甲午戰爭後代表清朝與日本簽署馬關條約的人。

受中國文化影響，日本的情況其實也相去不遠。明治初期以前的紙幣亦使用龍、鳳圖樣，而不採用人物肖像。研究日本皇室的知名政治學者原武史表示：「日本紙幣亦未曾使用天皇肖像，唯神功皇后的肖像曾出現於一八八一年發行的一日圓、五日圓及十日圓紙幣上。」在過去，無論中國或日本，貨幣上都不會使用真正當權者的肖像。

在一脈相傳的東洋，或者說在中國五千年的傳統觀點下，「皇帝」在世時毫不避諱地露面是非常不適宜的。毛澤東拒絕把自己的肖像印在人民幣上，不也是中國面對權威的傳統觀點嗎？

前述的李鴻章，以及印在國民黨政權的貨幣法幣上的孫文，都是在當事人過世後才登上貨幣的。但有一個例外，此人還在世時，就已出現在貨幣上了，那就是中華民國大總統袁世凱。刻著袁世凱頭像的「袁銀元」，也稱作「袁大頭」，於一九一四年發行，在第一次世界大戰後因推動工業化而蓬勃發展的上海流通了一段時間。袁世凱曾派刺客暗殺政敵，又奪取孫文的總統之位，掌握政權，在中國歷史上是飽受惡評的人物。或許在毛澤東心中也曾閃過「不願和袁世凱一樣」的想法吧！

「毛澤東為什麼要拒絕？」詢問中國的知識分子，不少人半開玩笑地答道：「毛澤東大概不能忍受紙幣上自己的臉被人民的手搓揉或塞進屁股的口袋吧！」不是從人民幣過去偏離貨幣經濟的思想觀點切入，而是因為它實際上就是有點髒。

不論是因為紙質不佳，或是因為陳舊，還是因為經過許多人的手，被粗魯地對待，或者以上皆是，人民幣的紙幣總是皺巴巴的，沾染著眾人手上的汗水。共產中國的神聖皇帝毛澤東，其實是因為無法忍受人民的汗水。這是由「人民」所提供的辛辣回答。

毛澤東的臉終於出現在第四套人民幣上了。第四套人民幣自一九八七年起發行，流通約十年。不過，紙幣上不是只有毛澤東一人，還有同為建國付出的周恩來、劉少奇及朱德。這四個人的側臉被印在當時最大面額的百元紙幣上，背面則是共產黨戰前的據點之一，江西省深山農村井岡山的風景。

「因為領導者（元老）們逝世，狀況改變了。」（石雷《人民幣史話》），伴隨著文化大革命而來的權力鬥爭，浪費了國家十年的光陰。文化大革命史的大家，美國史丹佛大學教授安德魯．沃爾德（Andrew Walder）估計，當時約有一百一十萬至一百六十萬人死亡。直到一九七七年，文化大革命的腥風血雨終於過去。曾經身陷政治鬥爭的四人均已離開人世。

「蓋棺論定」是中國人在評論一個人時常用的成語。毛澤東等人的政治評價，在他們離開這個世界後終於有了定論，也可以安心使用他們的肖像了。

掀起文化大革命風暴的原因之一，是權力過度集中在毛澤東一人身上，共產黨經過反省，走向集體領導制。可以說在那樣的時代背景下，人民幣選擇印上四個人的肖像，而不是只有毛澤東一人。

第四套人民幣的圖案以全方位平衡民族、階級、性別為主要考量，至今仍受到許多知識分子的喜愛。出現在一元、二元、五元、十元等小額紙幣上的，是穿著傳統服飾的維吾爾族、苗族、瑤族、蒙古族、藏族、回族等超過十種少數民族的男女。五十元紙幣上是知識分子、農民、工人的側臉。是一套推崇領導人功績，同時對於追求階級或民族平等的「團結」有著強烈意識的紙幣。

早在以武力鎮壓為追求民主而奮起之年輕人的天安門事件發生前，第四套人民幣就已經完成設計，開始流通。這是跨越文化大革命時期，花了近二十年的時間檢討，才終於發行的新版人民幣，讓人感受到中國即便歷經波折仍不斷地向前進。

慶祝建國五十週年　新版人民幣發行

在人民生活漸漸富足，物欲得到解放時，也開始考慮在一九九九年慶祝建國五十週年發行新版人民幣，也就是現在流通的第五套人民幣。新版人民幣的準備工作始於一九八〇年代末，總理李鵬於一九九三年批准的方案，大額紙幣是採用毛澤東和自己的養父周恩來的肖像。但是之後，時任副總理兼人民銀行行長，後來繼李鵬成為總理的朱鎔基，提議只用毛澤東一人。

包括周恩來在內，工人、農民與少數民族都從人民幣上消失了。黨的元老們在夏天的避暑勝地──河北省北戴河召開會議，一致同意朱鎔基的提議，「採用國際上最廣為人知的人物」。

所以第五套人民幣紙幣上只有毛澤東的肖像。一元、五元、十元、二十元、五十元與一百元，六種面額的紙幣上都是毛澤東。不像日本在討論的過程中會出現作家、科學家、思想家或政治家等人選，不管是國家主席江澤民或總理朱鎔基，都以毛澤東為唯一選擇，由此可見中國的局限。人民銀行副行長馬德倫編著的《中國的名片人民幣》，對此事件的來龍去脈有詳細的介紹。

一開始，專家們也曾提議羅盤、火藥等中國四大發明，以及上海的南浦大橋、北京西站、甘肅酒泉的火箭發射地等先進建築，但不管是多麼先進的「東西」，終會變得老舊。面對這不可否定的疑慮，歷史人物也被列入考慮。

這時出現了三個提案。第一個提案是代表中國的思想家孔子、史學家司馬遷、詩人李白或航海家鄭和等共產黨取得政權前的歷史人物。過去也曾經用這些歷史人物發行紀念幣，這個提案應該能輕鬆獲得共產黨宣傳部的認可。

第二個提案則是共產黨的領導人，人選除了出現在上一套人民幣上的毛澤東、周恩來、劉少奇、朱德外，也包括仍在世的「中國改革開放總設計師」鄧小平，和女性代表孫文之妻——擔任中國國家副主席的宋慶齡。

第三個提案則是只用毛澤東的肖像。

人民銀行官方報紙《金融時報》是這麼說的：孔子或李白沒有留下照片，真正見過他們的人也已不在人世，無法確認他們真正的長相。雖然全國各地都有孔子的塑像或畫像，但面貌各不相同。儘管目的是為了展現國家意志、提高統一意識，但是像這樣在每個人想像中面貌各異的人物並不適合印在紙幣上。此外，由愛國主義的觀點來看，當代偉人，也就是共產黨歷史上的領導人更為恰當。

看似正經八百的討論，卻令人生疑。如果沒有照片是古人無法印在紙幣上的真正原因，使用古希臘女神或傳說中的鳳凰當貨幣的圖像又該怎麼說？

回想「批林批孔」這幾個字，那是文化大革命後期批判林彪和孔子的政治運動。林彪曾是毛澤東的盟友，還被視為是毛澤東的接班人，也曾是人民幣肖像的人選之一。雖然還有很多不解之謎，但林彪之子暗殺毛澤東失敗後，在逃往海外途中因飛機失事身亡。一時之間，林彪與代表中國儒家思想的孔子成為被猛烈批判的對象，在這場所謂的「批林批孔」運動中，孔子被批判是「封建的反動思想者」。據說「批林批孔」運動的真正目標，其實是周恩來。

總之，在中國，隨著當權者的轉變，不管是政治家或思想家，人和歷史的評價都可以在一夕之間翻轉。

日本曾否決彌勒菩薩

進入二十一世紀，為了在世界推廣中文，中國政府以「孔子學院」之名，在各國創辦中文學校，孔子也成為中國軟實力的代名詞。但中國政府對孔子的態度還是很微妙。二〇一一年春天，我還駐在北京時，發生了這麼一起事件。

一月時，天安門廣場東側的國家博物館前，出現一座近十公尺高的巨大孔子塑像，距安放毛澤東遺體的毛主席紀念堂很近。在我感到訝異，並試圖了解箇中原因時，塑像在初春時又突然被撤走了。在政治敏感的場所立塑像與撤塑像，完全是政權的意向表現。

北京的知識分子表示，立孔子塑像是象徵中華文明的復興，也在拜金主義蔓延的現下，期望透過儒家的傳統教誨復興道德。

至於才剛立好的塑像，隨即被撤走的原因，我的朋友對此發表了看法，他說是因為政治人物中有人提出「稱揚孔子等於否定毛澤東」這樣的意見。網路上也有很多支持毛澤東的人抗議「不允許封建主義再現」、「不要把毛澤東和孔子混在一起」。

連孔子這樣的思想家都會被批判，政治人物就更為危險了，例如曾數度失勢，最後終於成為中國最高掌權者的鄧小平。他那宛若不倒翁般的人生，可見當代政治人物的定位，全看當時領導階層的意思。從習近平上位後，打著打擊貪腐的旗幟，進行政治鬥爭、驅逐政敵的現況來看也很明顯。儘管中國有「蓋棺論定」這樣的說法，但是都已經進到墳墓裡的人，仍會成為被批判的對象。

紙幣不是說撤就能撤的，必須謹慎處理。要長時間使用，還要能在國際社會上代表中國，可以進入安全地帶，印在紙幣上的人選非常有限。以現代中國來說，或許就只有毛澤東一人了。

綜觀世界，很多國家紙幣上的人物肖像是採用政治家、國王、建國時的革命家、文化人等廣為國民熟知的人物，這是為了促進對國家的認同與歸屬感。此外，在紙幣上印上肖像也有助於防止偽鈔出現。

人要辨識人物的差異很容易，如果紙幣上的臉稍微有點偏差或模糊，就會有不協調的感覺。對熟悉人物的表情或臉部線條更是敏感，稍有不同馬上就會察覺。所以，紙幣上統一使用一位知名人物的肖像，更有助於辨別偽鈔。

根據《紙幣肖像的近現代史》（植村峻），發行銀行券或紙幣的國家、地區有一百六十六個，二〇一三年時，有一百一十一個國家採用人物肖像，當中有十個國家全面額紙幣都印上國王或女王的肖像。有三十三個國家使用政治家或革命家的肖像，大多是帶領殖民地獨立的建國之父或是獨立戰爭時的革命家。不只中國全面額紙幣統一使用毛澤東的肖像，很多國家也是如此。

越南第一任國家主席胡志明（Hồ Chí Minh）、被稱為印度獨立之父的莫罕達斯・卡拉姆昌德・甘地（Mohandas Karamcand Gandhi）、土耳其第一任總統穆斯塔法・凱末爾・阿塔圖克（Mustafa Kemal Atatürk）、巴基斯坦的建國之父穆罕默德・阿里・真納（Muhammad' Ali Jannah），都成為其國家紙幣上的肖像。

因政黨或政治團體總是與利益糾纏難分，要決定一個代表性人物困難重重，所以會傾向採用大家都容易接受的建國時的英雄人物。中國會鎖定建國的精神領袖毛澤東也是出於同樣原因。

紙幣上圖案的變遷也是饒富趣味。例如俄羅斯，在蘇聯解體後，紙幣上的列寧不見了，取而代之的是克里姆林宮等風景。日本在第二次世界大戰戰敗後，紙幣也換了圖案。在美軍占領期間，發行新版紙幣必須得到盟軍駐日總司令部（General Headquarters, GHQ）的同意，禁止使用帶有軍國主義或國家主義、象徵神社神道的圖案，以及戰後失去的領土的風景。

戰後不久，日本要選擇新的人物印在紙幣上，曾侍奉數代天皇、傳說中的忠臣武內宿禰，因為是「軍國主義的象徵」而遭到否決；奈良新藥師寺十二神將之一的伐折羅大將也因為「表現日本國民對戰勝國的憤怒」，而遭到否決；彌勒菩薩則因為「表情彷彿日本國民因為戰敗而悲哀」，也被否決了。取代武內宿禰的是以勤奮而為大家所知的二宮尊德；取代伐折羅大將的則是象徵民主主義的國會議事堂。

日本紙幣上的肖像，只有聖德太子從明治時代一直使用到戰後。時任日本銀行總裁的一萬田尚登與盟軍駐日總司令部激烈辯論，以「聖德太子在古代日本是和平主義者，制定十七條憲法，以博愛精神施行德政」為由，才說服了盟軍駐日總司令部。

反映時代的價值觀

紙幣象徵的不只是權力，也反映出時代的價值觀。

預計在二〇二〇年，美國二十元紙幣上將有非裔黑人女性登場。二〇一六年，美國首位黑人總統巴拉克・歐巴馬（Barack Obama）決定採用在十九世紀至二十世紀致力於奴隸與女性解放運動的哈莉特・塔布曼（Harriet Tubman）的肖像，這將是美國建國以來紙幣上首度出現黑人女性。

再來看非洲貨幣。南非紙幣上原本印著殖民地領導人的白人肖像，在反種族隔離政策風潮下，換成了獅子等動物圖案。自二〇一二年起，換上致力於反種族隔離政策而獲得諾貝爾和平獎的前南非總統納爾遜・曼德拉（Nelson Mandela）登場。

二〇一六年九月，英國發行印有前首相溫斯頓・邱吉爾（Winston Churchill）肖像的五英鎊紙幣，那是英國通過脫歐公投的數個月後。邱吉爾在第二次世界大戰中帶領英國打敗納粹德國，是至今仍廣受人民愛戴的英雄人物，蘊含「讓英國再度強大」的意念。雖然英國早在數年前就決定採用邱吉爾的肖像，但也可以說是敏銳感受到英國社會亟欲脫歐的民意變化。

在物價快速攀升的中國，開始討論將紙幣的最大面額由一百元提高至五百或一千元。近年來隨著電子支付的發展，現行紙幣使用不便的聲音也逐漸增加。

鄧小平是最常被提起的新版紙幣的肖像人選。鄧小平實施改革開放政策，成功將因文化大革命而陷於泥淖的中國導回經濟成長的路徑上，被視為現代中國的中興之祖。然而，為經濟高度成長所付出的代價，則是貧富差距越來越大，也招來對鄧小平的負面評價。

但更讓人覺得不可思議的是，中國雖然擁有悠久的文明與歷史，但在考量紙幣的肖像人選時，別說孔子等哲學家，藝術家的名字更是從未被提起過。我詢問暢銷書《貨幣戰爭》系列的作者，著有近十本關於貨幣歷史或國際政治作品的宋鴻兵。

他表示：「人民幣使用毛澤東的肖像，與其說是因為權力關係，不如說是人民將對強大中國的想望寄放在建國之祖毛澤東身上。孔子雖是偉大的思想家，但他在政治上的評價可能改變。而被推崇為漢族始祖的黃帝或炎皇，在對少數民族訴求團結時少了說服力，雖然可以用在紀念幣上，但不適合政府正式採用。」

▲ 中國人民銀行發祥地。立有首任行長與建立者的銅像。

那麼，擁有日本等眾多海外讀者的魯迅或諾貝爾文學獎得主莫言，甚至是中國「國寶」，在國際上具備強大軟實力的熊貓，不能印在人民幣上嗎？我覺得熊貓人民幣，比強人毛澤東更能帶來世界和平。

「對今日的中國人來說，分量太輕了，人們追求的是更有重量的象徵。」宋鴻兵笑道。

因為戰爭或革命，紙幣上的肖像可能在一夕之間改變。若不是那樣，人的價值觀也會隨著時間慢慢轉變。當毛澤東從人民幣上消失時，會是中國人價值觀轉變的時候，還是政治上發生異動的時候呢？

變成澡堂的人民銀行

從北京搭乘高鐵往南，大約一個半小時可以抵達河北省石家莊，中國人民銀行的發祥地就在此處，距離領導人鞏固建國方針的革命聖地西柏坡約八十公里。

被稱為「小灰樓」的那棟淺灰色、小而整潔的建築，現在還矗立於原地。原本是日本侵華時，日本建設部局所蓋的事務所，在人民銀行遷到北京之前，曾短暫在此數個月。

二〇〇六年三月，我第一次造訪這裡。中國每年超過百分之十的高度成長，經濟規模持續擴大，為美國帶來最大貿易赤字的對手，也從日本變成中國。因為人民幣長期維持在低價位，提高出口競爭力。進入二十一世紀後，美國一再抱怨中美貿易逆差的問題。中美摩擦的事件越來越多，我在採訪的過程中，興起了到事件元凶的人民幣故鄉去看看的想法。

人民幣的故鄉在哪裡？我詢問在人民銀行與日本銀行任職的友人，他們都說沒去過，中國的經濟報社記者還挖苦我是不是要去「紅色旅遊」。所謂的「紅色旅遊」，指的是去探訪與共產黨有淵源的地方。對於在國內旅遊中感受到豐富與寬裕的人們來說，中國政府或黨一向是大力獎勵地方振興與歷史教育的。

帶領我進行「紅色旅遊」的導遊，是中國《經濟日報》記者羅開富在網路上的一篇人氣報導。他在二〇〇一年共產黨成立八十週年時，前往人民幣的故鄉，文中的地址是「中華北大街五十五號」。我請公司司機開車，從北京出發。當時沒有衛星導航，也沒有智慧型手機，致電河北省文物局問路，才終於找到那個地方，卻只見建築物上掛著「金浴田洗浴中心」、「熱海歌劇團」的招牌。

咦？怎麼看都像是三溫暖之類的地方，白天就有拿著白色毛巾的大叔從裡面走出來。建築物看起來一點也不氣派，跟著我來的司機也很擔心是不是搞錯了。

「真的是這裡嗎？」當我向柵欄內窺看時，一個聲音喊住我：「妳是誰？有什麼事？」我詢問這名管理員，他也不清楚的樣子。我開始感到不安，便詢問附近大型國有銀行中國銀行分行的櫃檯行員。

「沒錯，那裡原本確實是人民銀行，但在很久以前就改為休閒設施了。雖然覺得可惜，卻也無可奈何。」行員如是說。

我打電話向管理文化資產的國家文物局確認，對方馬上告訴我：「現在所有權屬於人民解放軍。」果然是人民解放軍。「妳就從外面看吧！」可能因為我是遠道而來的日本人，又很有興趣的樣子，對方語氣很親切，但就是不讓我進入。

之後，經過大幅整修，這棟建築物在二〇〇九年起成為河北錢幣博物館對外開放，同時也是愛國主義教育基地。庭院裡，參與成立人民銀行的董必武與首任行長南漢宸的銅像並立。博物館的牆上則掛著自二〇〇二年年底擔任人民銀行行長的周小川揮毫的匾額，以細毛筆字橫題：「發揚傳統　開拓創新　周小川　二〇〇九年十二月一日」。

被稱呼為「核心」的現任國家主席習近平，與人民幣的誕生地河北省石家莊淵源不淺。習近平的父親習仲勳曾擔任副總理，身為「紅二代」，他的政治家生涯始於石家莊附近的正定縣的縣委副書記，是落後農村的青年幹部。那是一九八二年，習近平即將邁入三十歲的時候。此後，他數度造訪西柏坡。

與歷代領導人一樣，習近平也在就任總書記後再次造訪「聖地」西柏坡，時間是二〇一三年的七月。

根據《人民日報》報導，習近平參訪毛澤東的故居後，在紀念館的一處佇足許久，讀著毛澤東對黨員的訓示，例如不做壽、不送禮、少拍手、不以人名作地名等，要求黨員謹言慎行。那也是毛澤東數度拒絕印在人民幣上，其中一個檯面上的理由。

▲禮品店架上的毛澤東（左）與習近平的盤子。

在黨內幹部逐漸腐敗時，習近平開啟了新的政治運動，要求幹部傾聽國民的聲音，提高黨內向心力，強調「學習整風精神，嚴以律己，完善（黨的）體制，糾正不正之風」。習近平在毛澤東提出「保持謙虛謹慎、艱苦奮鬥精神」的地方，展現自己是毛澤東精神真正繼承者的姿態。

習近平時代將臨

二〇一五年十月，我再度造訪西柏坡。一路上計程車司機不斷誇獎習近平：「習總書記的隨行人員，比歷代的領導人要少很多。他很為老百姓著想，也不會封鎖高速公路。」

有沒有封鎖高速公路不難知道，但他怎麼知道習近平的隨行人員不多呢？我問道：「你曾經見過嗎？」司機回答：「大家都這麼說。」

無須多言，中國的政治報導非常封閉，沒有任何一個記者可以隨便報導領導人的動向，要創造中南海神話很容易。

沿途道路兩旁的農家牆上，原本應該張貼前任主席胡錦濤提出的「科學發展觀」，或更早以前江澤民提出的「三個代表」口號，都清除得一乾二淨。這十分清楚地說明，習近平的時代來了。

紀念館前有毛澤東、周恩來、劉少奇、朱德、任弼時五位建國領導人的銅像。這一天仍有許多進行「紅色旅遊」的人們爭相與這些銅像合照。上一次來的時候，看到很多人手持日本佳能的數位相機，這一次則多是中國品牌的平板電腦。

離開前，禮品店的商品讓我大吃一驚。畫著毛澤東圓臉的大盤子旁，是畫著習近平肖像的大盤子。習近平的嘴唇畫得栩栩如生，背景是萬里長城與五星紅旗。

政治權力過度集中在毛澤東手中，導致文化大革命失控，無法收拾。經過反省，共產黨自一九八〇年代起，進入集體領導制，除了毛澤東以外，基本上看不到帶有個人崇拜的領導者肖像，這也有保護當權者威嚴的用意。

搭計程車時，經常看到司機把印有毛澤東肖像的裝飾品掛在車內，卻不見其他領導人的肖像被製成裝飾品。在俄羅斯，從列寧到普丁（Пу́тин）等歷代當權者被製成大大小小的俄羅斯套娃，但中國可不會把當權者做成一個套著一個的木製娃娃。

中國的禮品店裡，當然沒有胡錦濤或江澤民的肖像盤子，連鄧小平的也沒有。但是說到習近平，連他與隸屬於人民解放軍的歌手妻子彭麗媛站在一起揮手的肖像都被製成盤子。

「中華民族偉大復興的中國夢一定要實現。」二〇一六年七月，習近平在中國共產黨成立九十五週年大會上發表以上宣告，並提及毛澤東在西柏坡的發言。「一九四九年三月二十三日上午，黨中央從西柏坡動身前往北京時，毛澤東同志說：『今天是進京趕考的日子。』六十多年的實踐證明，我們黨在這場歷史性的考試中取得優異成績。同時，這場考試還沒有結束，還在繼續。今天，我們黨團結人民、帶領人民所做的一切工作，就是這場考試的繼續。」

體現二十一世紀中國力量的最大動力就是經濟力，也就是人民幣。不管是軍事還是外交，都需要經濟力的支撐。作為權力的象徵，習近平會不會期待自己成為象徵人民幣上的肖像呢？他會學習毛澤東，把所有權力集中在自己手中。我彷彿看到共產黨當權者以外的面容從紙幣上消失，擁抱寬容、多元價值觀的社會已然遠去。

「活字典」的見聞

我想起一位中國近現代史的活字典——中國經濟學家茅于軾。一九二九年，也就是蔣介石在上海發動政變打壓共產黨，在南京成立國民政府的隔年，茅于軾在南京出生，那是靠近上海的富庶地區。

茅于軾經歷過中日戰爭、國共內戰、中華人民共和國建國、反右派鬥爭、大躍進、文化大革與改革開放的各個時期，見證了中國動盪的歷史。我想請他談談其所接觸過的中國貨幣，在二〇一六年秋天前往他位於北京的家中拜訪。我從二〇〇四年左右派駐北京，和茅于軾相識已超過十年了。

茅于軾從政府智庫中國社會科學院離職後，創辦民間組織天則經濟研究所已有二十餘年，陸續發表了許多著重市場經濟與自由的言論，是位厭惡威權主義的人物。他曾發表一篇名為〈把毛澤東還原成人〉的文章，對近年來崇拜毛澤東的風潮敲響警鐘，卻在網路上被崇毛者批評是「賣國賊」。

「這個天安門沒有毛澤東。」茅于軾坐在客廳沙發上，手拿一張人民幣，露出淘氣的表情說。那是一九六五年發行的十元人民幣，紙幣正面是聚集在人民大會堂前的工人、農民、知識分子與少數民族，背面是天安門，沒有掛著毛澤東肖像的天安門。那是毛澤東拒絕把自己的肖像印在紙幣上的年代。紙鈔是由了解他文章的友人所贈。

茅于軾的住處位於習近平等領導階層辦公、生活的中南海附近，房子是國家配給昔日高級官員或其家族的公寓，也稱為部長樓。茅于軾的祖父在推翻滿清的辛亥革命時，是江浙聯軍的參謀，父親在建國後因鐵路技術的專業身分，雖不是共產黨員，卻也晉升到次長級的職位。茅于軾的叔伯都曾留學日本或美國，算得上是名門望族。

因父親負責軍方鐵路的整備工作，全家就跟著父親隨中日戰爭的戰事而搬遷，自小學到中學，茅于軾輾轉讀過十三所學校，搬了四十九次家。

▲ 沒有毛澤東肖像的天安門（第三套人民幣）。

「去廣西就用廣西的貨幣，去了浙江又有浙江的貨幣，而且種類非常多。同樣的商品，有信用的貨幣，只要幾張鈔票就可以買到，但如果是沒有信用的貨幣，就必須多付很多對方才願意賣。有信用的貨幣，就像現在有優惠的貴賓卡。」每一個所到之處，主力貨幣都不一樣。

中日戰爭爆發後的一九三〇年代後期，國民黨法幣的存在感上升。「沒錯，也會用這個。」茅于軾翻閱我帶去的貨幣圖鑑，指著貨幣上孫文的臉，「那時候日本占領區的偽幣很強勢呢。」偽幣並不是偽鈔，而是以中國角度來看，由偽政權所發行的貨幣，也就是親日的汪兆銘政權成立的中央銀行中央儲備銀行所發行的紙幣。和國民黨的法幣一樣，都採用孫文的肖像。

我詢問茅于軾，見過當時的共產黨貨幣嗎？

「沒有。當時他們藏匿在各個據點以儲備實力。或許他們也印製紙幣，但流通範圍並不廣。」

為我們泡著綠茶的夫人從旁插嘴道：「小時候好像會用銅元（銅幣）。總之，中國太大了，有各式各樣的貨幣。」

她出身江蘇省的富裕家庭，中日戰爭時，娘家的所在地屬於「偽幣」（儲備銀行券）的流通地區。「戰後，國民黨要收回偽幣，但兌換法幣的匯率實在很差。我還記得，當時的匯率大概是三十五張偽幣換一張法幣，但實際上要是沒有兩百張偽幣，根本換不到一張法幣，只有匯率的六分之一。在別的地方情況可能更嚴重，國民黨就是因為經濟才失去民心。」

袁世凱的銀幣「袁大頭」，在那個時期又捲土重來。儘管袁世凱因為接受日本的《二十一條要求》，成為被唾棄的領導人，「但在內戰通貨膨脹嚴重的情況下，銀幣的價值相對穩定。」

偽幣的價值被大幅低估，導致通貨膨脹越來越嚴重。因為匯率差，人們搶著在紙幣兌換日前大量購買商品。另外，從法幣或其他貨幣流通地區來的物資價格高漲，導致整體物價跟著飆漲，越來越多人不想持有價值持續下跌的法幣。

「所以國民黨決定放棄法幣，開始發行新貨幣。新貨幣叫什麼來著？」茅于軾認真地回想。「金圓券。」夫人回答。國民黨的新貨幣從一九四八年開始發行，卻為時已晚，中國因內戰陷入惡性通貨膨脹，人心惶惶之下，紙幣成了廢紙。這就是國民黨戰勝日本，卻敗給共產黨的很大原因。誤判貨幣的價值，又過度施加政治性的操作，重擊了經濟，也動搖了政權。

毛澤東發表建國宣言的隔年一九五〇年，茅于軾也以鐵道部技術人員身分前往舊滿洲的東北地區齊齊哈爾。每次往返家人所在的北京時，火車經過交界的山海關一帶，必須兌換稱作「東北幣」的地方貨幣。人民幣作為主要貨幣，要普及至全中國尚需要一段時間。茅于軾說：「有段時間和日本人一起工作，會聽他們留下來的古典音樂唱片，有蕭邦的，也有貝多芬的，那是一大樂事。」

有段時期，要買米、麵粉等主食食品，必須用「糧票」、「肉票」、「豆製品票」等「票證」，光有人民幣也買不到生活必需品。此外，這種票證具有地域性，出差時還得向工作單位拿全國通用的票證。茅于軾說：「倚賴國家配給，但那樣經濟是不會發展的。」被稱為中國第二貨幣的「票證」，使用了約四十年，直到一九九〇年代前期才廢止。票證是依戶籍配給，所以也能用於人口移動的管理。

茅于軾因被視為右派而被降薪，文化大革命時期，他在北京胡同的住處遭到破壞，夫人也被剃髮。配給的票證因為優遇而增加時，又招來鄰居的嫉妒與批判。文化大革命的風暴直到毛澤東死後才終於結束，人們可以賣自己種的菜，茅于軾說他至今還記得當時農民臉上的光采。

一九八〇年代，茅于軾在美國福特基金會（Ford Foundation）的支持下到哈佛大學留學，強烈感受到自由與民主主義的價值。當時在紐約接待茅于軾的人，是美國前財政部長提摩西・蓋特納（Timothy Geithner）的父親彼得・蓋特納（Peter Geithner）。「是個相當開放的人。」茅于軾說。

一九九九年，建國五十週年，毛澤東成了唯一印在人民幣上的人。二〇一九年，建國七十週年，屆時紀念幣上會看到習近平登場嗎？

「大規模的閱兵，不給其他領導人發言權，只想彰顯自己的存在，就像小毛（毛澤東）一樣。若有人建議：主席，請成為人民幣的肖像吧。他大概也會欣然接受。」八十七歲的茅于軾若無其事地喝著茶說。據說在中國，上了年紀的人言論自由也比較高。「那是因為已經沒有體力革命了。」茅于軾笑著說出相當嚴肅的話語。

中國最高人民法院院長在內部會議中提出「堅決抵制西方司法獨立等錯誤思潮影響」的言論，茅于軾和同伴表達反對，現正遭到當局監視，令人擔心。

即使如此，茅于軾對於共產黨完成統一貨幣仍有著高度評價，「降低交易成本，在經濟上是非常了不起的偉業。」

茅于軾的手接觸過的中國紙幣上，承載著中國人的歷史。

消失的西藏貨幣

貨幣是主權的象徵。中國共產黨於一九四九年十月一日建國，當時有四個地方沒有配合建國統一使用人民幣，這四個地方均為少數民族居住的邊疆地區。然而，東北地區和內蒙古只維持到一九五一年春天，新疆維吾爾也只維持到同年秋天。

最後剩下西藏維持到一九五九年七月，距離建國已過了將近十年。

一九五九年春天，中國人民解放軍以武力鎮壓民眾的「暴動」，藏傳佛教領袖第十四世達賴喇嘛流亡北印度，西藏才開始使用人民幣。西藏的貨幣稱為「藏幣」，人民幣在以血洗血的戰爭下終於取代藏幣，成為統一的象徵。

藏幣的紙幣是使用植物性染料，鮮豔的黃色、紅色，宗教色彩強烈。紙幣上的圖案是兩頭獅子捧著聚寶盆，左右兩邊分別為宗務廳與財務部的圖章，上方則是以藏文寫成的西藏政府正式名稱「噶丹頗章確勒朗傑」，意為「天命噶丹頗章所向無敵」，四周環繞著傘或金魚等圖紋。背面則是鹿、鳥、蝙蝠等動物圍繞著佛坐像，是相當漂亮的紙幣。根據達賴喇嘛日本代表部事務所官網上的資料，這張紙幣是在二十世紀前半葉發行。

西藏雖然習慣以物易物，但在一九五九年中國共產黨禁用之前，一直有著自己的貨幣。紙幣的登場，最早是在十九世紀末，以木刻版印刷而成。之後才從印度買進機械與設備，並派人到加爾各答學習技術。藏幣上沒有標記漢字。

西藏也混合使用清朝或中華民國的銀幣、英國的英鎊、英國殖民地的鄰國印度的盧比等貨幣。西藏夾在以勢力圈環繞的英國與堅持擁有主權的中國之間，兩股勢力在檯面下一直纏鬥不休。

遭毛澤東背叛的達賴喇嘛

「解放西藏」——一九五〇年一月，中華人民共和國建國三個月後，毛澤東發表這項宣言。從共產黨的觀點來看，所謂的「解放」，是脫離帝國主義，改由共產黨統治的意思。中國人民解放軍在那一年開始進攻。

隔年，解放軍在敲鑼打鼓的「勝利宣言」聲中進入拉薩，轉眼間，來到拉薩的漢人便達到兩萬餘人，是市民人數的一半以上。有著五顆黃色五角星的紅色旗幟，中國國旗在標高超過三千五百公尺的高原天空飄揚。

毛澤東將西藏領導層召至北京，簽署的《十七條協議》中這麼寫著：「藏族是中國境內擁有悠久歷史的民族之一」、「必須回到祖國的大家庭中」。西藏地區的涉外事宜由中國統一管理，並進駐中國軍隊。同時也承諾將尊重西藏的自治權，不會違背其意願進行改革，西藏人可以維持原有的宗教信仰、語言、貨幣與傳統。並表示不會立即禁用藏幣，將謹慎處理。

人民解放軍進入西藏時，由中國共產黨西南局第一書記鄧小平指揮，他命令部下

「一切以不引起西藏民族反感為原則」。儘管當時已決定關閉藏幣的造幣工廠，但因為地方人士反對而延緩（中國共產黨新聞網〈西藏貨幣改革的中印交涉及影響一九五九—一九六二〉）。

對甫建國的共產黨而言，消滅包括西藏在內的各地國民黨餘黨才是最優先的課題。而對西藏來說，也需要借共產黨之力來趕走惡劣的軍閥。但這種情況並沒有持續太久。

當時，西藏的代表者是年僅十多歲的第十四世達賴喇嘛。一九三五年七月出生於西藏東北部的塔澤村，一九四〇年，甫年幼的達賴喇嘛，便被認證是藏傳佛教守護者觀音菩薩的化身，成為西藏的最高領導人。長期與中國政府對立之下，始終堅持貫徹非暴力的政治運動，深獲世人尊重，於一九八九年得到諾貝爾和平獎。

以西藏的立場，第十四世達賴喇嘛是以印度北部的達蘭薩拉為據點的流亡政權的元首；但是從中國的角度，則是「國家分裂勢力的領袖」。每當各國領袖與達賴喇嘛會談，中國會非常憤怒，還曾多次拒絕與會談的國家進行首腦會議或經濟合作。

近年來，中國對親達賴喇嘛政權的英國等歐洲國家及蒙古發動報復，足見其對達賴喇嘛強烈的「宿敵」意識。

宗教是毒瘤

我有一次近距離地見到第十四世達賴喇嘛。那是我以美國智庫——戰略與國際研究中心（Center for Strategic and International Studies, CSIS）客座研究員的身分住在華盛頓時。二〇〇七年秋天，美國國會頒發金質獎章給第十四世達賴喇嘛，並舉辦公開講座，讓我有機會聽到他的談話。

那天，達賴喇嘛身著紅褐色袈裟，滿面笑容，幽默地闡述非暴力的意義。他用簡單易懂的英語，明快地回答提問者的問題。他是莊嚴的高僧，但更像是見多識廣又親切和善的政治家，如果他在日本街上進行選舉演說，一定很快就能獲得大量的選票。這不僅是因為他寬大的心胸，想必也是因為他自小就經歷異於常人的苦難吧。

一九五四年，十九歲的第十四世達賴喇嘛被毛澤東召至北京，被迫停留了一年左右。他在自傳《我的土地和我的人民》（*My Land and My People*）中如此描述：對方準備的老舊軍用車行駛在閃著雪光的懸崖邊，路況險峻之處便騎馬，再換乘火車前往未曾去過的北京。因為路上發生事故，同行中有人去世。在北京車站迎接我們的，是周恩來總理與朱德副主席等人，當天傍晚辦了一場兩百人的宴席，料理豪華豐富，還招待我們中國酒。

當時還留下這樣的照片：穿著中山裝的毛澤東，兩旁是穿著民族服飾的第十四世達賴喇嘛和地位僅次於達賴喇嘛的第十世班禪喇嘛，三個人的臉上都掛著笑容。

和達賴喇嘛進行多次會談的毛澤東努力營造出融洽的氣氛，自傳中對於這個時期的記述也是正面而肯定的：「他真的很友善，看起來很親切」、「他說話的方式完全掌握了聽者的心與想像力，給人誠實又親切的印象」、「我相信他不會動用武力讓西藏成為共產主義國家」。

然而，這份「信任」瓦解了。

坐在旁邊的毛澤東悄悄靠近，低聲說：「宗教是毒瘤，會衰弱民族，妨礙國家進步。」果然如毛澤東所言，共產黨對藏傳佛教展開強烈的鎮壓行動。為了貫徹共產主義，以農業集體化為由，接收寺廟與家畜、奪走土地、興建人民公社，讓民眾沒有能力捐獻給寺廟。還強迫僧侶自我批判，強化漢族統治，加深漢族與藏族的對立。

被大國遺棄的西藏

一九五九年三月，爆發了激烈衝突。導火線是駐守在拉薩的中國軍隊邀請達賴喇嘛看戲，西藏民眾擔心達賴喇嘛會遭中國軍隊綁架，於是聚集在宮殿前。中國軍隊對聚集的民眾開砲，進行鎮壓，造成許多藏人死傷，布達拉宮也陷入砲火之中。

達賴喇嘛被迫逃亡印度，中國軍隊持續對反抗的藏族進行鎮壓與懲罰。五個月後，一九五九年八月，由中國政府指派的西藏自治區籌備委員會下達命令，要求西藏全境使用人民幣，藏幣成了非法貨幣，接著宣布禁用外幣。禁止使用印度盧比，是為了阻擋印度的影響力。

西藏的貨幣「藏幣」，在流血衝突中走到盡頭。充滿宗教色彩的貨幣，在高舉無神論的共產黨統治下消失了。中國達成「以人民幣為唯一合法的貨幣，獨立且統一的貨幣制度」（《中華人民共和國貨幣大系》），卻是以武力完成的。

當時沒有任何大國對西藏伸出援手。一九五〇年代後，毛澤東之所以能毫無禁忌地派兵進入西藏，是因為當時國際政治出現了一段空白。

西藏長期處在英國的影響下。印度和香港都曾是英國的殖民地，受到印度獨立運動的衝擊，英國為維持在香港的特權，一心只想著與毛澤東的中國建立關係。

作為世界大國的英國，早在一九五〇年便與台灣斷交，承認毛澤東的中華人民共和國。而印度的賈瓦哈拉爾．尼赫魯（Jawaharlal Nehru）總理為了推動不結盟主義，也想和北京建立友好關係。

第二次世界大戰後的東西冷戰期間，韓戰於一九五〇年展開，當時的國際社會無心關注包括西藏在內的亞洲內陸地區。西藏向英國、美國、印度、尼泊爾等國家求援，也向聯合國控訴「受到中國侵略」，卻毫無效果。沒有大國會不顧中國的意思，支持西藏獨立。

東西冷戰下，領導西方勢力的美國做了什麼呢？美國為了干擾中國，由中央情報局把西藏的抗戰勇士送到科羅拉多州的溪谷，將他們培養成對抗中國的精銳部隊，一部分從陸路挺進，一部分著降落傘，降落在有世界屋脊之稱的西藏高原。然而，這些行動只帶來「若干的混亂」。一九七〇年代初，美國也開始親近中國，停止中央情報局的支援，西藏再度被國際情勢的變化玩弄了。

一再發生的自焚事件

除了目前仍流通自有貨幣的香港、澳門，西藏自治區是中華人民共和國以人民幣完成統一的最後一個地區。

自一九八七年起發行的第四套人民幣，五元紙幣上是戴著毛皮帽的藏族女性與蓄著鬍子、戴著白帽的回族男性。這套紙幣的圖案，是胡耀邦擔任總書記的時代，在融合少數民族政策下討論出來的結果。胡耀邦曾親自前往拉薩，據說他看到當地的情景時，還忍不住落淚。胡耀邦因對追求民主而發起示威的學生運動採取溫和措施，受到保守派指責，被迫辭職下台，在不久後去世。自一九九九年起發行、統一採用毛澤東肖像的第五套人民幣，綠色的五十元紙幣背面就是拉薩的布達拉宮。

中國為安定不斷爆發獨立運動的西藏，非常重視當地的經濟發展，不僅投入資金建設基礎設施，還送大量的漢人旅客到西藏旅遊，開通自青海省西寧到拉薩的鐵路。二〇〇八年之後，大規模的抗議行動受到控制，但抗議宗教不自由的自焚事件仍層出不窮。

熟知中國與西藏歷史的東京大學教授平野聰指出：「中國企圖以人民幣創造的財富來滿足藏人的心，讓他們以身為中華民族的一員為傲。習近平體制強調『經濟發展一邊倒』與『打倒分裂主義分子達賴喇嘛』。藏人覺得自己被大量湧進的人民幣愚弄，成為政治與社會的邊緣人，有許多不滿要發洩。」

對現在的共產黨而言，要維繫意欲脫離的邊境地區，中國的富裕，也就是「人民幣」，是最強而有力、也是唯一的手段。

周恩來與英鎊的時代

中國錢幣博物館位於天安門廣場旁，在毛主席紀念堂附近。毛主席紀念堂裡有安放著毛澤東經防腐處理的遺體的水晶棺。

中國錢幣博物館的建築物原本是二十世紀初建造的北洋保商銀行，該地帶在當時被稱為西交民巷，是數百家銀行聚集的金融街。

一九三八年，引爆中日全面開戰的盧溝橋事變的隔年，作為日本政府斡旋者的發券銀行——中國聯合準備銀行成立，便是使用這棟建築。中國聯合準備銀行負責日本軍隊戰爭經費的調度，透過向朝鮮銀行「假借款」，利用帳上的虛構資金施展煉金術。之後，一九四九年共產黨進入北京，人民銀行進駐這棟建築，這就是中國錢幣博物館建築的變遷史。

有段時間，中國錢幣博物館一樓展示中國當局與偽鈔抗爭的歷史。我的視線停留在一張模糊的黑白照片上，照片上有三架戰鬥機般的飛機，投下麻袋，一旁的說明寫著「蔣介石政權在東南沿海地方空投偽鈔，金額超過五億元」。時間好像是一九五〇年代。什麼？空投偽鈔？這種像間諜小說般的說明，讓人忍不住想一探究竟。

共產黨元老陳雲留下了相關紀錄。陳雲於一九二五年加入共產黨，曾任副總理一職，是經濟政策的權威人士。在鄧小平推動改革開放政策時，他扮演踩煞車的角色，提出「鳥籠經濟」，主張有限制性地活用市場機能的計畫經濟而為人所知。

陳雲已經過世，但我見過他的兒子陳元幾次，他是貸款給非洲或中南美洲的中國政府銀行——國家開發銀行的行長，帶著裝進國家戰略，而不是鳥籠的巨額資金，往來於世界各地。

不過，二〇一二年春天的記者會上，記者關心的卻是另一件事。和陳元父親同輩的元老薄一波之子——重慶市黨委書記薄熙來，在權力鬥爭中因為貪汙事件而失勢。陳元漂亮的女兒陳曉丹曾與薄熙來之子薄瓜瓜交往，兩人同就讀哈佛大學研究所，他們一起去西藏旅行的照片在網路上流傳而造成話題。照片中，兩人靠在一起，模樣雀躍，照片也拍到在他們後面的警備車。

共產黨幹部的子女被稱為「紅二代」，陳元與薄熙來的子女算是「紅三代」。傳聞這兩位「紅三代」的戀情因為薄熙來事件而告終。記者會上，歐美的記者對此和薄熙來事件提出許多問題，我記得陳元的表情非常平靜，沒有流露出不悅，但也沒有做出任何回答。

中國當權者的親族是特別的集團。一樣就讀哈佛大學的習近平之女，就算是中國留學生也未必認得出來。「紅色貴族」的網絡資訊，和一般庶民能看到的資訊是不一樣的。毛澤東否定的血統主義，隨著時間已經復甦了。

▲「偽鈔戰」的展示（中國錢幣博物館）。

話說回來，一九五〇年代初期，建國元老陳雲煩惱的並不是兒子的將來，更不是尚未出生、熱情奔放的漂亮孫女的戀愛。

共產黨在一九四九年十月宣布中華人民共和國建國，但混亂依然持續，危機尚未解除，包括一九五〇年代與撤退到台灣的國民黨之間的砲擊戰。那時候國民黨會向大陸空投偽鈔。一九五二年十月二十七日，掌管經濟的陳雲起草了一份報告，由總理周恩來向毛澤東說明：

在台灣尚未收復之際，蔣介石利用空投，或是經由香港、澳門（陸路），在我們境內散布偽鈔，目的就是為了破壞人民幣的信用。（台灣）因有美國的援助，擁有製造幾可亂真的偽鈔製造技術，老百姓根本分不出真假，少數銀行幹部透過顯微鏡觀察，還不一定能分辨，這樣根本抵擋不了偽鈔的猖獗。

發行人民幣時，為避免偽鈔的危害，也曾經提議暫停印製較大面額的五元紙幣，只印三元和一元紙幣。台灣就是在這時候對中國發動偽鈔戰嗎？關於偽鈔戰，曾在台灣國民黨情報組織——國防部保密局工作的谷正文在回憶錄中有著以下記述：

製造人民幣或港幣的偽鈔，擾亂大陸的金融。就像納粹德國的「伯恩哈德行動」（第二次世界大戰期間，德國為擾亂美國經濟，利用強制收容的猶太人製造英鎊偽幣）一樣，（台灣）從監獄找出具備相關技術的人來製作偽鈔。但因偽鈔會對香港經濟帶來不良影響，招致美國不滿，所以蔣介石之子蔣經國率先反對。台灣的政權臨陣退縮，計畫也只能中途作罷，非常遺憾。

偽鈔也乘著氣球從台灣飛到大陸。

福建省廈門對岸的台灣離島金門，大小相當於日本瀨戶內海的小豆島，與中國的距離只有十公里，是一九五四年、一九五八年人民解放軍砲擊的重點目標，可以說是台灣海峽危機的現場。氣球就從金門起飛，根據中國方面的說法，這項行動一直持續到一九八〇年代，除了偽鈔之外，還有香菸、茶葉、豬肉、毛毯、肥皂，以及廣受大陸人民喜愛的台灣歌手鄧麗君的照片與卡帶，批評共產黨的政治性傳單也混在其中。

當時金門的貨幣僅可在當地使用，也是因為與共產黨作戰的風險，才與台灣切割。

韓戰的影響

建國後的中國，隔著台灣海峽與蔣介石領導的中華民國對峙，同時也參與朝鮮半島的戰爭。一九五〇年六月，北韓的軍隊開始攻擊南韓，韓戰爆發。這場戰爭對中國的國家形態有很大的影響，當然，和人民幣也不會毫無關係。

在中國，韓戰被稱作「抗美援朝戰爭」，也就是對抗美國，幫助朝鮮（北韓）的戰爭。中國派遣本國軍隊到朝鮮半島，對抗南韓軍隊，以及為了支援南韓、以美國為中心的聯合國軍隊。

戰爭改變了國家形態。建國時，毛澤東的想法是成立以共產黨為主軸的聯合政府，一開始並無意強制推行包括計畫經濟與公有化生產的社會主義。在「新民主主義」的概念下，重視提高生產力，有條件地鼓勵民營經濟。況且，既然是聯合政府，必須考慮共產黨以外團體的立場，承認私有財產存在。

但隨著韓戰爆發，東亞的冷戰結構日漸堅固，為維護國防安全，中國不得不傾向於容易動員資源的社會主義體制。

中國加入東西冷戰中的東側，也就是共產主義蘇聯的經濟圈，貿易受限。因此，在共產黨建國之際，中國的經濟運作半隔絕於世界，不受影響，但同時也失去利用先進技術與擴大貿易獲利的機會。人民幣與取代英鎊成為關鍵貨幣的美元隔絕，只能在中國共產黨統治下的大陸使用，孤獨地存在著。

中國推行產業國有化，貨幣和金融也受到嚴格管制。一九五三年起，從國有到民營的所有銀行，全被統合為中國人民銀行，成立一家像是把郵政儲蓄、中央銀行和民間銀行集合在一起的巨大銀行，企圖從金融面管制經濟活動。

因為和美國的軍事衝突，中國無法使用美元作為貿易上的支付貨幣，只能使用在一九五〇年承認中華人民共和國國家身分的英國的英鎊。這種情況一直持續到中美關係正常化的一九七〇年代。在此之前，中國與美元所代表的資本主義經濟圈是切割開來的。

一九五〇年十二月十六日，美國宣布凍結北韓與中國在美國國內的美元資金，根據令人聞之色變的「敵產保管」進行金融制裁。「敵產保管」是美國的國內法，當美國總統判定國家安全受到威脅時，可逕行凍結特定國家的資產，連預計要給這個國家的資金都可以沒收。美國仰仗自家法律，以貨幣為「武器」，對不合己意的國家發動攻擊。

然而，英鎊的評價不佳，隨著英國的產業失去國際競爭力，大國正走向衰退。英鎊貶值的傳聞不斷，但即便如此，無法使用美元的中國也無可奈何。日本產業界再怎麼不樂意，與中國貿易時也不得不使用英鎊。

日本在簽訂《舊金山和約》，結束戰後被同盟國占領，恢復獨立的一九五〇年代，只承認台灣，和中華人民共和國之間並沒有邦交。儘管當時要出口至共產國家仍有限制，日本仍以民間貿易的方式與中國建立經濟關係。一九五三年，日本的船隻在第二次世界大戰後以貿易為由首次進到中國的港口。

中華人民共和國在建國之初，外匯不足，不僅受到美國金融制裁，也缺少可以賺取外匯的中國製產品。此外，國民黨撤退到台灣時也帶走了大批財產。但中國除了高唱「自力更生」外，對於接受外國投資或援助的意願十分消極。

然而，只是加強與蘇聯等共產國家的經濟關係，無法得到國家建設所需的外匯或物資，所以中國也在「打破封鎖」的口號下，試著與日本或歐洲國家接觸。中國的目的是在振興經濟的目標下，讓經濟成為推動政治關係的槓桿。政治、經濟原本就不可分。據說在文化大革命時期，親中的日本商社負責人也會朗讀《毛語錄》。

▲ 有日本留學經驗的周恩來。

周恩來的招呼

曾任東京銀行行員的大久保勳，自一九六〇年代起便站在對中國貿易的最前線，他回想當時的情形說：「很多日本企業都表示，希望能使用英鎊以外的穩定貨幣。」在這些要求聲浪下，英鎊如預期地貶值。「法郎不是更好嗎？好像也有國家使用法郎。」同一時間，也傳出這樣的聲音和規劃。但一九六〇年代末期，法國受到學生運動的影響，情勢變得不穩定，只好也放棄以法郎進行交易。

在大久保勳派駐北京的一九七〇年代前後，因為日中之間的貿易持續擴大，「使用美元或日圓」的呼聲也越來越大。

一九七一年十二月，一個寒風吹襲的晚上，在北京的人民大會堂，周恩來總理接見來自東京、以岡崎嘉平太為團長的日中備忘錄貿易代表團。「備忘錄貿易」是指日中之間還沒有正式邦交時，設立準官方模式的窗口來處理雙方交易。取當時負責交涉的廖承志與高碕達之助兩人姓氏羅馬拼音 Liao 和 Takasaki 的首字母，此備忘錄貿易又稱為「LT 貿易」。

與周恩來會面總是在入夜以後，據說是為了配合毛澤東的工作時間。

資歷淺的大久保勳坐在會議室後方。周恩來先開口問：「各位之中有在銀行工作的人嗎？」大久保勳戰戰兢兢地舉起手，周恩來便招呼說：「坐到前面一點。」

接著，周恩來開始說道：「為什麼不決定兩國（中國和日本）之間的固定匯率呢？用點方法讓兩國之間的匯率固定下來，不是有利於兩國的貿易嗎？這次時間不夠，可能無法決定，但是回去後請研究一下。因為中國也會展開對外貿易，會受到影響的。」

換句話說，周恩來提議，兩國之間貿易不使用英鎊作為支付貨幣，直接以人民幣和日圓進行交易。岡崎嘉平太曾任職於日本銀行，精通匯兌。根據大久保勳所言，這項提議是日方早就提出的希望，只是一直無法順利推動。周恩來在這個場合親自提出，是考慮到世界國際金融情勢變化所做的發言。

同年八月，美國廢除黃金與美元的交換，這就是所謂的「尼克森震撼」，國際貨幣秩序大亂。十二月，包括日本在內的十個國家財政首長在華盛頓的史密森尼學會召開會議。美元大幅下跌，從一美元可以兌換三百六十日圓，下滑到只能兌換三百零八日圓。

難道中日之間的貿易非得透過美元或英鎊等第三國的貨幣進行，受這些貨幣的匯率影響嗎？精通政策的周恩來，想必是這個意思吧。

「那是把人民幣國際化也放進視野的構想。」大久保勳回憶起周恩來說話時的沉穩模樣。

只是，中日貿易直接使用人民幣與日圓的構想，很難說如期待般地發展。因為美中關係持續修復，不久後美國就解除對中國的「美元封鎖」。

周恩來在人民大會堂接見日本代表團的數個月前，美國與中國歷史性的交涉也正在進行。同年七月與十月，周恩來一再與來訪的美國國家安全顧問亨利．季辛吉（Henry Kissinger）會談。一九七二年二月，美國總統理查．尼克森（Richard Nixon）第一次訪中，與毛澤東、周恩來會面。當時中國與蘇聯關係惡化，在此背景下，美中關係走向正常化，逐步解除對中國的經濟制裁。中國用於貿易的主要貨幣，也從英鎊變成和其他國家一樣的美元。

中美的外交行動讓日本感到恐慌，首相田中角榮立刻展開行動。最後在一九七二年，搶先美國，與中國建交。周恩來所提議人民幣與日圓的構想，是符合這個大歷史潮流的。中國即使在與美元切割的時代，內部其實也存在美元與人民幣的兌換匯率，也進行外匯管理。

翻閱《周恩來與季辛吉密談錄》（毛里和子、增田弘監譯），從周恩來與季辛吉的對話中，可以看到周恩來對日本極度地不信任，非常擔心「美軍撤離台灣、東南亞以前，日本的武裝軍隊就會進駐兩地」，還譴責美國放任日本坐大，要求季辛吉提出壓制日本的對策，侮蔑日本是「島國集團」。

但看在季辛吉眼中，絕代的戰略性政治家周恩來只有在面對日本時「缺乏自信心」，而且「戰略上依據薄弱，觀點陳舊」。

不過周恩來當時的發言並沒有完全公開。對任何人都親切以待的周恩來，讓許多前往中國的日本訪問者都深深被他吸引。

銀行和金庫成為目標

從一九五〇年代到一九七〇年代，中國的經濟像是被巨浪反覆拍打，處於重重的混亂之中。在韓戰、與印度的軍事衝突、與蘇聯的對立以外，南方還有越演越烈的越戰。除了這些國際問題，中國本身，應該說毛澤東本身的不當策略而引起的混亂更是顯著。

毛澤東想把所有權力集中在自己領導的共產黨手裡，以對抗內外的「敵人」。他提出

「反右派鬥爭」，連建國時曾是他助力的中國資本家都要打倒。接著在一九五八到一九六〇年推動「大躍進」，設立人民公社，以配給的方式分配糧食、日用品等物資，夢想建造不需要金錢的烏托邦世界。並推動「十五年超越英國」，在短時間內增產鋼鐵、穀物的不合理計畫。

根據《中國人民銀行五十年》（戴相龍主編）一書，當時融資變得不受控制，貨幣也發行過量，引發通貨膨脹的同時，數千萬人死於糧食短缺。

為了挽回失敗並奪回權力，一九六六年毛澤東發動長達十餘年的政治運動——文化大革命，讓中國再度陷入混亂之中，社會分裂，經濟停滯。

曾任人民銀行行長的戴相龍回顧當時，在書中寫道「受到極左思潮的衝擊，金融業務也發生了嚴重的混亂。存款利息被批評為不勞所得，銀行甚至被迫設立無利息的存款窗口」、「銀行與金庫不斷被攻擊」（《戴相龍金融文集》）那樣的混亂實在非比尋常。

在人民銀行負責金融業務的幹部，有人甚至被紅衛兵逼得上吊身亡。雖是國家的中央銀行，卻變成「記帳及出納部門」。書中也提到，了解「極左」錯誤的周恩來，想盡辦法讓銀行的業務能夠持續運作。

悲劇的首任行長

「打破西方國家對中國的封鎖禁運。」在毛澤東的指示下，有個人為了擴大與外國的貿易而四處奔走，他就是人民銀行首任行長南漢宸。從一九五〇年代到一九六〇年代，南漢宸以中國國際貿易促進委員會首任主席的身分訪問各國。

南漢宸訪問的國家包括蘇聯、東歐、埃及、敘利亞、古巴、巴西、智利、阿爾及利亞，還有日本。為了中國的經濟建設，他出國訪問的目的，除為尋求海外資金，同時也是在連繫政府間的政治關係。

一九六四年春天，南漢宸帶領經濟友好代表團抵達日本。這一年日本舉辦東京奧運，距離日本與中國建交還有八年。

當時《朝日新聞》介紹南漢宸是「中共的財政、經濟大人物」，並且說他「身高一百七十五公分，體格魁梧、額頭飽滿、鼻梁挺直、眼神溫和。臉上光采有神，看不出已七十歲」（一九六四年四月十一日早報）。

南漢宸與妻子在日本停留一個多月，拜訪各地財經界的重要人物。他是中日友好協會的副會長，站在開闢雙方經濟交流，並為兩國外交正常化奠定基礎的前鋒。

然而，這位受到各國歡迎的人物，卻在文化大革命時遭受迫害，臉上的光彩也悲慘地褪了色。他被嚴厲批判是反對毛澤東的「背叛者」，是擁護資本主義的「走資派」，和日本等外國接觸也成為他的罪名。

南漢宸在人民銀行時代，擔任他祕書的楊培新曾於雜誌《炎黃春秋》（二〇〇四年第三期）中悔恨地回顧文化大革命時代。某日在銀行，楊培新也因為「反動學術權威」而被批鬥，忽然聽到大街上喊著「打倒南漢宸」的聲音。楊培新很擔心，卻又不能出去察看，南漢宸一定是雙手被抓著往後提起，彎著腰，垂著頭，以俗稱「噴氣式」的姿勢，長時間在卡車上接受批鬥。這樣對待年事已高又患有高血壓的南漢宸，不是要他的命嗎？

從年輕時就為共產黨鞠躬盡瘁，建國後擔任人民銀行首任行長，以共產中國的商業代表活躍於世界的南漢宸，也難逃文化大革命的魔掌。

果不其然，身心俱疲的南漢宸隔天便過世了，傳聞是自殺身亡。那是一九六七年一月二十七日，北京正是隆冬之時。

〈對日貿易最高負責人　南漢宸也是自殺嗎？〉，這是一九六七年二月八日《朝日新聞》早報的一則報導。南漢宸過世大約兩週後，北京街上的大字報才出現他的死訊。

南漢宸從年輕時就與日本有不淺的淵緣。一八九五年，南漢宸出生於山西省的富裕農家，曾任職於在清末攻入北京的軍閥馮玉祥旗下，三十一歲加入共產黨，從事共產黨的地下活動與祕密工作，一九三二年秋天前往日本。

南漢宸與妻子為擺脫國民黨的追捕，持續了約十個月的逃亡生活。南漢宸拿著天津商社董事的名片，從神戶港進入日本，他的二兒子便是在日本出生。當時正值日本占領中國東北，建立滿洲國之際。

從日本回到中國後，南漢宸擔任協助張學良發起西安事變的楊虎城之祕書，他們監禁國民黨領導人蔣介石，促使國共合作。之後南漢宸負責金融事務，於一九四八年十二月人民銀行成立時就任首任行長。

毛澤東死後，文化大革命終於結束，掌握實權的鄧小平採取改革開放政策，一九七九年，南漢宸才獲得平反，恢復名譽。撕裂中國人的文化大革命悲劇，連一手催生人民幣的人物也不放過，中國的政治沒有安全地帶，南漢宸之死更讓人深刻體認到這一點。

| 第二章 |

圍繞著「¥」

沒有比外幣在國內流通，
更阻饒貨幣政策的事情了。

——高橋是清

日圓圈夢碎

倫敦市政廳位於倫敦金融城的中心地帶，是一棟中世紀哥德式的建築。這裡是國際重要人物演講的場地，也是現今外交的社交場所。

安倍晉三連任日本首相後，兩度在市政廳舉行演說，向當地的投資者與政界、財界相關人士推銷安倍經濟學。第一次演說是在二〇一三年六月，為拉近關係，一開始，安倍介紹日本與英國首相大衛・卡麥隆（David Cameron）的意外之緣。

「Once upon a time」（很久以前），不知為何這句話要說英語，繫著黃色領帶的安倍晉三以柔和的聲調說道，「在受到俄羅斯帝國軍事威脅，日本企圖奮起的時代」，提及一九〇四年春天日俄戰爭爆發，就不得不提到「高橋是清」這個名字。

高橋是清從日本銀行總裁轉入政界，擔任七次大藏大臣（即財務大臣）、一次首相，也曾經是五十日圓紙幣上的人物。時任日本銀行副總裁的高橋是清，為籌措戰爭經費，前往與日本締結同盟的英國首都倫敦，他必須讓世界金融中心的倫敦金融城銀行團購買日本政府的公債。日本想獲得英國與擁有紐約這個金融市場的美國的支持，然而，當時大家都認為日本無法戰勝像俄國那樣的大國，交涉困難重重。

安倍晉三繼續說道：「當時伸出援手的，正是香港上海銀行倫敦分行的尤恩・卡麥隆（Ewen Cameron）爵士，是卡麥隆首相的高祖父。」一八六五年，英國為經營殖民地，於香港和上海創立香港上海銀行，是現在香港上海匯豐銀行（HSBC）的前身，總部位於倫敦，是全球金融機構在中國市場上的強者。

得到幫助的高橋是清，成功把日本公債賣給歐美，籌措到一億三千萬英鎊。

「一九二〇年代擔任首相與大藏大臣，見證民主時代的來臨」、「在一九三〇年代經濟大恐慌打擊世界的時代，毫無保留地展現才能」，確實，高橋是清就以積極的財政政策「高橋財政」而聞名。

然而，安倍晉三沒有提到的是，高橋是清為防止通貨膨脹而抑制軍事費用，招致軍部不滿，最後死於陸軍青年將校的槍下。事情發生在一九三六年二月二十六日，也就是所謂的「二二六事件」。

拒絕英國的提議

安倍晉三以「財政家」來介紹高橋是清，作為「日本首位國際金融家」（東京大學名譽教授三谷太一郎），他的人生也與中國貨幣有過交會。

一九三二年，高橋是清第五次擔任大藏大臣時，曾對甫建國不久的滿洲國財政官員星野直樹說過這段話。星野直樹後來成為滿洲國總務長官，在東條英機內閣中擔任書記官。

> 明治初期，日本多使用墨西哥幣等外幣，因而產生的麻煩不知凡幾。沒有比外幣在

國內流通，更阻饒貨幣政策的事情了。為此我做了很大的努力。滿洲國現也有很多外幣（即日圓）流通，這可不容易處理。（星野直樹《未完成的夢：滿洲國外史》）

高橋是清認為，既然在滿洲國成立中央銀行，發行獨自的「滿洲國幣」，就不應該混入日系貨幣。這也招致軍部部分人士的反感。

高橋是清去世的前一年，一九三五年，英國政府向日本政府提議，希望日本政府一起支持當時由蔣介石領導的國民黨政權——中華民國統一貨幣。但日本沒有同意。當時岡田啟介內閣的大藏大臣就是高橋是清。

來說說當時中國的貨幣體制。基本上，當時中國採用以銀的價值為後盾的銀本位制，因此，金融政策經常受到國際銀價波動的影響。此外，包括外資銀行等各銀行均擅自發行紙幣，貨幣的價值與使用的地區不穩定，經濟非常混亂。尤其在一九三五年左右，因為世界銀價高漲，中國的金融與財政都陷入危機。

若中國經濟混亂，包括香港在內，英國自鴉片戰爭後得到的特權就會受損。在此擔憂下，英國提出中國必須統一各銀行各自發行貨幣的現況，美國也同意這項提議。

一九三五年十一月，接受英、美提議的中華民國實行貨幣改革，以政府承認之四大銀行所發行的鈔票作為法律規定的貨幣「法幣」，穩定對英鎊與美元的匯率。因具備與國際貨幣的兌換性，是貨幣信用的後盾，中國的金融市場暫時穩定了。

但日本為何會拒絕英國的提議呢？

原因要追溯到四年前，一九三一年九月十八日，日本的關東軍引爆中國東北部遼寧省奉天（現在的瀋陽）郊外柳條湖附近的鐵道，指稱是中國軍隊所為，再以此為藉口對中國展開軍事行動，也就是「滿洲事變」（中國稱之為「九一八事變」）。

隔年，日本扶植清朝末代皇帝溥儀成立日本傀儡國家——滿洲國，但滿洲國不被國際社會承認，日本於是在一九三三年退出國際聯盟（League of Nations）。

貨幣戰爭的宣戰公告

日本拒絕英國貨幣合作的提議，是因為當時日本已踏上全面與中國對立之路，無法回頭。

《日本外交文書》上有中國貨幣改革的相關紀錄。作為「日中之間的重要交涉案件，同時也是中國議題上，日本與列國關係的重要問題」，外務省官網上做了摘要：「一九三五年一月，中國首先向英、美請求支援，但沒有得到肯定的答覆，於是轉而請求日本。中國方面表示，幫助正值困難的中國，能改善日中關係。但日本經外務省與大藏省討論過後，所得出的結論是：無法提供高額貸款給中國。」

直至滿洲國建國後的一九三五年，中國仍持續向日本請求支援，而日本表現出來的態度不是「拒絕」，而是「不明確回答」。「二月，英國邀請日本、美國、法國三國，共同討論中國危機的因應對策。日本方面因為懷疑英國的真正用意而不積極表示贊同，並要求中國政府在採取任何行動之前，必須先與日本溝通。然而，英國派遣專家組成的使節團到中國進行調查與勸說的提案，也決定付諸實行。」

使節團的團長弗雷德里克·李滋羅斯（Frederick Leith-Ross），是英國的財政家及經濟外交家。

李滋羅斯也到過日本，那是在一九三五年九月六日。李滋羅斯抵達橫濱後，與高橋是清的部下大藏次官（即財務副大臣）津島壽一在船上關室密談，提出「讓中國承認滿洲國，條件是由滿洲國償還中國部分債務。日本不介入（萬里）長城以南的中國政治或經濟」為條件，遊說日本「一起支援中國」，但津島壽一對此是懷疑的。

李滋羅斯也與外交大臣廣田弘毅等人會談，但日本對於李滋羅斯的種種提議，態度都很消極，因為當時以軍部為中心的日本正企圖擴大勢力到滿洲國以南的地方。一九三七年七月，中日兩方軍隊在北京郊外發生衝突，這起盧溝橋事件，觸發兩國全面開戰。

中國暢銷書《貨幣戰爭》系列的作者宋鴻兵指出：「中國放棄長期以來的銀本位制，接受英、美的支援，發行法幣，完成貨幣改革。走出貨幣分裂的困局，國民黨政權控制經濟的力量增強，但這對日本，尤其軍部，是很大的刺激。而且，法幣的信用背景是與英鎊或美元的兌換性，這等於是拒絕日本在亞洲拓展的日圓圈，發出貨幣戰爭的宣戰公告。貨幣上拒絕日本，選擇向英、美靠攏，也是中國與日本全面開戰的重要原因之一。」

Yen 與 Yuan

Yen 是日本「円」的羅馬拼音，Yuan 則是中國「元」的羅馬拼音，兩者的貨幣符號都是 ¥。

滿洲國的貨幣「滿洲國幣」，可以說是日圓的傀儡貨幣。

一九三二年六月，滿洲國建國三個月，擁有發行貨幣權限的滿洲中央銀行在首都新京（現在的吉林省長春）成立。在混雜公營、私營、外資銀行發行之各種貨幣的中國，東北也不例外地有數十種以上的貨幣在流通，如果再加上民間商人發行的票券，種類據說有一百種以上。此外，中國的末端行政機關「縣」所發行的流通券，則成為游擊隊的活動資金。據說從日本派來的滿洲中央銀行職員扛著新貨幣與關東軍游擊隊同行，就是為了交換流通券。

滿洲中央銀行大約花費兩年時間，回收九成以上的舊貨幣，讓人們荷包裡的貨幣變成滿洲國幣。不久之後，滿洲國幣便可等價交換日圓。

一九三二年八月二十一日，《朝日新聞》早報第七版的左邊角落，有一小則報導，標題為〈載著六噸滿洲國紙幣　河南丸戒備森嚴〉，是關於大阪商船河南丸的特別室裡堆放滿洲國紙幣，從福岡縣門司港出發前往遼寧省大連港的新聞。報導中提到：「那是滿洲中央銀行委託大日本帝國內閣印刷局，在日本印製的紙幣」、「為防萬一而祕密運送到船內，途中船員和警察片刻不離地看守」、「這些紙幣肩負著安定滿洲財政與驅逐不可兌換紙幣的重大使命」。

滿洲國幣從設計到印刷都是「made in Japan」。因為匆促建國，一開始滿洲國幣來不及印製有人物肖像的紙幣，遂利用滿洲國國旗代替。滿洲國基於民族自決的理念，由漢、滿、蒙古、朝鮮和日本共同建國，五色的國旗便是象徵「五族協和」。

滿洲國後來發行的正式紙幣，上頭的人物肖像饒富趣味，是留著濃密白鬍子的孔子、有著醒目眉毛與黑鬍子的孟子，以及據說能提高財運、蓄財招福的道教財神趙公明。不管是蔣介石領導的國民黨，還是毛澤東的共產黨，紙幣上都沒有採用孔子或孟子等思想家或宗教家的肖像。滿洲國採用能表現日本人眼中中國的人物，而選擇具代表性的思想家，應該也是想獲得中國人的認同。不只如此，滿洲國的建國也是高舉著「王道主義」，注重德、禮、敬等儒家思想，而孔子與孟子正是儒家思想的代表人物。

《「滿洲國」的金融》一書的作者，東京大學教授安冨步表示：「滿洲國的建國被套用上儒家的價值觀。而未選擇溥儀與近代的中國人作為紙幣上的肖像，是因為不想賦予他們權威，或許連作為選項討論都沒有。紙幣肖像的選擇，也反映出統治的思想。」

這就是「大東亞金融圈」中「作為日圓同盟的表率——滿州國」（一九四三年八月十四日《朝日新聞》早報）的紙幣。

新京的凱旋門廣場

「紙幣即子彈」，這是進攻中國的日本陸軍關東軍平日掛在嘴邊的話。滿洲中央銀行第一期職員武田英克在《滿洲脫出　滿洲中央銀行幹部之體驗》一書中如此描述。

建立國家即建立貨幣。

滿洲中央銀行的開幕典禮在大雨中舉行，溥儀親臨，非常盛大。首任總裁不是日本人，而是滿族人。十幾部汽車載來眾多貴賓，當地的媒體以「建國以來的盛宴」來形容當時的盛況。

作為會場的總行，是一棟外圍有龍雕裝飾的中國式平房，也是過去當地發行貨幣的金融機構。由於治安不佳，經常有持槍的「盜賊」在附近出沒，所以總行四周架設三千伏特的高壓電鐵絲網，銀行職員也會把步槍放在辦公桌附近。

不過六年後，一九三八年，華麗的滿洲中央銀行新總行落成。由於貨幣需要人們的支持，而新貨幣為了提高權威感，必須以豪華而堅固的外觀來加強人們的信賴。

新總行的正面玄關有如希臘神殿般，高約十公尺的石柱成排聳立，是豪華的大理石建材。一九四一年九月十七日，《朝日新聞》早報刊出滿洲國「建設十年」特輯，當時的新京特派員以誇張的筆法形容「大草原也為之一變」，並附上照片加以介紹。

作為滿洲國的金融「心臟」，這棟建築物使用的花崗石，是開挖附近整座山後，挑出品質最佳的石材。銀行面對著直徑三百公尺的大型圓環，彷彿「新京的凱旋門廣場」。隨著戰線持續擴大，彷彿可以見到作為滿洲國首都的特派員，和採訪的軍人與官員一起隨著局勢發展，沉浸在高昂的情緒中。

地上四層樓、地下三層樓的新總行，占地兩萬六千平方公尺，比日本銀行總行還大，使用數千噸的鋼材，占當時滿洲國鋼材使用量的一半，耗費約三千萬日圓。設計師是日本人西村好時，他也是日本第一銀行總行與分行，以及日本銀行釧路分行的設計師，是銀行建築的專家。新總行由日本的大林組負責建設，滿洲國的金融在任何方面都是「made in Japan」。

銀行地下室設有號稱東洋第一的堅固金庫。關東軍相關人士曾對武田英克說：「如果美軍登陸日本，就護送天皇陛下到新京，在可以擋住一噸彈藥的中央銀行地下金庫設立天皇御所，奮戰到底。」

向美國公司特別訂製的金庫，大的長四公尺、寬兩公尺，厚一．五公尺，重二十五噸。根據當地報紙《城市晚報》的報導，因為找不到可以載運金庫的車輛，動用了五十個人、三十四馬，才從火車站把金庫運送到銀行。

「偽鈔」成為紙兵器

與中國全面開戰的日本也擴大了貨幣的戰線，國民黨的法幣、共產黨在各據點「邊區」發行的邊幣，還有日本在占領區設立銀行發行的紙幣，在中國各地掀起勢力競爭。

在南京，有親日的汪兆銘政權的中央銀行——中央儲備銀行，在華北，也有中國聯合準備銀行，作為日本政府的斡旋者，發行日圓關係貨幣，幣值與日圓或滿洲國幣相同。日本為支配朝鮮半島而成立的朝鮮銀行，與這兩家銀行之間透過互相「假借款」，施展鍊金術，讓日本本土遠離戰地的風險，日本政府的國庫無須付出代價，即可獲得戰爭經費。

「岡崎，戰爭可以用紙來進行。」一九四三年七月，汪兆銘政權的最高經濟顧問石渡莊太郎（翌年成為東條英機內閣的大藏大臣），對在上海大使館擔任參事官的岡崎嘉平太如是說。岡崎嘉平太在戰後以經濟人的立場，為中日關係正常化付出極大的努力。

《昭和的迷途》是多田井喜生的著作，他透過研究朝鮮銀行的內部資料，揭開日中戰爭時日本財政與貨幣戰略的實況。戰後，多田井喜生進入前身為朝鮮銀行的日本不動產銀行（後改名為日本債券信用銀行，現為青空銀行），擔任常務董事。

「憑空生出鈔票，要多少有多少」，這是進入北京的日本銀行家之間的對話。發行再多也無關痛癢，使得貨幣價值不斷下降，導致通貨膨脹。

另一方面，有英鎊與美元的信用支撐的法幣，實力不容小覷。除了滿洲國以外，日系貨幣的地位正在式微。尤其在上海，這個以歐美列強權益為主宰的地區，法幣因為有英、美的支援，「不僅確保國際貨幣的地位，在當地的信用也很高」（中村隆英《昭和史（上）》）。華北也是一樣，聯銀券未能建立優勢地位，即使在天津租界裡，貿易時也不會使用日系貨幣，而是使用法幣，再兌換成英鎊、美元等外幣。

貨幣戰爭其實就是信任度的競合。隨著戰火越演越烈，中國人反日的情緒也越來越高昂，不接受日系貨幣的地方就更多了。

偽鈔也四處紛飛。著名的「杉工作」是由日本陸軍的祕密研究所——登戶研究所（神奈川縣川崎市）負責執行，在中國散布「紙兵器」，用偽鈔購買物資、進行賄賂。除了擾亂貨幣的供給，擾亂經濟也是行動的目標。

一九四一年，日本占領香港後，便把設在香港的法幣印製工廠的機器與紙幣原版運回日本，得以製造更精巧的偽鈔。然而，戰地通貨膨脹的情形越來越嚴重，原版紙幣的面額都不大，所以也沒有太大的作用。

一九四一年，日本與美國正式開戰，為實現大東亞共榮圈而展開太平洋戰爭。日本在印尼、菲律賓、緬甸等東南亞國家，也發行名為南方開發金庫券的貨幣。但在戰況惡化時，毫無節制地發行南方開發金庫券，引發惡性通貨膨脹。為了實現「大東亞共榮圈」之夢跨海而來的貨幣，最後成了廢紙。

「紙幣是歷史的證人」，《紙幣肖像的近現代史》作者植村峻表示。植村峻在日本戰敗後的一九五八年進入大藏省印刷局工作，擔任瀧野川工廠（現在的東京工廠）廠長。該處即戰時印製滿洲國、南洋國家的日系紙幣的工廠。

植村峻「散盡家財」，蒐集超過一萬件的紙幣與資料。「在日本軍部的堅持下，戰線持續擴大，工廠來不及印製軍票和紙幣」，軍票也只能在日本國內使用的紙幣上，加印「軍用手票」的字樣。

到接近戰敗時，戰地通貨膨脹惡化，需要大額紙幣。「輸送船遭到美軍的潛水艦狙擊，日本事實上已經失去制海權與制空權，無法將物資從日本輸送到外地。」日本國內也因為原料不足，只能使用當地原料在當地生產，紙幣的品質自然就下降了。

從紙幣的情況也可以看出日本的戰局已明顯惡化。「印刷局似乎已預測到戰敗，早就準備好要印製大量的紙幣，以因應通貨膨脹。」植村峻說。

大東亞金融圈的消失

日本戰敗的前一年，一九四四年七月，位在美國新罕布夏州布列敦森林的華盛頓山賓館，聚集了數百位客人。這家飯店雖然地處偏僻，卻是富裕階層鍾愛的美國東部避暑勝地中，唯一的大型飯店。當時與日本敵對的美國、英國、中國等聯合國成員，將在此召開會議，討論戰後的貨幣體制。

被森林包圍的飯店，八角形建築的屋頂是紅色的，大廳有華麗的彩繪玻璃。與會國家超過四十個，代表團人員超過七百人，規模最大的代表團是美國，其次是中華民國。

美國智庫的研究人員賓・史戴爾（Benn Steil）在著作《布列敦森林之戰》（*The Battle of Bretton Woods*）中提到：

在偏遠的山區裡，中國是特別可疑的國家。有一次，中國一行人嚇到了沒見過世面的人，誤以為他們是「為了妨礙會議而潛入的日本人」，嚇得從散步的路上逃走。

中國代表團的團長，是財政部長孔祥熙。

孔祥熙畢業於耶魯大學，以孔子的後代子孫自居，靠著物流業、銀行業、紡織業、礦業致富，並利用家族關係進入政界，在蔣介石的國民黨政權下，擔任財政部長與中央銀行總裁。孔祥熙最大的任務，其實是從美國取得更多對日戰爭的支援。根據史戴爾的說法，孔祥熙連在會議上都要透露自己與美國總統富蘭克林．羅斯福（Franklin Roosevelt）的關係，手腕相當高明。

主持會議的是美國財政部長小亨利．摩根索（Henry Morgenthau, Jr.），孔祥熙代表各國出席者，率先起身招呼道：「針對貨幣問題，各國通力合作，才是確立世界和平與繁榮之道。」

與會國也針對預計於戰後成立的國際貨幣基金組織（International Monetary Fund, IMF）的出資比率，進行激烈的討論。中國要求出資比法國多，排第四位，印度則要求和中國同比率。國際金融的「戰後」已然開始。

翌年夏天，日本投降，第二次世界大戰結束。與日本的野心一起膨脹，途中遭英、美經濟封鎖而孤立的「以日圓為骨幹的大東亞金融圈」（東條英機內閣的大藏大臣賀屋興宣）的夢想，隨著戰爭結束而破滅，日圓圈瞬間萎縮。和槍口一起跨海來到中國、朝鮮、台灣、南洋的日圓，再度退回日本本土——「本州、北海道、九州、四國及周邊的小群島」（《波茨坦宣言》）。

「大東亞共榮圈沒有經濟基礎，是靠軍事力量強制實行，並非建立在生活基礎上。大東亞金融圈則更是虛幻。」東京大學名譽教授三谷太一郎表示。一九六〇年代末，三谷太一郎在美國的大學研讀一九二〇年代因成立貸款給中國的國際銀行團而參與其中的英、美銀行的資料。記述日本政黨政治和國際金融交流的《華爾街與遠東》作者，就是三谷太一郎。

▲ 舊滿洲中央銀行外觀依舊莊嚴。

二〇一七年三月，我在東京大學本鄉校區的明治新聞雜誌文庫的會客室，與三谷太一郎見面。半地下的會客室有著潮濕的報紙味道，瀰漫著歷史感。

根據三谷太一郎的說法，以英、美為主的國際投資家當初對投資中國是有疑慮的。從美國汽車產業的角度來看，投資有日本在背後撐腰的滿洲國似乎更有希望。「銀行與國際政治或道德的觀點未必一致。」

但是在日本，「對國際資本主義價值觀最忠誠的金融家」（三谷太一郎），曾任日本銀行總裁和大藏大臣的井上準之助，與高橋是清一起被暗殺了。日本與英、美為敵，失去投資家的信賴，孤立於國際金融市場。日本在貨幣的Ａ（America）、Ｂ（Britain）、Ｃ（China）包圍網中，高喊著要建立「日圓圈」，這不就是不懂得判斷銀行家的得失嗎？

沒有等來日俄戰爭時幫助高橋是清的「卡麥隆爵士」，日本戰敗了。

夢的遺跡

我去參觀至今仍矗立在長春市內的滿洲中央銀行總行建築，自從共產黨掌權後，現在這裡是中國人民銀行、中國工商銀行等金融機構作為分行使用。戰後過了七十年，二〇一五年年底，長春下著雪，天氣冷得臉頰都要凍僵了。

那天是週末，但中國工商銀行的門開著，我懷著忐忑的心情靠近，便被請入內。挑高的大廳非常寬敞，處處裝飾著金色花瓣，地板則鋪著厚重的大理石。辦公桌上的綠色玻璃燈罩檯燈讓人眼睛一亮，那是稱為銀行燈的桌燈。我心想，那該不會是從前留到現在的東西吧？彷彿看見來到滿洲國的日本人的夢的遺跡。

「以前曾住在這的日本老年人會來觀光。過去來的人好像更多。」中年警衛說。「曾經是敵人的日本人來這裡觀光旅遊，不覺得討厭嗎？」我問他，但警衛只是笑笑，沒有回答我的問題，而是告訴我：「如果是平日，就可以帶妳參觀人民銀行內部了。」

大廳裡放著注意信用卡詐騙或網路詐騙、電話詐騙的傳單。走到銀行外，一眼就能看到旁邊滿洲國時代電信公司的總公司大樓，現在為中國的國營電話公司所用，高掛著宣傳4G的看板。是啊，這是電子支付風氣正盛的中國，已經不是七十年前只有現金的中國了。

曾被《朝日新聞》的前輩特派員讚譽為「凱旋門廣場」的大同廣場，現已更名為人民廣場。廣場上隨處可見紅色的標語寫著習近平推動的「社會主義核心價值觀」。為紀念抗日戰爭勝利七十週年，共產黨與日本作戰的歷史照片成排展示出來，一旁的說明寫著主辦展覽的公安局，就是使用滿洲國時代警察廳的建築。

在那附近有個類似日本天守閣的建築物，曾是日本關東軍的總司令部。五星紅旗就以藍色天空和白色塔樓為背景，迎風飄揚，真是奇妙的風景。這裡現在是吉林省共產黨委員會的所在。除了這棟建築物，其他當時的建築物，現在也作為大學、醫院、旅館使用。

從人民幣的歷史來看時，以日本信用為後盾的日圓圈貨幣在中國大陸的興衰，或許就像唱片的B面。不過，作為動搖共產黨「愛國神話」的素材之一，倒是很有意思。因為從貨幣的觀點回顧歷史，真正與日圓圈攻勢正面對峙的，其實是蔣介石的法幣。

當蔣介石接受英、美的援助，為貨幣制度改革而努力時，毛澤東等人對抗的不是日本，而是國民黨。因為在內戰中失勢，共產黨持續著稱為「長征」的逃亡行動，並在其分散的據點游擊性地發行抗日貨幣「抗幣」。當時的共產黨沒有能力製造、發行流通於全國的貨幣，在貨幣的世界裡，只能算是配角。

但是，在日本戰敗退出中國後，國民黨一連串的經濟政策都失敗了。親日政權留下來的儲備銀行券與法幣的兌換匯率設定失誤，釀成物價高漲的後果。因為高估法幣對美元的匯率，也讓貿易赤字連連上升。

再加上內戰時為調度膨脹的戰事經費，大量發行法幣，最終，中國經濟陷入高度通貨膨脹。人們不再接受國民黨的貨幣。貨幣失去信用，權力也隨之瓦解。內戰中的貨幣戰爭，國民黨是自取滅亡。

貨幣守護者的羈絆

一九七〇年代，日本與中國的中央銀行開始有了交流。以經濟人的立場支持中日關係正常化的岡崎嘉平太，戰前也曾經服務於日本銀行。一九七七年，日本銀行以總裁森永貞一郎為團長，首次派遣訪問團至北京，與中國人民銀行、財政部等交換意見。

隔年，人民銀行行長陳希愈率領中國代表團到日本，並決定之後每年互相訪問。人民銀行自豪地表示「打開了與西方銀行交流的大門」（《中國人民銀行五十年》）。

日本銀行作為「西方」的中央銀行，能比其他國家更早與中國展開交流，三重野康有非常大的貢獻。三重野康因為戳破泡沫經濟，而有「平成鬼平」之稱，中國人則稱呼他為「海量先生」。因為他在與人民銀行幹部的宴席上，喝了和大海等量的酒——這是有著詩句「白髮三千丈」的國家獨有的誇飾說法，喝得酩酊大醉的人則被戲稱為「飄飄先生」。

這位曾經喝光東京帝國飯店茅台酒的人物，承受住中國式乾杯的攻勢，他張開雙手的手指，把酒杯夾在指縫中，一口氣乾掉左右各四杯的酒而獲得滿堂彩。

一九七八年，三重野康擔任日本銀行理事。那是鄧小平進行改革開放，中國開始貪婪地向日本學習金融在市場經濟中運作的時期。不只如此，三重野康出生於東京，卻是在滿洲長大，對中國有著深刻的情感。「鮮紅的太陽慢慢地沉入遙遠的大地彼方，滿洲的夕陽特別大。」這是他寫在著作《在紅色夕陽之後》一書的開頭文字。

因父親是南滿洲鐵道株式會社的員工，三重野康的小學和中學時期都是在滿州度過。一九八一年秋天，相隔四十年後，他再度造訪中國東北地區，不禁感嘆「我的故鄉果然是滿洲」。

三重野康自己在日本從東京大學被徵召至陸軍野戰砲兵學校，以陸軍野戰砲兵學校學生的身分面對日本戰敗，但他的家人還在遼寧省安東（現在的丹東）。轉任安東銀行的父親被共產黨的軍隊抓走，宣判死刑。幸好父親的中國部屬提出請願書，證明他是「好人」才得以獲救。因為國家發動戰爭而被追究個人責任，抱著這段記憶的世代，因經濟再度與中國正面相對。

▲有「平成鬼平」之稱的三重野康。

不管是在會議室還是在酒席上，不談戰爭，「好像彼此都能感覺到對方想說的話。」曾是三重野康部下的日本銀行職員，在接受我的訪問時如此追憶。

人民銀行副行長劉鴻儒被三重野康喚為「酒友」，兩人交情似乎相當好。在重視市場功能的趙紫陽擔任總書記的時代，劉鴻儒是負責揮舞金融改革旗幟的人。趙紫陽雖然因為天安門事件下台，但劉鴻儒的表現獲得朱鎔基肯定，便以金融官僚的身分留任，成為首任中國證券監督管理委員會主席。掌握中國經濟政策的走向，與日本企業的經營息息相關，同業之間的意見交換，對日本也是有好處的。

三重野康與時任上海市長的重要政治家汪道涵也很親近，汪道涵是被視為江澤民後繼者的有力人士。對於急欲發展的中國，三重野康述說日本從放寬金融管制到《廣場協議》所走過的路。「我認為日本應更重視與亞洲各國的關係……在滿洲成長這件事，或許也多少影響了我」（《在紅色夕陽之後》）。

日本與歐美等已開發國家的中央銀行密切交流，卻與鄰近各國疏遠，三重野康覺得不應該再繼續這樣。所以他在一九八九年就任日本銀行總裁後，便提議設置讓亞洲的中央銀行官員可以自由交換訊息與意見的場所，並於一九九一年實現。東亞及太平洋地區中央銀行會議（Executives' Meeting of East Asia and Pacific Central Banks, EMEAP）就此成立，涵蓋區域非常廣泛，包含日本、中國、南韓、香港、泰國、菲律賓、新加坡、澳洲等十一個經濟體。

「中央銀行的領導者是個惹人厭的角色。」他曾在一九九三年春天，於北京會談時，如此鼓勵滿臉沮喪的人民銀行行長李貴鮮。當時的三重野康「因為戳破泡沫經濟才導致不景氣」備受批判，李貴鮮則是因為景氣過熱而飽受指責，同是為了與政治的距離而煩惱的中央銀行行長，兩人處境相似。然而，人民銀行與政治豈是距離的問題，它根本就是政治的一部分。不久後，李貴鮮便被解任，由副總理朱鎔基兼任人民銀行行長。

二〇〇六年起出任日本銀行北京事務所所長的瀨口清之，是受到三重野康薰陶的最後一代。「三重野康是非常重要的存在，他有著能夠包容對手的開闊胸懷，或許與他在中國成長的經驗有關。」瀨口清之言詞中充滿對三重野康的敬意。

之後，瀨口清之轉任佳能全球戰略研究所，參與中國經濟的研究。與瀨口清之同世代的，還有曾任該研究所所長的日本大學教授露口洋介、新川陸一，現在在NTT DATA集團的中國投資部門；曾派駐人民銀行上海分行的岡嵜久實子則和瀨口清之在同一個研究所；後藤好美則在岡三證券，持續進行中國經濟的各種分析。

▲日本Seven銀行前代會長安齋隆。

對滿洲懷抱鄉愁的三重野康的世代，站在第一線時，是日本在金融領域，於亞洲擁有壓倒性的經濟力與知識、經驗，能夠繪製並實行區域合作設計圖的時代。在那之後，面對存在感提升，卻又動盪不安的中國經濟，日本銀行出身的新一代經濟專家滿懷好奇心，正在成長。

以「元」為愛犬命名

「元」和「馬魯」——日本銀行出身的安齋隆以人民幣和德國馬克為兩隻愛犬取名。一九九〇年代後期，日本深陷金融危機之際，曾任日本銀行考查局長和理事的安齋隆，就任破產的日本長期信用銀行總裁。二〇〇一年，擔任率先在便利商店設置自動櫃員機的Seven銀行社長，自二〇一〇年起，以會長的身分，坐鎮在東京大手町的辦公室指揮全局。

話說，我見過那兩隻狗。一九九〇年代後期，我夜訪安齋隆位於千葉縣的住家，除了長期信用銀行之外，多少也想了解日本大型金融機構的動向。安齋家的狗對著半夜不受歡迎的客人汪汪地吠叫，不是「馬魯」，而是「元」。這隻名字來自人民幣的狗，圓圓的眼睛，非常可愛，但顯然有著強烈的自我意識。

陪伴安齋近二十年的兩隻愛犬，聽說在發生東日本大地震的二〇一一年前後死了。綜觀世界貨幣，德國馬克因被歐元統合，早就消失無蹤；但中國的元卻生氣勃勃。

會以「元」為愛犬命名，安齋隆也與中國有著淵緣。在三重野康重視亞洲的方針下，安齋隆曾被派駐香港事務所。

從一九九〇年代前期開始，擔任日本銀行電算情報局長的安齋隆，連續五年，每季度都與歐美中央銀行相關人士一同出席針對人民銀行結算系統的研修。安齋隆表示，當時中國受到蘇聯解體的震盪，改革開放尚未步上軌道，再加上天安門事件，受到已開發國家經濟制裁的重創也還沒有消失，如果不謹慎處理，中國恐怕會自我毀滅。

中國經濟的不開放並不是只針對外國，由於幅員遼闊，每個地區的經濟活動都處於半封閉的狀態，並未建立跨省資金的結算系統。無論個人或企業都以現金為導向，成為經濟活動的絆腳石。國營企業之間，因為用的都是國家的錢，交易要怎麼進行都無所謂；但是要培植民間企業，就必須實際運作金錢了。

這當中也有利益糾葛。為回應共產黨地方幹部的要求，人民銀行和國有銀行爭相讓現金流入企業，這是十分普遍的情況，當時還尚未有全國性的貨幣供應量管理。「一開始，中國以為擁有先進的電腦，結算就能順利進行，但只有機器是解決不了問題的。一旦明白這是結構上的問題，便會發現，就連結算要脫離蘇聯式的作法都不容易。」

或許是因為安齋隆友好的態度，一九九〇年代後期到二〇〇二年擔任人民銀行行長的戴相龍，數度邀請他到北京擔任講師。那是雙方都只有少數幾人參加的研討會，探討《廣場協議》之後的貨幣、金融政策為日本經濟的影響，以及日本的銀行不良債權的問題。從日本銀行轉到國營的長期信用銀行任職之前，安齋隆在北京的共產黨幹部學習的「黨校」（中國共產黨中央黨校）授課，主題是日本的金融體系，來聽講的則是中央或地方的幹部。課堂上提問接連不斷，「看似興盛的日本銀行為什麼會深陷危機？日本會如何處理？聽講者十分積極，彷彿不學習這些的話，中國就無法向前邁進。」曾訪問中國數十次的安齊隆，現正為中國經濟的未來感到憂心。

欠缺彈性的貨幣或金融政策，會對實體經濟造成負面影響。在中國，資金的分配都是由國有銀行掌控，由於市場力量發揮不了作用，所以也會把金錢挹注在無用的項目上，結果造成企業及地方政府都累積了不良債權。

人民銀行，不，是習近平與李克強等領導階層也開始擔心，要是因為對經濟發展不安、資金外流，人民幣就會過度貶值。

「本國貨幣變弱，經濟力也會也變弱，一旦察覺到這點，就會用盡方法試圖維持市場。但真的能順利嗎？」深知人民幣三十年曲折的安齊隆，從擔心人民幣貶值的人民銀行，感受到局勢將有所變化。

世界第一的「貨幣互換協議」收藏家

中國把人民幣國際化定為國策，為了在必要時人民幣可與他國貨幣交換，現已與三十三個國家、地區簽訂「貨幣互換協議」，可以說是世界第一的貨幣互換協議收藏家。

儘管中日雙方都未多加宣傳，二〇〇二年三月，第一個以人民幣計價的貨幣互換協議，便是與日本銀行簽訂的。

回顧這段歷史，不只是日本銀行與人民銀行的關係，也可以看到日本與中國的關係。

貨幣互換協議是指，需要外幣時，能與各國中央銀行互相融通的約定。有了這項協議，就能填補因經濟危機等因素而流出的外幣，平時貿易上的支付或投資也能使用雙方的貨幣，所以是國與國（或地區）之間的約定。

中國與各國簽訂貨幣互換協議的重點不在於危機處理，而是希望貿易上能使用人民幣支付。這一點與為因應亞洲金融危機，中、日、韓與東協（東南亞國家協會，Association of Southeast Asian Nations, ASEAN）約定互相融通美元的「清邁倡議」不同。不論如何，中國都懷著讓人民幣為廣大世界所使用的想法。

從日本的角度來看，亞洲金融危機時，雖與各國簽訂了以美元計價融通外幣的貨幣互換協議，但在亞洲以日圓計價，與中國簽訂的貨幣互換協議是頭一遭。

當時站在交涉最前線的，是日本銀行國際擔當理事松島正之和國際局長平野英治。

「希望簽訂人民幣與日圓可交換的貨幣互換協議，不知意下如何？」中國人民銀行副行長李若谷向日本銀行探詢。

那是在二〇〇〇年，中國為加入世界貿易組織（World Trade Organization, WTO）做最後努力的時候。人民銀行副行長李若谷曾被派赴亞洲開發銀行（Asian Development Bank, ADB）與國際貨幣基金組織任職，之後擔任中國進出口銀行行長，是個國際派的金融官員。面對李若谷的詢問，平野英治直覺認為「這是好事」。

想與經濟成長強勁的鄰國加深關係，就要搶先他國的中央銀行，在北京設立事務所。如果能借錢給中國，就能順利設立事務所了，平野英治這麼想著。

締結貨幣互換協議是信任對方貨幣的表示，日本借錢給中國，作為擔保的就是人民幣，所以一定是相信這個貨幣才會借出。但中國的貨幣受到法規約束，不是可以在國際市場上自由使用的貨幣。「即使有人民幣，危機時也派不上用場」、「只會讓日本銀行的信用下滑」，對於和中國簽訂協議，日本銀行內部有不少消極的意見，但平野英治等人展開說服。

當時日本是外匯存底最高的國家，但中國的外匯存底也快速成長，成為世界第二，就算發生危機，看起來也能自行應付。中國只是想藉由貨幣互換協議來增加人民幣的價值。六位日本銀行政策委員會審議委員中，一開始只有東燃通用集團前名譽會長中原伸之表示贊成，「中國正在壯大中，要趁著現在施恩給它們。」但副總裁不贊成。

於是，平野英治搬出歷史來說服眾人。一九六〇年代，日圓還不能自由交易時，美元就已與日圓簽署貨幣互換協議，那是為了在冷戰下穩固同盟國的經濟力。

「這是購買期貨。接受與人民幣貨幣互換，就是承認中國的國力，在外交上有加分的作用。」對於這樣的論調，曾任日商岩井會長的日本銀行總裁速水優說：「這不是很好嗎？」協議的交涉就委由平野英治負責。

雖說是友好與合作的「象徵」，但締結協議就像簽訂「條約」，還須與外交當局協調，包括生效條件、期間、利率等，中國方面也很辛苦。平野英治等人數度前往位於北京的人民銀行開會，決定借貸額度為相當於三十億美元的日圓與人民幣。

二〇〇二年三月二十八日，日本銀行總裁速水優與人民銀行行長戴相龍，在東京日本橋的日本銀行總行簽署協議。

「在新的世紀裡，中國與日本為了亞洲的安定與發展，應建立金融合作。」戴相龍在東京的演講，直率地對日本的支持表達肯定：「日本是給中國政府開發援助最多的國家。這些資金對中國的經濟發展有非常重大的幫助。」

能否起死回生　端看政治情勢發展

「中日金融合作應提升到新的階段」，二〇〇二年三月二十九日，人民銀行官方報紙《金融時報》頭版，出現這個斗大的標題，以及戴相龍與速水優站在兩國國旗前握手的照片。戴相龍在日本停留一週，期間還會見首相小泉純一郎。

如同日本銀行所希望的，二〇〇三年十二月，日本銀行在北京成立事務所。中國經濟的未來大大關係著日本，成立北京事務所就是為了強化在當地進行意見交換與情報蒐集。

在這件事情上，日本銀行與南韓中央銀行可說是「並列第一」。二〇〇三年秋天，接替速水優的日本銀行新任總裁福井俊彥訪問北京，與繼任的人民銀行行長周小川會面，兩人緊緊握手。

日本銀行理事松島正之與交涉的對手李若谷可說是「不吵不相識」。松島正之是日本高級官員中「人民幣升值論」的急先鋒。自從中國加入世界貿易組織的二〇〇一年前後，出口大幅成長，國際上開始出現中國蓄意壓低人民幣的價值，不當提高出口競爭力的批評。

「廢話少說！」李若谷打電話給松島正之，卻吵了起來。「我主張應配合實際情況，否則會對往後經濟造成危害，他聽了非常生氣，把《廣場協議》當作負面教材了。我告訴他，一直主張要自由化的日本，也是花了很多時間才達成。」但之後一有什麼事情，李若谷還是會打電話來。「我覺得把話說清楚，是可以和中國人建立良好關係的。」松島正之表示。

繼任松島正之成為理事的平野英治說：「那個剛踏入國際社會，要求日本幫助的中國是很天真可愛的。和現在仗著國力提升，在釣魚台列嶼或南海問題上態度強硬的中國截然不同。日本也變了。當時日本銀行內部『脫亞入歐』的觀念很強，輕視亞洲、偏重歐洲的人不少。我對此感到不滿，也有政治家、官員、產業界人士和我看法一致。」平野英治的語氣裡有濃濃的懷舊感，「但現在我好像被視為親中派而備受批評。與中國的貨幣互換和交流，我都是秉持著對日本的國家利益有好處才進行。」

在釣魚台列嶼的主權之爭中，中日貨幣互換協議在二〇一三年九月失效，這是中國單方面的意願。

平野英治的後輩、現任日本銀行人員說：「原本是友好的象徵，卻因為政治關係惡化而消失，這樣好嗎？協議能否復活，還要由政治來決定。金融世界是活的，不知道什麼時候會發生什麼事，希望雙方能夠一直維持溝通的管道。」人民銀行似乎也有同樣的想法，實務人員階層的合作仍持續進行著。

當年日韓搶當第一的中央銀行北京事務所，到二〇一六年時，已增加為六國。

日本銀行的「奧義」

進入二十一世紀後，中國持續高度成長，已開發國家已無法忽視中國的存在。來看看兩位先後擔任日本銀行總裁的人士，對人民幣未來的看法吧！

二〇〇三年起，福井俊彥擔任日本銀行總裁五年的時間，從年輕時起就有「日本銀行王子」之稱的他，在一九八〇年代初就跟隨三重野康踏上中國的土地。

▲ 前總裁福井俊彥在東京日本銀行總行前迎接周小川（左）。

「文化大革命結束，改革開放政策剛剛開始，可以看到人民銀行的職員們都很認真地思考要如何調整自己的工作以配合市場經濟。」福井俊彥表示。

因為每個地區的統計是分開的，人民銀行要掌握實際情況的速度很慢。要寬鬆或緊縮貨幣，都只能靠增加或減少紙幣印製量這種非常原始的方式處理，物價會大幅震盪也是「理所當然」。

經過了二十多年，福井俊彥以日本銀行總裁身分交手的對象是周小川，而中國也筆直地走在經濟成長率每年超過百分之十的路上。景氣經常過熱，讓人擔心房地產的泡沫化。「會不會太寬鬆了？沒有問題嗎？」在幹部會議上，面對福井俊彥的疑慮，周小川笑著用英語回答：「我們有來自日本銀行的武器——窗口指導，不會有問題的。」

窗口指導的英語就直譯為 window guidance，指日本銀行在銀行借貸上設限，以便調節在市場上流動的資金量的行政指導。在歐美等已開發國家，並沒有由中央銀行決定各民間銀行融資量的先例，但在日本，窗口指導與中央銀行貼現率，長期以來都是調節金融的兩大利器。已在一九九〇年代初期廢除。

在市場經濟邁出一大步的中國，即使利率已自由化，手上的韁繩仍不能放掉，這手段是從日本銀行學來的「奧義」。四分之一個世紀前，為日本所廢除的統制經濟的殘餘，現在正被中國活用著。

「我覺得中國正處於關鍵時刻。」福井俊彥說。二〇一五年時，中國的經濟規模已超過日本的兩倍，距離三倍不遠了，但金融機構的主力仍是國有銀行。無法擺脫由國家主導的經濟，國有銀行變得越來越巨大。

另一方面，中央政府掌握不了地方經濟，統計的可信度又低，在這樣的情況下，權限受限的中央銀行現在必須與世界市場對話。

「中國沒有自由市場與民主主義體制的經驗，是由一個接著一個的王朝輪替而來。從這個觀點來看，現在的共產黨也是一個王朝。所謂的市場，有著參與者皆平等的前提。只有天下，沒有世界概念的中國，能在全球化的世界建立對等的夥伴關係嗎？」

福井俊彥所擔憂的，還包括日本。日本、中國與南韓的國內生產毛額合計已接近美國，這三個國家對區域或世界的貢獻能做到何種程度？南韓在美中的夾縫間搖擺，視中國為威脅的日本則提高對美國的依賴。「不管是日本或中國都看不出有建立新秩序的智慧。」他說。

二〇一六年八月，一個東京下著傾盆大雨的日子，我去採訪福井俊彥。在可以俯瞰人潮稀少的紅磚造東京車站的辦公室，福井俊彥說出了令人意想不到的話：「日本當初應加入中國主導的亞投行（亞洲基礎設施投資銀行，Asian Infrastructure Investment Bank, AIIB）。」

亞投行可說是習近平時代的象徵，關於亞投行攻防的細節，就留待第七章說明。位居日本官方組織要職的人物中，曾表態日本應加入亞投行的人非常少。站在於美國共同主導類似業務——亞洲開發銀行的立場，日本應謹慎處理這種類似為中國崛起背書的行動。安倍晉三政權的意向很明確，不僅霞關或永田町的政府機構，對中國抱持強烈不信任的日本國內輿論也這麼認為。

「日本本應與美國仔細討論過後，加入亞投行的。要防止中國所做的事情走偏，只有加入其中才能更發揮力量。一味地主張不能那麼做，今後日本就只能被動地因應中國施行的戰略了。」

與中國玩遊戲，日本要如何出招？經濟上，中國單方面向日本學習的時代已經過去了，日本現在需要在亞投行之外絞盡腦汁。

周小川與前總裁白川方明的交流

在中國經濟規模超越日本之際，擔任日本銀行總裁的是白川方明。二〇一三年九月，已卸任半年左右的白川方明久違地造訪北京。他受邀至各國中央銀行所成立的組織——國際清算銀行（Bank for International Settlements, BIS）主辦的亞洲地區幹部研討會上進行主題演講。接近中午時，人民銀行職員遞了一張紙條給白川方明，上頭寫著：「白川先生，方便的話一起吃午飯吧。」是人民銀行行長周小川所寫。

因釣魚台列嶼主權問題而與日本產生衝突的中國政府，對閣員等政府官員間的交流是相當敏感的。在那樣的氣氛下，幹部多半會自我約束。白川方明雖已卸任，仍知道要迴避「可能會造成政治困擾」的邀約，他對此相當驚訝。包括周小川的部下在內，三人在銀行的貴賓室共享一桌中國菜。周小川不改率直本色地問道：「你卸任後在做什麼？」

他想起周小川曾說過：「政府有政府的困難之處，但中央銀行可以用中央銀行的立場來建立個人關係。」

但容易受國家之間關係影響的，其實是中國。

二〇一二年秋天，國際貨幣基金組織與世界銀行（World Bank）睽違四十八年，再度在東京召開年會，但周小川與財務部長謝旭人都沒有出席。在那不久之前，日本宣布將釣魚台列嶼收歸國有，中國各地掀起反日示威。

中國政府把缺席的原因歸咎於導致中日關係惡化的「日本的責任」。但年會並非由日本主辦，而是國際貨幣基金組織與世界銀行。中國以領土問題為由，在超越領土的世界經濟會議上缺席，實在不像是世界第二大經濟國應有的姿態。

原本周小川以國際矚目的明星行長身分，受邀在會議上單獨演說，結果是由副行長易綱代讀講稿。當然，這不會只是周小川或謝旭人的個人意願，而是政權的意圖。「因日中的問題而缺席。雖然政治上是如此，但經濟上，還是希望用經濟的角度進行。」周小川對白川方明如此說。

「我不覺得人民銀行是真心以為人民幣能挑戰美元霸權。兩者政治宣傳與實力的差距眾所周知，不過，表現出比實力更強的態度，在政治、外交上是種加分吧！」二〇一六年夏天，我在東京採訪白川方明時，他冷靜地這麼說。

中、日、韓三國的中央銀行總裁會議始於二〇〇九年，即使發生釣魚台列嶼與獨島的主權糾紛，會議也未曾中斷。

「那不是需要討論出結果的會議，可以暢所欲言。儘管三國之間存在不少政治性的問題，但市場看到總裁之間的交流，可以帶來安定感吧。」

但白川方明認為，周小川的發言沒有主詞，對於人民銀行要做的事隻字未提，「主詞」都是別人，「雖然提到許多中國經濟的情況，這當然也是很寶貴的資訊，卻感覺沒有說出人民銀行的方針。」

自開春起，中國股市就反覆跌停的二〇一六年冬天，白川方明有機會在北京與周小川見面，他試著詢問周小川：「對中國經濟悲觀論有什麼看法？」

周小川提到以鋼鐵為首的生產力過剩等數個中國經濟的問題，最後補充道：「我認為可以做得更好。」周小川要強調的到底是前半段的內容，還是後半段的內容呢？白川方明思索著。投資者批評人民銀行不能與市場對話，然而，無法從政府當局獨立的人民銀行，能說的話是受到限制的。老實說，對話的內容，也就是政策，共產黨或中國政府都還未確立不是嗎？

「若是這樣，這對中國的經濟來說是很辛苦的事。」白川方明說道。

為了擺脫通貨緊縮，是否要採取以通貨膨脹目標制為前提的貨幣政策，白川方明曾經為此深受政治和輿論的擺弄。所以看到人民銀行被共產黨組織擺弄，身為中央銀行專家的白川方明也感同身受，我有這樣的感覺。

不只是白川方明，身為貨幣的守護者，同為中央銀行的日本銀行與人民銀行，都懷抱著超越政治的責任感與自負。

但是，人民幣的「守護者」有著非常強悍的主人，也就是以中日戰爭的勝利者不斷強調自己存在意義的共產黨。人民幣與日圓未來也難逃政治風波，這是宿命。

| 第三章 |

是良幣還是劣幣？

摸著石頭過河。

——鄧小平

與世界銀行的蜜月期

一九七〇年代開始，中美關係進入修復期，毛澤東的中華人民共和國在美國主導的國際社會中，開始代表「中國」。一九七一年，季辛吉祕密訪問中國後僅三個月，中國便決定加入聯合國，還獲得擁有否決權的安全理事會常任理事國席位。自一九四五年聯合國成立之初便加入的會員──蔣介石的「中華民國」，為表達抗議，退出聯合國。

中國於一九七二年與日本建交，一九七九年與美國建交，推行改革開放的鄧小平親自出訪日本與美國，急切地尋求外交上的支援、資金和先進技術。他在日本搭乘東海道新幹線；在美國戴著牛仔帽，現身休士頓的牛仔競技賽事會場。鄧小平是東西冷戰期間，「改變中的中國」的推銷員。

中國大陸也在一九八〇年取代台灣，加入聯合國的關聯機構──以美國為最大出資者，並擁有強大發言權的國際貨幣基金組織與世界銀行，開始在第二次世界大戰後建立的國際金融秩序中露臉。這對高舉著改革開放政策，以經濟發展為目標，試圖從世界導入資金的鄧小平而言，是非常重要的一步。

一九四四年，第二次世界大戰結束的前一年，盟國聚集在美國的避暑勝地布列敦森林，一起構思戰後的國際金融秩序，決定成立國際貨幣基金組織和世界銀行。各國代表團以美國的規模最為龐大，其次是如第二章提到的，由蔣介石領導的國民黨政權「中華民國」。

明明接連在第二次世界大戰和國共內戰中取得勝利，中國卻仍是貧窮的大國。從一九五〇年代到一九七〇年代，中國實施讓數千萬人死於饑荒的大躍進和文化大革命，自取滅亡的失政不斷。一九八〇年代初期，將近九成的中國人一天只靠不到一・九美元的預算過日子。一九八〇年代，中國的人均國內生產毛額只有台灣的七分之一。

過去，中國實行計畫經濟，生產或價格都由政府主導、決定，並提出「自力更生」的口號，遠離外國的貿易與投資，對於外國的援助深懷警戒，也不與國際金融接觸。

加入國際貨幣基金組織與世界銀行，推動了高舉農業、工業、國防、科學技術「四個現代化」的改革開放的實施。鄧小平一邊利用國際機構的承諾與保證，一邊積極吸收外國的融資與投資，在整備好條件的地區，實行讓一部分人先富起來的「先富論」，這是兼具本錢與智慧的策略。而與世界銀行的深厚淵源，則是關鍵。

位於鄧小平故鄉四川省廣安市的紀念館裡有一張老照片，照片中，坐在鄧小平左側的是羅伯特・麥納馬拉（Robert McNamara）。麥納馬拉曾在太平洋戰爭中參與轟炸日本，戰後曾任福特汽車總裁，一九六〇年代，在約翰・甘迺迪（John Kennedy）及林登・詹森（Lyndon Johnson）執政時期擔任美國國防部長，負責指揮越戰。從一九六八年起，麥納馬拉成為世界銀行第五任總裁，任期長達十三年。照片裡，穿著西裝的麥納馬拉，低頭看著整個人幾乎陷入椅子裡的鄧小平。

照片的拍攝時間是一九八〇年四月，麥納馬拉以世界銀行總裁身分，第一次造訪中國，同時會見鄧小平。一個月後，中國成為世界銀行的會員國。二〇〇七年，第十一任世界銀行總裁羅伯特・佐利克（Robert Zoellick）參訪鄧小平紀念館時特地贈送這張照片，他曾表示，鄧小平是他尊敬的人。

中國中央人民廣播電台的新聞網站刊登了鄧小平與麥納馬拉當時交談的內容。

「我們很窮。我們與世界失去了連繫，需要世界銀行幫我們趕上去。」鄧小平直率地說。

「希望世界銀行能因此成為中國最重要的夥伴之一。」麥納馬拉回答。

然而，鄧小平要求得到全面性的協助，「對中國來說，更重要的不是資金，而是觀念。中國的現代化是必然的趨勢，但有世界銀行的協助，中國就能加速前進。」

對此，麥納馬拉表現得相當積極，「世界銀行有最優秀的人才，可以幫助中國實現未來的藍圖。」

鄧小平設定目標，到二十世紀末，中國的經濟規模要擴大四倍。這是表現富裕程度，一個清楚明瞭的指標。

世界銀行雖然伴隨著「觀念」送來「人才」與聲援，但中國當下最想要的，應該還是資金吧。那個時代，國家對於外匯的集中管理比現在嚴格，中國在一九八〇年外匯存底是負十三億美元，經過整個一九八〇年代，仍未達到一百億美元。為了經濟建設，只要稍有進口就會見底。

鄧小平故鄉四川省的地方報紙稱世界銀行總裁是「洋財神」，是從外國來的財神爺。世界銀行與中國的距離一下子縮短了。一九八〇年秋天，世界銀行派遣約三十人的專家團隊來到中國。根據報導，中國在天安門廣場附近的北京飯店準備了雙人房，專家們卻要求：「兩個男人住一間？希望可以一人一個房間。」到晚上，這些專家搭車行經大馬路時，還問道：「北京的電燈為什麼這麼暗？」

鄧小平實施改革開放的方向在哪裡？事實上，是在一片模糊的黑暗之中。世界銀行的專家們一邊摸索，一邊詢問政策的負責人、研究員，一再交換彼此的意見。世界銀行最初提供的低利融資兩億美元，照鄧小平欲培育人才的意思，用於更新中國各地二十六所大學的設備，以及派遣教授與學生出國的計畫。

中國將世界銀行的建議靈活運用在國內改革上，佐利克對此也相當肯定：「中國充分利用與國際經濟系統的強化關係，根據當時的需要推動改革，是非常合理的作法。」

「雙贏」的關係

果然如麥納馬拉的承諾，世界銀行在適當時機派遣知名學者、諾貝爾經濟學獎得主詹姆士・托賓（James Tobin）等人前往中國，給予中國建議。我在二〇一四年三月訪問哈佛大學教授雅諾什・科爾奈（János Kornai），他曾於一九八五年夏天隨同托賓等七位知名經濟學家前往中國。

現已回到故鄉匈牙利生活的科爾奈，在能俯瞰多瑙河的布達佩斯家中，心情愉悅地暢談初次訪問中國的經歷，屋子裡還掛著從北京帶回來的水墨畫。

他們一行人在北京與總書記趙紫陽進行約兩小時的會談。科爾奈身為東歐轉型經濟的研究學者，被問到匈牙利與中國改革狀況的相似性與差異處。隔天，眾人飛往中國內陸都市重慶，搭船經長江三峽順流而下，同行的還有中國當局的官員與經濟學家。

每個人都被安排大約半天的時間進行演講、接受提問。搭乘的客船在當時的中國算相當豪華，餐廳裡有美味中華料理、甲板上有游泳池，但根本無暇欣賞美景，只是密集地進行討論。

其實不算討論，科爾奈說：「對方提出很多專業性的問題，我覺得他們很認真，卻不太發表意見。年輕人似乎也不太發問，只是一股腦地記筆記。」

曾在東歐的共產政權一黨統治下生活的科爾奈能理解這種情形。「因為不管說什麼都會被向上報告，被打上政治性成績，留下紀錄。雖然一九八〇年代中期是相對自由的時代，可能還是不能隨便發言吧。」

當時世界銀行的中國代表所安排的船上會議，在中國被稱為「巴山輪會議」，影響了中國的總體經濟政策。此外，世界銀行也和中國的官方研究機構共同舉辦多場會議。曾獲諾貝爾經濟學獎，後來成為世界銀行首席經濟師的約瑟夫．史迪格里茲（Joseph Stiglitz）

也經常去北京，頻繁到會被誤認為是中國的經濟顧問。在日本人方面，史丹佛大學名譽教授青木昌彥也受到中國延攬。

一九九〇年代，青木昌彥與世界銀行經濟發展研究所合作，從與亞洲比較的角度，研究中國的經濟改革。一九九四年，青木昌彥參加了一場於北京日系旅館——京倫飯店召開的會議，這次的會議被稱為「京倫會議」。後來成為中國人民銀行行長的周小川與財政部長樓繼偉等年輕的改革派官員當時也出席了。

在那之後，青木昌彥與周小川建立深厚的情誼，還會一起在人民銀行行長室飲酒、共進午餐。青木昌彥有多本著作被翻譯成中文，在大學的演講也很受歡迎。

▲曾多次獲諾貝爾獎提名的青木昌彥。

二〇一五年夏天，青木昌彥突然去世。在那幾個月前，他還在北京時，曾與習近平政權下負責打擊貪腐的中央紀律檢查委員會書記王岐山在中南海會談。當時參與會談的還有史丹佛大學教授法蘭西斯・福山（Francis Fukuyama），及其舊識，曾任中國最大國營企業集團——中國中信集團旗下中信證券董事的德地立人。德地立人是這次會談的安排者。他因為父親工作的關係，在北京長大，也在北京讀大學。

大部分時候都是王岐山在講話。王岐山沒有打領帶，黑色的布鞋在紅色地毯上特別醒目。談及法治，他說：「司法也一定要在黨的領導下，這是中國的特色。」

讓人想起青木昌彥生前說過的話：「社會、政治、經濟相互牽連，形成一個一貫的體系。中國的特色要如何適應全球化呢？」

二〇〇〇年代中期，我採訪到上海出差的青木昌彥，他看著並列在舊租界地的老銀行建築，說道：「戰前的上海是歐盟之父讓・莫內（Jean Monnet）也曾停留的城市。這裡聚集了各式各樣的人，人稱魔都，有著歷史的地層。」

談到人民幣，他說：「不過一個世紀前，中國還有各種貨幣並存，共產黨發行人民幣、統一貨幣，也不過才幾十年，實在是個了不起的實驗。」青木昌彥笑著表示，這可是不容易預測始末的「敘事詩」。

人民銀行行長周小川到日本時，最想見的頭號人物就是青木昌彥。作為國際經濟學會（International Economic Association, IEA）主席，二〇一一年時，青木昌彥選擇在北京召開總會，而不是日本，還引起了日本國內的批評。「必須看整體，做各種比較。拉長時間軸，不要理會那些說什麼親中派、反中派的人，那些都沒意義。」舊識樓繼偉發表演說，述說中國對改革的決心，青木昌彥深受感動。

青木昌彥與中國的緣分始於文化大革命的最後時期，一九七六年的農村巡訪。晚年時，他一年裡待在中國的時間合計超過一個月，對中國始終抱持著知識上的好奇心。中國官員與經濟學家對熟悉日本與美國的青木昌彥也是敞開心胸接受。不期待快速的改變，而把目光放在內部的變革。

世界銀行的處方箋，正是共產黨容易接受的改革手法。世界銀行給中國的處方，並不是讓國有企業一口氣民營化那種伴隨政治改革的猛藥。這對希望經濟成長的同時，政府手裡還握有權力的中國來說，是一拍即合。因為有著類似的觀點，所以也借重鄰國日本的智慧。由「朝廷」執掌民間，以這種方式讓經濟成長，確實是很便利的模式。

《二〇三〇年的中國》是近年來中國與世界銀行共同研究的成果報告。規模已躍居世界第二的中國經濟，能夠避開中等收入國家陷入的成長「陷阱」，繼續安定地發展嗎？這份報告展望中國至二〇三〇年的改革藍圖，於二〇一二年發表。世界銀行總裁佐利克在北京的公開發表會上，還發生一名男子衝進會場高喊「報告是毒藥」，被世界銀行職員帶出會場的事件。

當時我也在場，被帶離現場的是一名看起來很單純的淳樸青年，捲起的紙上寫著反對造成貧富差距的市場化改革。網路上也有不少將改革視為「美國陰謀」的言論。高成長的過程中產生懸殊的貧富差距，於是出現改革下的失敗組。原本應該是漸進式改革夥伴的世界銀行，也成為憤怒矛頭指向的目標。

當時，與世界銀行一起進行研究的是中國官方智庫國務院發展研究中心，黨書記劉鶴是這單位的最高位者。他是習近平的心腹，非常了解習近平的經濟政策，現任中央財經指導小組辦公室主任，擁有哈佛大學企管碩士學歷，與美國淵源深厚。他在當時還是副總理的現任總理李克強麾下，歷經十五個月完成工作。

以國有企業的改革為代表性例子，雖不能說習近平政權按部就班地走在報告所描繪的路徑上，但世界銀行確實藉此打入擔負政權的人群中。在習近平政權下，以顧問身分協助中國成立亞投行的布魯金斯研究所高級研究員杜大偉（David Dollar），也從二〇〇四年起，以世界銀行中國和蒙古局局長身分派駐北京，為時五年。至於世界銀行總裁金墉，從亞投行還在構想階段開始便採取協調的立場，令人記憶猶新。

中國與世界銀行的關係從中美建交開始，雖然天安門事件後曾停止融資一年多，但並沒有出現太大的對立。到了二〇一六年，中國還是世界銀行排名第四的借款國。中國向世界銀行借錢，但自二〇〇七年起，也提供資金給世界銀行旗下的國際開發協會（International Development Association, IDA），幫助最貧困的國家。

隨著中國對非洲等國家戰略性的對外援助受到關注，開始出現要求「有借有還」的聲音，但中國與世界銀行的互助關係正在加深。中國花了數十年的時間，減少超過八億的貧困人口，成長為能夠援助他國的國家，從開發援助的角度來看，可說是超級優等生。

鄧小平在一九八〇年對麥納馬拉說的目標——「到二十世紀末，中國的經濟規模要擴大四倍」，若以人民幣計算，這個目標提早了十年，早在一九九〇年時就已達成；若以美元計算，也準時在二〇〇〇年達成了。

再說，中國雖然累計借了近六百億美元的巨額資金，但也按時償還，從世界銀行身為銀行業的角度來看，可說是非常寶貴的顧客。要維持一個類似龐大官方機構的組織，需要大筆借款並按時償還的國家。利用這當中產生的利益，才能支援更貧窮的國家。世界銀行前官員表示：「世界銀行的任務從戰後復興轉移到減少貧窮，隨著新興國家逐漸完成經濟成長，大借款國減少。這當中，中國按時償還借款，對世界銀行而言是不可或缺的存在。況且，世界銀行要達成減少貧窮與飢餓的目標，合作也是必要的。」

用中國喜歡的表現方式來說，中國與世界銀行是「雙贏」關係。

世界銀行被利用了嗎？

一九八三年，鄧小平對接任麥納馬拉成為世界銀行總裁的奧爾登・克勞森（Alden Clausen）表示：「中國要在這個世紀末脫離貧窮而落後的狀態，需要正確的經濟政策，需要包括世界銀行在內的國際支援。」

於是，世界銀行再度派出大規模的專家團隊。根據美國國防部顧問白邦瑞（Michael Pillsbury）的著作《二〇四九百年馬拉松：中國稱霸全球的祕密戰略》（*The Hundred-Year Marathon: China's Secret Strategy to Replace America as the Global Superpower*），克勞森此時承諾將「研究中國的經濟，提出二十年後中國可以追上美國的建言」。

中國的當權者和世界銀行的經濟學家「不推動民營化與政治改革」的方針一致，在中國以霸權為目標的漫長「馬拉松」上同行。白邦瑞指出，世界銀行被中國利用了，但美國沒有看穿這一點。

確實，中國把世界銀行納入自己的戰略，利用了世界銀行。取代台灣成為世界銀行成員的中國，三十五年來均與世界銀行兩人三腳地齊心並進。

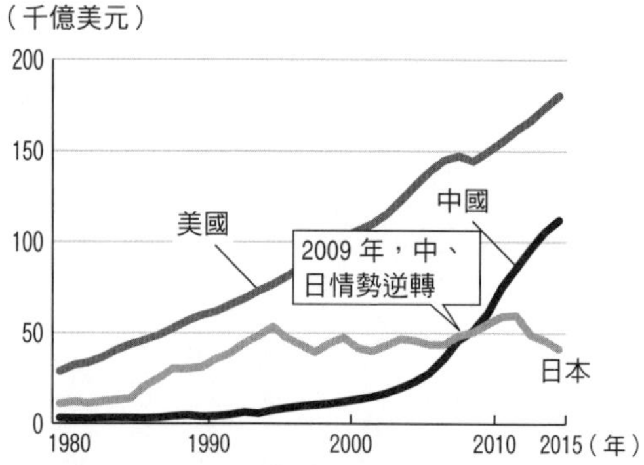

▲ **中國、美國、日本國內生產毛額變化圖**

資料來源：國際貨幣基金組織。

在世界銀行的發言權與出資比率有關，隨著經濟力的成長，中國的出資比率從排名第八前進到僅次於美國及日本的第三名。更可能在下次刷新排名，超越日本，成為第二名。世界銀行任用的中國人也增加了。

照慣例，自成立以來，世界銀行總裁便是由美國人擔任，國際貨幣基金組織總裁則是歐洲人。隨著新興國家經濟的興起，開始有人提出異議。美國和歐洲為確保自己的寶座，就必須拉攏可能會發牢騷的中國。

從二〇〇八年到二〇一二年，中國北京大學教授林毅夫出任世界銀行首席經濟師，包括出資比率僅次於美國的日本，以前從未有亞洲人坐上這個位子。林毅夫過去擔任所長的北京大學中國經濟研究中心（現為國家發展研究院），也有來自世界銀行與美國福特基金會的支援。

中國經濟研究中心是一九九〇年代初，由人民銀行副行長易綱等留美菁英學者所成立。位於北京大學內的朗潤園，是與清朝有著淵緣的美麗庭園，諾貝爾經濟學獎得主也常常來這裡。我派駐在北京時經常為了研究或採訪而到朗潤園，易綱等人也會在這裡進行討論。

世界銀行旗下從事開發中國家民間投資的國際金融公司（International Finance Corporation, IFC），從二〇一二年起，由曾在摩根史坦利、高盛集團負責中國業務的投資銀行部門工作的蔡金勇擔任執行長。蔡金勇任職三年多的時間，在任期還剩下一年時退任，傳聞與中國企業往來過密也是他退任的原因之一。實際上，在投資相當於中國的郵儲銀行——中國郵政儲蓄銀行時，也曾經發生日本、美國、歐洲抗議的事件。

但是在蔡金勇離開後，二〇一六年初，原只是中國財政部國際財金司司長的楊少林出任世界銀行首任常務副行長兼首席行政官，位階僅次於總裁。

從一九九五年起任職十年的第九任世界銀行總裁詹姆士．伍芬桑（James Wolfensohn），也曾任用才約四十五歲的章晟曼擔任副總裁。章晟曼出身中國財政部，曾留學加拿大。他與擔任亞投行行長的金立群等人早在中國加入世界銀行時，就與世界銀行息息相關。

隨著中國國力變強，強烈的留學意願與不畏轉職的態度，讓活躍於國際金融市場的人才越來越多。

「人民幣貸款」的未來

中國實現經濟成長，除了世界銀行所扮演的角色之外，我想再補充一點。

在兩國之間的援助上，日本對中國來說，是最重要的援助國。因鄧小平的訪日，開啟中日之間的對話，一九七九年日本首相大平正芳訪中時，決定提供政府開發援助（Official Development Assistance, ODA），這是中國加入世界銀行之前的事。

因為天安門事件，已開發國家凍結對中國的援助，但日本和歐洲部分國家不到兩年便決定解除凍結。以長期有償援助的「日圓貸款」為中心的日本支援，對一九八〇年代以後中國的經濟成長扮演很重要的角色。

因為有機會出口日本的產品，日本企業自然樂見，再加上因為對戰爭抱持著贖罪心理，人民也願意支持。對日本政府來說，要主導地域秩序，與中國保持穩定關係是很重要的。

截至二〇一五年度為止，累積貸款約三兆三千一百六十四億日圓，無償資金協助（贈與）是一千五百七十五億日圓，技術協助也達到一千八百三十九億日圓。

對於日本的援助，中國強烈認為，這是兩國建交時，中國放棄戰後賠償，日本對此的

「回報」。這種背負著歷史色彩的支援，與世界銀行等其他國際機構或已開發國家的支援有著決定性的差別。

來自日本的政府開發援助，自二〇〇七年起，因中國經濟成長與中日關係惡化的影響，僅保留原有的一小部分，不再提供新的支援。中國成長為強大的借貸國，開始與日本競爭對亞洲或非洲國家的援助，這也是政府開發援助突然結束的理由。但德、法等歐洲各國與美國，為了和中國維持關係，仍維持數千萬到數億美元規模的援助。

根據日本國際協力機構（Japan International Cooperation Agency, JICA）研究所所長北野尚宏所言，中國的對外援助從二〇〇四年左右開始明顯增加，其中一半是對非洲的援助，約三成是對亞洲的援助。因公開的部分有限，再加上與已開發國家的援助基準不同，所以很難做比較，但中國以無償或有息、無息的形式，貢獻大約五十億美元（二〇一四年）規模的人民幣。

用已開發國家（經濟合作與發展組織的開發援助委員會）的基準來推算貢獻值，中國排名「世界第九」。比這更大規模的援助，則是對購買本國產品或技術的對象給予優惠利息的美元融資，這稱為優惠出口買方信貸，是商業色彩濃厚、具有「附帶條件」的融資。「中國在這方面似乎也希望能更積極地使用人民幣。」北野尚宏表示。

北野尚宏自一九八〇年代在北京留學以來，就對中國的變化相當關注，「中國自一九五〇年代起就帶著政治性的目的在支援非洲國家，已經習慣將援助作為戰略性的外交手段。」

泡影般的特區貨幣

儘管是鄧小平指示要研討，但在一九八〇年代中期，有一種人民幣還是如泡影般消失了。

經濟特區可說是中國對外開放的先鋒，只能在經濟特區使用的貨幣，圖案已經決定。紙幣上是黃帝的肖像。傳說中，約在五千年前，黃帝為中國帶來文明，被視為漢族的祖先，與炎帝並列為中華文明之祖。硬幣上則是鳥的圖案。造幣工廠預定設在廣東省深圳，從英國和澳大利亞進口紙張、印刷機器，以及技術的導入也正在交涉。

翻開連在中國境內都被遺忘的特區貨幣歷史，可以見到改革開放初期的中國與鄧小平的身影。

一九七八年，中國共產黨第十一屆中央委員會第三次全體會議（三中全會），被視為鄧小平掌握實權，從文化大革命進展到經濟建設的歷史性會議。在反覆「放」與「收」的過程中，鄧小平讓改革開放的腳步向前邁進。

到了一九八〇年，中國決定在廣東省深圳、珠海、汕頭，以及福建省廈門設置經濟特區。「為加速廣東的經濟發展，追上四小龍（新加坡、香港、台灣、南韓），希望能給予更大的自主權。」提出這個要求的人，正是習近平的父親習仲勛。習仲勛是中國共產黨的老幹部，曾擔任副總理，在一九六〇年代失勢，文化大革命後獲得平反，擔任廣東省第一書記。廣東緊鄰香港，但兩地經濟發展的差異，據說讓習仲勛受到了衝擊，而產生「同樣的環境卻有這麼大的差別，一定是這邊的制度有問題」的想法。

鄧小平認為，設置改革開放的實驗地，只要限制場所，就算失敗了，也不致於波及全國。雖然每次經濟特區發生走私或貪瀆事件，保守派就會大肆批評，但一九八四年一月，鄧小平親赴廣東省，稱讚改革獲得成功，經濟特區因擴大出口而富裕。

二月，仿效經濟特區的模式，選擇了上海、天津等十四個城市作為對外經濟開放都市。同時，鄧小平指示研討發行「特區貨幣」，那是幾年前深圳市提出的期望。

吸引外資、進口原料，再以廉價的勞力製造輕工業品出口，對於利用加工貿易賺取外匯的經濟特區來說，人民幣實在是不便使用的貨幣。人民幣的匯率設定與經濟的實際情況有落差，也並非以交換外幣為前提。

進駐經濟特區的外資企業，對人民幣的評價也不好。在深圳經濟特區，流通著緊鄰的香港的港幣等外幣、人民幣，以及從一九八〇年就備好、可交換外幣的兌換券。港幣受歡迎，而人民幣最不被喜愛，黑市或與外匯交易有關的腐敗也猖獗一時。

若要放寬製造業與貿易的限制，促進經濟活動，就有必要進行相關的貨幣改革。從地方政府的角度來看，這是最重要的事。

然而，自共產黨建黨以來就一直負責經濟政策的保守派人物陳雲卻反對，他批判對否定市場的計畫經濟一面倒，也懷疑輕率的開放政策，他認為對待經濟特區必須更謹慎，「應該考慮到副作用，不該增加數量」。只限經濟特區使用的人民幣，不會擾亂經濟特區外的金融市場嗎？陳雲如此警戒著。

帝國主義的先鋒

「人民幣腿短，特區貨幣腿長。」陳雲憂心著副作用如此說。如果賦予特區貨幣交換外幣與變動利息、匯率的自由，就像給了一雙方便的長腿，比起原本的人民幣，更讓消費者和投資者喜歡。雖然只限在經濟特區流通，但哪天滲透到其他地方，原本的人民幣恐遭到驅逐。

陳雲所擔心的，就是怕出現在國民黨接受英、美援助發行法幣之前，也就是一九三五年之前的混亂。他認為「國家、私人、中國企業、外資企業、金融業到非金融業，全都在發行自己的貨幣」、「各種貨幣的市場價格不一樣，是不穩定的，必須從對貿易、產業發展不利的歷史中學到教訓」。在遼闊的國境內，各種紙幣紛飛，極其混亂的戰時記憶，一定還留在陳雲的腦海裡。外資銀行似乎被其視為帝國主義的先鋒了。

但鄧小平視察深圳後判斷，如果可以順利避免對物價的不利影響，就可以發行特區貨幣。於是在一九八四年夏天，和共產黨老前輩們召開北戴河會議並取得同意。不管是人民幣或特區貨幣，發行權都在中央，而且特區貨幣絕不能在經濟特區以外的地方流通，陳雲在這樣的條件下才終於讓步。

不過，雖然鄧小平等人壓下陳雲的反對，決定導入特區貨幣，但發行卻延遲了。要從哪裡籌措特區的外匯儲備金？要如何決定匯率？還在討論這些問題的時候，經濟特區發生腐敗事件，以及因為經濟過熱導致物價上漲，這時也無暇顧及特區貨幣。日本興業銀行（現在的瑞穗金融集團）等進駐中國的外資企業也因擔心引起混亂，向政府領導部門表達反對意見。特區貨幣就這麼無疾而終。

「我這裡有張鈔票很有意思。」關於特區貨幣，一九八〇年代派駐《朝日新聞》中國總局（北京），後來成為總局長的加藤千洋表示。我還記得他說話時的得意表情。他給我看同一時期只能在廣東省流通的紙幣，那是由人民銀行廣東分行在一九八五年發行、被稱為「本票」的紙幣，面額五十元，灰藍色的。上頭沒有人物肖像，非常簡樸，背面寫著「本票只限在本省同人民币等值使用」的字樣，以及廣東分行的紅色圓形印章戳記。

雖然特區貨幣如泡影般消失了，但廣東省卻發行了自己的「人民幣」。廣東省原本就是北京政府鞭長莫及的地方，還曾一度被稱為「葉王國」，是中國人民解放軍元老葉劍英及其家族控制的地方。

隨著改革開放後的發展，廣東省以大額紙幣不足為由，發行了五十元與一百元的紙幣。但是，在二月初發行的這批紙幣，卻在短短的一個月左右後匆匆收回。因為雖是為輔助人民幣的機能而發行，「卻有可能取代人民幣」（廣州貨幣金融博物館）。陳雲的指責是正確的。

加藤千洋說：「有一種觀點認為，鄧小平其實是把陳雲當成腹語術的人偶在使用。就算鄧小平也覺得衝過頭，但如果由他自己說出口，有可能讓改革開放就此打住。陳雲偶爾踩剎車，對鄧小平來說，某方面也是值得慶幸的吧。」從這個角度來看，雖然兩人政治立場不同，但在經濟政策上倒是配合得很好。

結果，港幣在深圳的流通範圍擴大了，也進入廣東省經濟特區以外的地方。在部分商店，沒有港幣甚至買不了東西。在黑市也能以較高的匯率交換人民幣。

「深圳香港化，廣東深圳化，中國廣東化」，一九八〇年代後期，在甫開設的東京銀行（現在的三菱東京 UFJ 銀行）深圳分行工作的堀俊雄還記得這樣的話。「據說發行的港幣中，有三成在廣東省等大陸地區流通。回歸前，在英國統治下，港幣廣為流通，中國放任這樣的狀態持續，也真是個豁達的國家。這是優點，也是缺點吧。」

以前經濟特區周圍還架設著鐵絲網，以防外面的人擅自出入，有傳聞說，「鐵絲網通了電，就是為了防止經濟特區以外的中國人擅自進去。」只是，港幣不是鐵絲網阻擋得了的。在那之後，港幣於中國南方仍持續有著強大的勢力。

「拋開思想的束縛」

如泡影般消失的特區貨幣與像一陣風般消逝的廣東省本票，清楚顯示出中國為配合經濟發展而進行貨幣改革所遭遇的困難與矛盾。此外，在共產黨內，鄧小平的改革也並非暢行無阻，而是一面與陳雲等保守派在政治與經濟上較量，一面奮力向前邁進。

中國因為一九八九年六月的天安門事件，受到國際社會經濟制裁，讓對外開放的腳步走走停停。不過，一九九二年，鄧小平再度從廣東前往上海視察，要求加速改革開放的腳步，這次的「南方談話」，讓中國的經濟成長正式開展。文化大革命後派到美國留學的青年歸國，設立在上海、深圳的證券交易所也開始動起來了。

宋任窮曾任如同共產黨人事部長的中央組織部長，我曾訪問宋任窮當時的祕書秦曉數次。宋任窮在文化大革命時失勢，但鄧小平再起後重掌權勢，積極與保守派對抗。秦曉擔任宋任窮的祕書時，在中南海工作，之後擔任中國最大的國有企業集團中國中信集團的總經理，和以深圳為總部的招商局集團董事長，是「紅色資本家」中的一位。

「鄧小平稱為改革開放總設計師，但只強調這點並不正確。更重要的是，他也拋開了很多東西。」在深圳經濟特區最早開始建設的地方，面對蛇口海灣的飯店裡，秦曉這麼說。這是二〇一二年農曆年前的事，這家飯店當然也是招商集團的資產。

「鄧小平說過，思想的束縛是經濟成長的障礙。馬克思或毛澤東沒那樣說過、沒那樣寫過，停止談論這些沒有建設性的話，富裕起來吧。」秦曉說道。

沒錯，不管黑貓還是白貓，捉到老鼠就是好貓。我想起這句話。

「他還說，雖然不懂到河對岸的方法，總之就是一邊摸著河裡的石頭，一邊過河。過河的方法，也就是如何致富的方法，可以各盡所能地思考。這成為了改革的動力。」

在打擊保守派的宋任窮手下工作，以「紅色資本家」之姿，致力於經濟建設，與利用關係取得北京大學或清華大學名譽博士的高官不同，秦曉靠著自己的努力，取得英國劍橋大學經濟學博士，是市場力量的信奉者。他認為，在中國，投資或生產過剩、不動產泡沫化反覆出現的原因，是因為金錢的分配由國營銀行決定，也就是說以國家為中心，但沒有適當分配到需要的地方。

「各種想法相互競爭、相互影響，帶來社會的成長。文化大革命之後，中國弱化的計畫經濟，因為吸取市場的力量，在這三十年來有重大的成長。想要創造更好的社會，思想也需要市場的力量。」這是我在習近平就任總書記的半年前訪問秦曉時，他所說的話。

秦曉的父親也是共產黨的幹部，所以秦曉也是「紅二代」，他的父親和習近平的父親是舊識。秦曉的母校是北京第四中學，與他前後期的學生中，包括現在的副總理馬凱、因為政治鬥爭而失勢的前重慶市黨委書記薄熙來及其兄長、習近平體制下七位常委之一的俞正聲、中信集團前董事長孔丹等。他是深知共產黨底細的人。

問他如何看待父親曾任國家副總理的習近平，「被稱為太子黨的人也是各式各樣，有保守派，也有改革派。」秦曉說得含糊，「但是，現在不是期待出現一位開明君主的時代，重要的是建立一個以社會全體的力量運作的機制。」

秦曉是根深柢固的改革派，主張民主、法治、自由、公正、基本人權等普世價值，是讓中國的經濟安定、飛躍的關鍵。習近平體制形成後，加強言論的管制，這些話成了在大學不能教的話。可想見，秦曉能說的話也會越來越少。

二〇一二年十二月，習近平就任中國共產黨中央總書記後，選擇深圳作為第一次國內視察的地點。他也在豎立著鄧小平銅像的蓮花山公園獻花、植樹。那是鄧小平對市場經濟踩油門的南方談話之地，大家對改革的期待更高了。只是，親手種下的樹已枝葉成蔭，機運卻在倒轉。

「東方明珠」的命運

港幣是將屈辱的歷史變成繁榮的金雞蛋。

十九世紀中葉，清朝因為鴉片戰爭戰敗，割讓香港，香港成了英國的殖民地，港幣因此誕生。擁有一百五十年歷史的港幣，遠比只有七十年的人民幣，歷史更悠久。

一九九七年，香港回歸中國後，流通的貨幣仍是港幣，而不是人民幣。貨幣也在鄧小平承諾的「一國兩制」中，流通的期限到二〇四七年。金雞蛋的命運，與從「東亞病夫」搖身一變成為經濟大國的中國息息相關。

曾至香港旅行的人，或許會對香港有那麼多種紙幣感到吃驚。在香港，負責匯兌與安定金融系統的香港金融管理局（HKMA）並不發行貨幣，負責發行貨幣的是總部在倫敦的香港上海匯豐銀行、渣打銀行與中國的國有銀行中國銀行的現地法人。

三家銀行發行圖案各異的鈔票，最大面額的是一千港幣，正面圖案是獅子、龍、銀行大樓與象徵香港的紫荊花；背面則是傳統的賽艇、古錢，以及從太平山頂眺望的風景。

因為港幣從二十到一千元，有五種面額，所以種類多達十五種。一九九〇年代起，因為香港即將回歸，中國銀行也開始發行港幣，是港幣發行者中的新鮮人。那時候對大陸的銀行缺乏信心，據說也有香港人不喜接受中國銀行發行的鈔票。

港幣還有一項特徵，不像人民幣上的毛澤東或英鎊上的伊莉莎白女王，港幣上並沒有政治家或名人的肖像。從前的硬幣上鑄有伊莉莎白女王二世肖像，但在香港回歸中國前的一九九〇年代，就已經停止鑄造了。

「中國政府不希望創造香港人的英雄，香港人也很難接受中國的英雄。在雙方互不接受的情況下，很難找到適合的人物。」對香港非常了解的國際政治學者，日本立教大學副教授倉田徹表示。

如果人民幣是共產黨勝利歷史的代言人，港幣則背負著殖民地的歷史，紙幣象徵著隨著時間而變得複雜的關係。

香港人稱作「港幣」的紙幣，現在上頭仍是「香港圓」和「HONGKONG DOLLAR」併記。但既然是英國統治下的香港貨幣，為什麼不是「香港鎊」，而是「香港圓」呢？這裡也有一段被埋藏的歷史。

十九世紀中葉，香港成為英國的殖民地，當時的中國就如同前面章節提過的，清朝的銀兩、銅錢，與墨西哥鑄造的「圓系」銀幣、英國或東印度公司的金銀貨幣等，流通著各種貨幣，許多進駐香港的外資銀行也發行面額以「圓」為單位的紙幣。英國原本也允許多種貨幣流通，但維多利亞女王下令，只承認英鎊是法定貨幣。然而，即便女王下達了命令，英鎊仍無法廣泛流通。

進入十九世紀後半葉，英國礙於現狀，也以「圓」為法定貨幣，承認香港上海匯豐銀行等三家銀行發行的港幣紙幣，以貿易結算上的主流貨幣「墨西哥圓」、「西班牙圓」作為信用保證。

不聽從女王命令的殖民地，與為了讓商業順利進行而撤銷命令的宗主國，雙方豁達、應該說是柔軟的態度，都讓人深感興趣。

港幣在香港回歸中國後仍然繼續存在，成為一國兩制的象徵。

香港原本只是個小港口，出口廣東生產的香料，在金融與海運的繁榮下變身為閃亮奪目的「東方明珠」。第二次世界大戰時，日本占領香港四年，占領軍的總部便設在香港上海匯豐銀行。戰後，在回歸中國的一九九七年前，香港仍受英國統治。

釘住的歷史

讓貨幣與某一外幣連動的制度，稱為「釘住匯率制」（pegged exchange rate），英文「peg」是「釘子」或「木樁」的意思。港幣是釘住美元，也就是被固定在美元變動上的貨幣，當美元對日圓、歐元升值時，就會一起升值，下跌時也會同步下跌。

港幣，是「釘住」的歷史。

港幣原本是與宗主國英國的英鎊連動，會變成釘住美元，起因於一九七一年的「尼克森震撼」，與接連而來一九七二年的「英鎊危機」。港幣釘住的對象才從沒落大國英國，轉換到主要貨幣美元。之後，港幣也有一段時期放棄固定匯率制，改採浮動匯率制，但在一九八三年，又再度回到釘住美元的固定匯率制，當時的背景則是香港一九九七年回歸中國前的回歸交涉。

香港經濟的優勢在於沒有關稅與自由貿易。如同又被稱為「香港花」的塑膠製人造花所代表的，當時，廉價的勞動力帶動香港輕工業品出口大幅成長。因貧窮或政府的迫害，從社會主義國家半鎖國狀態的中國逃出來的人們，就成了廉價勞工。

自一九七〇年代起，香港開始強化金融業，積極引入外資。香港企業擴展電機與機械產業，也進駐中國。一九七〇年代末，鄧小平開始改革開放政策，香港成為通往中國的貿易與金融窗口，角色變得更加重要。

對於許多欠缺資訊與管道的外資企業來說，香港就像日本長崎的出島。就這樣，香港與新加坡、南韓、台灣一起被稱為「亞洲四小龍」，經濟順利成長。這時候，港幣突然大貶。

中國與英國的交涉成了港幣貶值的負面題材，也被拿來當作投機的題材。簡單回顧當時的情形吧。

一九八二年九月，有著「鐵娘子」之稱的英國首相瑪格麗特・柴契爾（Margaret Thatcher）第一次訪問中國。當時，英國儘管在福克蘭戰爭中獲勝，但國內經濟狀態不佳，失業率高。柴契爾夫人在訪問中國前，先順道去了日本，展開經濟外交。她見了日產汽車社長，直接洽談日產汽車在英國設廠的事。之後，柴契爾夫人從東京進到北京，與鄧小平會談，地點在北京人民大會堂福建廳，時間長達兩個半小時。

關於香港問題的會談，雙方達成共識，一九九七年香港回歸中國後，為了香港的發展，仍維持現行的政治制度與法律，這就是所謂的「一國兩制」。只是鄧小平對主權毫不讓步，他說：「主權問題不討論。」。

再整理一下因為鴉片戰爭和亞羅號事件而簽署的中英條約吧。清朝「割讓」香港與九龍地區，由英國接收這兩個地方。之後，英國向中國租借位於兩地後方與中國接壤的新界地區，約期到一九九七年。也就是說，根據條約，英國必須歸還的只有「新界」。

然而，以現實層面而言，沒有新界提供糧食與水，香港和九龍將無以為繼。中國正是看準這點，才得以收回「香港整體」。

許多中國人至今仍記得這一幕，與鄧小平會談結束後，穿著藍色洋裝的柴契爾夫人神情嚴峻地走下人民大會堂的北門石階，卻踉蹌地摔了一跤，高跟鞋和手提包都掉了。二〇一三年柴契爾夫人去世時，這段影片再度於網路上流傳。「因為訪問行程太過緊湊，讓這趟旅程疲憊不堪。」柴契爾夫人在回憶錄裡寫道。據說她當時是因為感冒，身體狀態不佳，但在中國人之間卻形成這樣的「傳說」：柴契爾夫人跌那一跤，是因為被鄧小平堅決的氣勢所壓倒。作為象徵意氣風發地收回被殖民領土的軼事，為人們所津津樂道。

從雙方開始交涉，投資專家就看壞香港的未來。資金開始從香港外流；賣港幣換外幣的風潮興起；部分商店不接受不穩定的港幣；銀行櫃檯前出現排隊人龍，想領取港幣存款。陸續有人申請移民，欲逃到美國、加拿大或澳洲。香港人開始意識到將回歸共產黨一黨獨裁的社會主義國家，對經濟與政治的變化感到不安。

中英交涉不順的傳言數度傳出，一九八三年九月，港幣被拋售，瀕臨崩盤，黑市的情況更為慘烈。一個月後，香港放棄浮動匯率制，回到釘住美元的固定匯率制，一美元兌換七．八港幣，別無選擇地依賴美元這個主要貨幣，重建暴風雨中的匯市。

一九八四年十二月，柴契爾夫人再度與鄧小平在北京人民大會堂相見。坐在右邊的是穿著深色套裝與蝴蝶結襯衫的柴契爾夫人，坐在左側的鄧小平腳邊還有一個痰盂。鄧小平在會談中頻頻吐痰是相當出名的事。

據柴契爾夫人身邊的人說，兩年前鄧小平在會談中頻頻吐痰，第二次會談因為雙方已有共識，就沒有那麼頻繁吐痰了。

這次會談，雙方簽署歷史性的《中英聯合聲明》，內容包括香港的主權將於一九九七年完整回歸中國，其後五十年香港的社會經濟體制維持不變。承諾香港擁有高度的自治權。這是為了「香港的繁榮安定有助中國的現代化政策」所做的現實選擇。

一九二〇年，鄧小平在前往法國留學途中曾順道停留香港，自此之後就對香港非常感興趣。對於香港，鄧小平貫徹「長期打算，充分利用」。

英國也想與中國維持良好關係，確保今後與中國這個潛在巨大市場的接觸。中、英都不想打破香港這顆「金雞蛋」。

這份聲明中也提到港幣：「香港特別行政區將保持國際金融中心的地位，繼續開放外匯、黃金、證券、期貨等市場，資金自由進出，港幣繼續流通、自由兌換。」貨幣也是一國兩制。中國使用人民幣，香港繼續使用港幣。

港幣防衛戰

一九九七年七月一日，香港回歸中國。香港島下著雨，中國國家主席江澤民出席盛大的回歸儀式，人民解放軍進駐香港。一旁的金融當局則展開了一場「港幣防衛戰」。

泰銖從五月開始被拋售，這股亞洲貨幣的拋售潮似乎也蔓延到香港。香港回歸的第二天，泰銖崩跌，危機快要吞噬亞洲，資金也逃出香港。

香港的金融當局持續介入金融市場，買港幣、賣美元，以維持港幣匯率，也積極買進在股票市場被拋售的香港企業股票。對沖基金對港幣猛烈進攻，在總理朱鎔基的指示下，人民銀行之外的國有企業、國有銀行也都加入「防衛戰」。人民銀行還派遣副行長到香港。

襲擊亞洲的金融危機，和香港一樣採釘住美元匯率制的泰國、印尼等，最後不得不改為浮動匯率制。釘住美元的固定匯率支撐不了行情，只能放棄，但香港守住了。

「港幣是一國兩制的象徵性存在。在回歸儀式後，馬上就因為市場壓力，在混亂中改變制度，對中國政府來說，這種選擇太沒面子了。」香港出身的野村資本市場研究所高級研究員關志雄這麼說。

九十二歲的鄧小平在這一年年初去世了，未能親眼看到在鴉片戰爭中被割讓的領土回歸中國。鄧小平推動的改革開放政策中，人口七百萬的香港，就像人口十三億七千萬的中國的「出島」。中國企業在香港股票市場上市，就能使用可與外幣自由兌換的港幣籌措資金，將事業擴展到全球。

中國的投資相關統計上，把香港定位為「外國」。以這個基準來看，在二〇一五年年底的時點，累計「外國」直接投資中國的資金，有將近一半來自香港，而中國的對外投資約六成是進入香港，也就是說，香港是資金的中繼站。這些資金的背後是外國企業或佯裝成外國企業的中國企業，以及與亞太連結的華僑網絡。

因為香港的法律與制度，甚至是保密等服務，能給人安全感和被禮遇的感覺，對持有個人財富的共產黨掌權者來說，香港是重要的「祕密金庫」。他們在香港可以獲得內線消息，用家人或熟人的名義購買香港的不動產或股票，再經由香港把資產祕密轉移到海外。

香港是可以把人民幣變成美元、歐元、日圓的夢幻舞台。隨著中國的經濟成長，不管是黑貓還是白貓，不，應該說，不管是乾淨的錢還是黑錢，其規模都變大了。

「出島」的存在意義

進入二十一世紀，香港不管是在經濟或社會上，都站在岔路口。

加入世界貿易組織的中國已能直接吸引外資，香港作為貿易與投資窗口的角色正在逐漸淡出。此外，支持香港繁榮的資金，或作為觀光收入來源的旅客，香港對中國的依賴越來越高。

中國當局放寬使用人民幣進行交易的限制，首先在香港進行試驗。香港也有振興政策，而且，先看香港的反應如何，再擴大到倫敦或新加坡等外國也比較放心。中國大陸內地對人民幣仍有限制，這反而成為維持香港這個金融都市優勢的條件。

未來，中國放寬經濟限制與推動法治若順利進行，香港的角色或許會被上海取代。但相對地，如果中國繼續執行人民幣交易的限制，又無法落實法治、建立正常社會，香港便能夠維持存在感。實在是很諷刺的關係。

中國在政治與經濟上的影響力都越來越大，會不會有一天，港幣「釘住」的對象從美元變成人民幣呢？

歷經香港回歸與亞洲金融風暴，從一九九三到二〇〇九年，擔任香港金融管理局總裁的任志剛，於二〇一二年發表的一篇論文引起討論。他指出，在香港回歸中國前極度不安的時期導入的釘住美元匯率制，已出現「制度疲勞」，應重新評估。當中也有匯率釘住的對象轉換成人民幣的方案。

對專家來說，這並不是新的觀點。一九九七年春天，香港回歸中國前，香港經濟學者饒餘慶在接受《朝日新聞》採訪時回答如下：「這個制度（釘住美元）已經歷過多次政治性衝擊。但香港回歸中國如果一切順利的話，或許考慮別種架構的時期也會到來。今後，香港經濟與中國經濟的統合會越來越深，和美國的經濟關係會越來越淡。」饒餘慶在一九八三年港幣暴跌時與英國的經濟學者一起提倡釘住美元匯率制，他認為，如果香港經濟對中國的依賴升高，匯率釘住的對象從美元轉移到人民幣也是合理的。

二〇一二年秋天，香港也將利用香港市場的人民幣投資出售給日本投資專家。我在香港金融管理局見到總裁陳德霖。

他的辦公室位於能夠眺望以英國女王為名的維多利亞港的大樓一角，靠近香港島的金融中心。陳德霖開始把人民幣作為外匯存底的一部分，但是當我詢問港幣轉而與人民幣連動的可能性時，他的回答是「現階段不考慮」，他說有四個條件。

「人民幣可與其他貨幣自由兌換、資本可自由移動、完全開放金融市場、經濟與金融的變動週期接近。最後一個條件似乎正逐漸形成，但仍沒有任何一項是符合的。」

即使到了二〇一七年，仍受到許多限制的人民幣，還是無法滿足這四個條件。

老實說，這話題在香港是禁忌，因為會聯想到香港被中國吞沒。任志剛在擔任公職期間沒有說，現在的陳德霖當然除了否定外，也不能多說什麼。

彷彿和經濟關係變密切形成反比，中國與香港的人心是疏離的。大國意識強烈的中國，把鄧小平「香港的繁榮是中國現代化所必需」的現實主義擺在後頭，想掌控香港生殺大權「取決於中國」的意識抬頭了。

香港方面，能利用發展差距來賺錢的範圍大不如前，中國企業能給的甜頭也正在減少。此外，特別是回歸後出生的年輕人，不少人認為自己既不是英國人，也不是中國人，而是香港人。與中國不光是價值觀上的不同，無法認同是同一個國家，共有國民意識的人越來越多。

另一方面，中國當局會在香港選舉時施壓，以獲得對自己有利的結果，也會「綁架」外籍商人進行調查。中國的強勢作為，損害香港維護人權的安全都市的價值，更招致香港人的反感。

在對中國不滿情緒上升的情況下，有關港幣是否繼續釘住美元的討論便減少了。似乎只要不釘住人民幣，就能保住港幣、甚至是香港身分的獨立性。因為港幣與人民幣連動，也會令人聯想到「貨幣整合」，未來可能放棄港幣而選擇人民幣。

當然，經濟上的因素也很大。中國的成長率正在下降，自二〇一五年夏天起，期待人民幣升值的心理消散了，世界市場上認為人民幣會貶值的看法反倒增加。在香港，高利率的人民幣存款受到歡迎，也持續增加，但自二〇一五年六月起，人民幣存款減少了。

港幣與人民幣固定匯率，會使香港經濟混亂，這麼想的人變多了。不管從政治、社會，或是經濟上的觀點，在香港幾乎聽不到希望港幣轉為「釘住」人民幣的聲音了。香港回歸中國超過二十年了，這或許是中國加強高壓統治，自作自受的結果。

回歸五十年後，二〇四七年，就是鄧小平允諾一國兩制的期限了。柴契爾夫人在一九八四年年底的會談中問鄧小平：「為什麼要（實施一國兩制，維持現狀）五十年呢？」鄧小平回答：「因為希望中國在那之前可以追趕上先進國家的經濟水準。」屆時，應該會再討論港幣的形態吧。

決定權在中國共產黨的手裡。中國的經濟規模已經超越鄧小平的期待，說不定未來還會超越美國，生活水準已逐步接近已開發國家。但是，中國如果繼續採取共產黨一黨獨裁，能否落實對金融來說至關重要的法治呢？未來，難以預料。

「在強烈要求中國尊重人權的同時，也要對中國打開商業和通訊的窗口。這是讓逐漸成為經濟大國的軍事大國獲得國際社會的信賴，成為行動可預測的一員的最好方法。」柴契爾夫人在一九九三年出版的回憶錄中如此寫道。經過四分之一個世紀後的現在，這句話仍然沒有過時。鄧小平的成就很大，留下的課題也很大。

| 第四章 |

危機與競爭

準備好一百口棺材，也有我的一口。

——朱鎔基

亞洲金融危機

現在回想，或許一九九七年就是國際社會開始意識到人民幣存在的一年。以泰國貨幣泰銖暴跌為開端的亞洲金融危機，讓人們也注意到中國人民幣的動向。這一年，香港回歸中國，雖是透過港幣與國際金融市場連結，卻也提高了人民幣的存在感。

在這個舞台上擔負主角的大人物，是從副總理登上總理之位的朱鎔基。上揚的濃眉下流露出銳利的眼神，與國外重要人物會談或記者會時咬字清楚，應答俐落，在鄧小平加速改革開放的一九九〇年代，朱鎔基是中國改革的象徵性存在，被視為如同蘇聯經濟改革的最後領導人米哈伊爾・戈巴契夫（Михаил Горбачёв）的人物，所以也被稱為「中國的戈巴契夫」。

不過，朱鎔基對這個稱呼並不領情，甚至明言感到「不愉快」。確實是如此，蘇聯已經瓦解，但是中國的經濟規模卻在這二十年間成長八倍以上。朱鎔基在鄧小平的拔擢下，曾任上海市長、副總理兼人民銀行行長、總理等職務，是為中國經濟飛躍成長奠定基礎的重要人物之一。

在此透過朱鎔基，回顧一九九〇年代人民幣的腳步，可以看見中國因為貨幣的競爭，以及參與區域而覺醒的模樣。那也是設立亞投行與人民幣國際化等，連結著自認大國的習近平政權下經濟外交的出發點。

一九九七年夏天，從泰國開始的金融危機，從亞洲各地蔓延到俄羅斯、拉丁美洲等地。受到投機客拋售泰銖的衝擊，泰國和馬來西亞、新加坡等亞洲的金融當局合作，拚命地買入泰銖，卻仍抵擋不住，最後只能放棄固定匯率制。

由於資本快速流往國外，泰銖對美元的價格暴跌。資金不斷撤出亞洲，印尼盾、韓圜、馬來西亞令吉、菲律賓披索等貨幣紛紛應聲下跌。很多亞洲國家實際上都是採取釘住美元的固定匯率制。

一九八〇年代以來，被推崇為「東亞奇蹟」的高度經濟成長所吸引而流入的外國資金，在此時逆流。就像一邊在季風地帶蜿蜒蛇行，一邊增強威力的颱風般，以美國對沖基金為代表的投機客瘋狂地拋售各國貨幣。

一九九七年七月，相隔一個半世紀，甫從英國回歸中國的香港，貨幣也同樣陷入風暴。九月，為紀念回歸，在香港舉行的國際貨幣基金組織與世界銀行年會上，如何收拾亞洲金融危機成為焦點。中國要怎麼做？

由於亞洲各國貨幣貶值，中國的出口競爭力下降。人民幣經得起這個衝擊嗎？雖然當時中國的經濟規模只有日本的四分之一，但是在一九九〇年代前期，平均超過百分之十的成長率，中國的經濟規模已經膨脹為南韓的兩倍。如果連人民幣也加入貶值的行列，世界經濟將更加動搖……。

在國際社會的關注下，以朱鎔基為首的中國政治家或高級官員一再表示「人民幣不會貶值」，並且付諸行動。如同之後將提及的，不僅沒那麼大的必要性，而且想要「防衛」港幣，人民幣也不能貶值。但先不論理由是什麼，中國藉由此舉表現出了對區域做出貢獻的「負責任的大國」形象，以「不貶值」政策作為高價外交工具，貴賣獲利，在情報戰上，中國確實戰勝了。

回顧亞洲金融危機時，有必要想起這個時代以美國為主的已開發國家，是用嚴厲的眼光來看待日本經濟的。

我身為《朝日新聞》經濟部記者，採訪了日本銀行與金融機構。日本在泡沫經濟崩盤後，因為沒有即時處理不良債權的問題而陷入金融危機中。一九九七年四月，在我負責相關報導時，日產生命保險公司倒閉。除了第二次世界大戰剛結束的戰敗混亂期之外，日本首次出現壽險公司破產。

到了秋天，十一月時，三洋證券、北海道拓殖銀行、山一證券、德陽城市銀行四家金融機構破產。隔年，日本債券信用銀行、日本長期信用銀行等大型銀行倒閉，還有一些金融機構被併購而消失。

歐美的評等公司陸續降低日本國債與金融機構發行的債券等級。銀行的股價大跌，擔心會發生擠兌現象，我還去各個點察看銀行的自動櫃員機前是否大排長龍。

我採訪的某位日本銀行幹部，他對於美國政府要求日本的金融機構提出考查結果之事感到非常憤怒。美國政府一直以來要求橋本龍太郎政權轉換財政重建路線，因得不到回應而備感焦躁。對於無法提出有效對策解決本國金融危機的日本政府，美國相當不滿。對日圓持續貶值也直接批評，「以為這是夏日野餐嗎？」、「要不要美國政府派有能力的人幫忙（處理不良債權）？」即便已經是二十年前的事了，美國財政部副部長勞倫斯・薩默斯（Lawrence Summers）語帶嘲笑、侮蔑的話，讓這位幹部至今仍耿耿於懷。

我在採訪時，也認為美國的「超」高姿態很沒道理。明天又有哪一家金融機構會受到來自市場的攻擊呢？攻擊亞洲的金融危機，與泡沫經濟崩盤後的日本金融，這兩個危機也讓日本、美國及中國的思慮與利害浮上檯面。

拒絕貶值的真相

「以為危機已經觸底，卻蔓延到南韓，連日本也出問題，現在的狀況比我們預想的還嚴重。」、「外國報導的分析，認為中國經濟不可能不受影響。」

一九九七年十二月，在集合中國共產黨、中國政府，以及人民解放軍幹部的中央經濟工作會議上，當時還是副總理的朱鎔基積極發表看法，親自說明美國金融機構對中國經濟抱持悲觀態度。

「預測中國會在明年下半年讓人民幣貶值。」（雷曼兄弟〔Lehman Brothers〕）、「中國的銀行不良債權比率上升到百分之二十五，『技術性而言已經破產』，明年的經濟成長率將達不到（中國設定的目標）百分之八。」（美林證券〔Merrill Lynch〕）

朱鎔基主張在這樣的環境中，為了擺脫「國際投機客與政治陰謀」、保護自己，必須堅定改革。具體來說，他提到以國有企業的改革作為首要重點，推動經濟結構改革，完善金融監督體系，以及由國家儲備糧食與外匯的重要性。

工作會議翌日，朱鎔基與中國金融機構海外部門的幹部會面時說：「很多外國的領導人問我人民幣是否要貶值，我一再回覆說不會貶值。」

朱鎔基的理由有二，一是「中國經濟實力強大」。老實說，這個理由只能說是「前提」，第二個才是真正的理由：「我們的資本市場未完全開放，基本上也可以說未對外開放。」也就是說，即便投機資金瞄準中國的資本市場，但因為中國嚴格管理資金的進出，資金也進不來。中國原本就沒有大筆的資金流入。

不像其他遭遇金融危機的亞洲國家，中國國內並沒有積壓短期資金。來自外國的投資，基本上都是為了興建工廠的長期資金，因此幾乎不用擔心會發生資金急速外流的狀況。

當然，當亞洲其他國家貨幣兌美元貶值時，人民幣匯率相對較高，中國製產品的國際競爭力下降了。以廣東省為首，靠出口賺錢的中國南方地區因此受到打擊。也因為亞洲的需求短缺，一九九八年，中國的出口只比前一年增加百分之〇．五，不過因為進口也減少，所以貿易順差還是維持數百億美元的規模。

外匯存底則達到一千五百億美元。和這十年來以兆美元為單位相比，感覺上是少的，

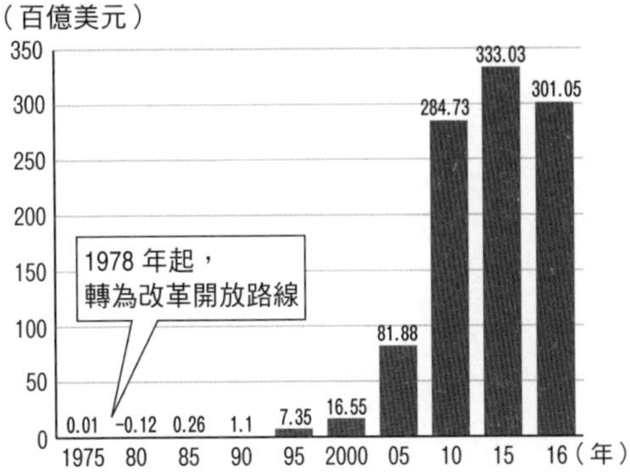

▲ 中國的外匯存底。

資料來源：中國人民銀行。

但那時候年進口額也只有進入二十一世紀以來的十分之一左右。考量到經濟規模約莫中國一半的南韓，儘管開放資金進出，外匯存底也只有五百億美元左右，因此中國的外匯存底算是正常水準。

之後還會提到，中國在一九九四年實施人民幣改革，將對美元的匯率從一美元等於五．八人民幣，下調至八．七人民幣。若加入貨幣貶值的競爭中，中國自己也會渾身是血。

倘若人民幣貶值，包括向日本借貸的日圓等外幣計價債務也就會確實地膨脹。由於貨幣貶值有寬鬆貨幣的效果，很容易引發通貨膨脹。更重要的是，如此將「對與美元同步的港幣造成巨大壓力」。誠如朱鎔基所擔心的，人民幣如果貶值，可能造成經濟關係密切的港幣動盪，不能讓剛從英國回歸的香港受到傷害。

「壯士斷腕」

在這樣的背景下，中國避開貨幣貶值之路，由朱鎔基帶領的中國重要人物們，在面對國際社會時，巧妙地利用這點提高自己的評價。

例如一九九八年三月剛升任總理的朱鎔基出席亞歐會議（Asia-Europe Meeting, ASEM），在倫敦接受採訪時表示：「維持人民幣（對中國經濟）會帶來負面影響，但是為了東南亞各國，中國願意犧牲自我，接受困難。」這番自我誇示的話，強調中國犧牲自己，貢獻區域的模樣。

不僅在歐美，在亞洲也一樣，除了專家以外，今日一般大眾只記得朱鎔基說的這段話。朱鎔基的強力宣傳，在國際輿論上發揮神通般的影響力。

讓人民幣在國際舞台上華麗登場的朱鎔基，在推行國內改革時，也留下了成為傳說的話語。語言，是政治的工具。朱鎔基最著名的一句話莫過於：「準備好一百口棺材，也有我的一口。」

這句話表明朱鎔基抱著必死的決心要對抗貪腐。為改善因天安門事件受到外國經濟制裁而陷入困境的經濟，鄧小平的「南方談話」加速了改革開放，讓中國從不景氣轉而變成泡沫經濟。

物價持續上漲，銀行的幹部利用不當放款與橫流的資金中飽私囊，新設在上海與深圳的證券交易所成了貪腐的溫床。在規則還未完全確立的情況下操作金錢，自然會出現利用強大權限來為自己謀利的官員。

朱鎔基為抑制通貨膨脹採取緊縮性貨幣政策，目光緊盯股票、土地權利的不當交易，嚴禁銀行違法借貸，逮捕多名官員。

還有一句話不知道是不是仿效朱鎔基而來，就是現任總理李克強喜歡、最近中國國家主席習近平也會說的——「壯士斷腕」。

手指被毒蛇咬到，為了避免毒液流竄全身，勇者毅然地揮刀砍斷被感染的手腕，衍生的意思就是要果斷地行動。在闡述改革的重要性時，經常會使用這一句成語。

朱鎔基非常崇拜清朝的雍正皇帝，雍正雖是專制的皇帝，但也是嚴懲貪腐、注重紀律的名君。

雖然朱鎔基一再使用戲劇性的強烈言詞，但確實讓人們對改革產生共鳴。他嚴懲擁有政治力量的北京高層瀆職之事，獲得民眾讚許。即使現在，我在北京搭乘計程車時也不曾遇到批評朱鎔基的司機。稱許朱鎔基是強大、清廉、果斷推行改革的總理，這樣的聲音一直持續著。

熟知經濟的政治家

一九九〇年代初受到鄧小平提拔，從上海市長進入中央政壇的朱鎔基是什麼樣的人呢？

一九二八年十月，朱鎔基出生於湖南省長沙，祖父是通過科舉考試的秀才，但辭官歸里。朱鎔基出生前父親就過世了，九歲時母親也去世，他是由同鄉的伯父撫養長大。雖非出身富裕家庭，但他從小成績就很好，考進北京名校清華大學。一九四九年十月，毛澤東建立中華人民共和國的那年，朱鎔基加入共產黨，也擔任學生自治會主席。大學畢業後，他先後任職於東北人民政府工業部、國家計畫委員會，開始步上官僚之路。但一九五〇年代後期，朱鎔基被貼上「右派分子」的標籤，先被取消黨籍，一九六〇年代文化大革命時期又以「資產階級殘渣」之名，被下放勞改。

文化大革命結束後，鄧小平重掌政權，著手改革開放政策，朱鎔基也因此得到能夠發揮能力的舞台。他進入政府系統的智庫——中國社會科學研究院的工業經濟研究所，以及國家經濟委員會，摸索中國經濟改革未來的路。

一九八三年，五十五歲的朱鎔基升任國家經濟委員會副主任，這是相當於次長級的官位。一九八八年，朱鎔基成為上海市長，在開發浦東地區與經濟改革上大顯身手。一九八九年發生天安門事件，他不像北京當局以「動亂」來稱呼學生發起的示威活動，而是選擇使用「少數人的破壞活動」這樣的言詞來處理學生運動，緩和衝突，獲得很高的評價。

當時上海的領導人是黨委員會書記江澤民。天安門事件後，鄧小平召喚江澤民到北京，讓他擔任國家主席、總書記，朱鎔基也在一九九一年被任命為負責經濟的副總理。一九九二年，朱鎔基的職位三級跳，躍升為政治局常務委員，進入領導階層，可說深獲鄧小平的信任。

身為了解經濟的政治家，朱鎔基馬上著手處理對北京居民生活造成壓迫而引發不滿的通貨膨脹問題。一九九三年，朱鎔基撤換人民銀行行長李貴鮮，改由自己兼任。

就任人民銀行行長後，朱鎔基馬上施行人民幣改革。一九九四年，他廢除官方匯率與貿易結算時的外匯交易採用較便宜匯率的雙重匯率制，並廢除曾是外匯專業銀行的中國銀行所發行的可與外幣交換的證明票券「外匯兌換券」，讓人民銀行發行的人民幣單一化。中國自改革開放後的一九八〇年起，除了一般人民使用的人民幣外，還有主要供外國人使用的兌換券。發行兌換券的目的在於容易控制國內流通的貨幣數量，以及取得國際收支的平衡，有些進口的商品只能用外匯兌換券購買。

雙重匯率制是「為彌補一九五〇年代封閉統制經濟與一九八〇年代開放體制的落差而制定的苦肉計」（田村秀男《人民幣、元、円》）。

統制經濟下的人民幣匯率，即使價格高、無法反映中國與外國的物價差異，也不會構成太大問題。若是重視進口戰略物資，而非出口本國製產品，價格高於實力反而好。這也說明脫離現實行情的人民幣是「社會主義的優越性」，或許中國共產黨部分人士是基於面子才偏好強勢的人民幣。

但是，透過貿易或投資，與世界市場的連結越來越強，脫離現實行情的缺點開始浮現。原本因此而採用雙重匯率，但是為去除價差卻助長投機，讓黑市蓬勃，從而傷害了人民幣的信用。

積極「自由化」

人民幣慢慢貶值了，但在一九九四年，大膽下調將近五成。這是朱鎔基的決定，經濟特區也動了起來，出口開始起飛。

這時候人民幣和其他亞洲國家的貨幣相比相對便宜，讓中國在爆發金融危機、他國貨幣貶值時，出口競爭力受到的打擊較輕。這雖然不是預測到危機後的判斷，總之這項決定奏效了。

中國在一九九六年成為國際貨幣基金組織的第八條款國。「第八條款國」規定，施行貨幣改革時，即使經常帳惡化，也不能擅自限制匯率。在物品、服務等貿易的經常交易中，實現了人民幣與外幣交換的自由化。前面提到雙重匯率一體化的改革，也是因為考量到了國際貨幣基金組織。

日本財務官僚兼中國經濟專家田中修，從一九九六到二〇〇〇年，派駐北京的日本大使館，擔任書記官、參事官，他回憶當時情景。

接替朱鎔基，從一九九五年起就任人民銀行行長的戴相龍，在一九九六年秋天拜會日本大使佐藤嘉恭。戴相龍得意洋洋地談論金融改革，「計畫在二〇〇〇年前達成資本交易完全自由化。」田中修馬上提出忠告，「日本在一九八〇年時，原則上雖已自由化，卻非完全的自由化。沒有必要急於此事，先處理不良債權比較重要。」中國當時是如此傾向自由化的。

「朱鎔基在中國加入世界貿易組織時，就計畫要實現人民幣匯率行情和資本流動自由化。中國的人民銀行與財政部為了參考日本經驗，頻頻來找我們討論。」田中修表示。

但是，在亞洲金融危機中，看到資金恣意跨越國境的可怕後，中國便停下了腳步。注意到事情的嚴重性，中國就不再提資本交易完全自由化的話題了。一九九四年雙重匯率一體化後，人民幣對美元的匯率逐漸升高，到了一九九七年，一美元兌換八．二七人民幣，匯率就差不多固定了。

化解亞洲金融危機，站在改革前線指揮的朱鎔基在一九九八年三月接替李鵬，升任為國家主席江澤民之下的國家總理。對中國總理來說也算年度例行見面會的全國人民代表大會閉幕後的記者會上，新任總理朱鎔基自信滿滿地現身，會場來了超過六百名記者。

「有沒有可能在二〇〇〇年前實現人民幣完全自由化？」對於日本媒體的提問，朱鎔基沒有直接回答，不，應該說他無法回答吧。

朱鎔基表示，「亞洲金融危機不會影響中國金融改革的進程，也不會影響金融、保險事業的對外開放。中國已經實行人民幣在經常項目上可自由兌換，至於完全的自由兌換，也就是在資本市場上也可自由兌換，按照預定的計畫，將在中央銀行監管能力達到的時候再實行。」

二〇〇五年夏天，與人民幣匯率相關的放鬆管制再度開始。對中國有龐大貿易赤字的美國，要求中國有彈性地決定對美元的匯價，施予人民幣升值的壓力。到了二〇一七年，中國仍未實現資本交易的完全自由化。

一九九九年三月，亞洲金融危機的風暴終於穩定。全國人民代表大會閉幕後的記者會上，義大利的媒體記者問朱鎔基：「十年後，世界的三大貨幣，美元、歐元，另一個會是日圓還是人民幣？你認為人民幣有這個可能性嗎？」

一九九九年時，這個問題已經成為各方關注的焦點。大家都知道亞洲金融危機是如何把人民幣推上國際舞台的。這個問題，朱鎔基依舊沒有正面回答，「這個問題不應該由我回答，而且現在還言之過早。但是我可以說一句：現在人民幣非常穩定，不會貶值。」

又再次強調人民幣「不會貶值」。

度過金融危機，朱鎔基雖然為港幣的波動感到驚恐，但是避免人民幣貶值，成為他的外交工具。另外，他向國民宣傳因為對區域的貢獻而獲得國際社會的好評，激發民族主義。這麼做或許會強化人民或社會的痛苦，但這也可能是他在為國有企業或部會機關改組等國內的改革與加入世界貿易組織做準備。

朱鎔基的後繼者們

就任總理的朱鎔基承諾，要在三年內堅決執行三項改革，包含大幅削減公務人員的行政改革、國有企業改革和金融改革，全力處理官方資金注入國有銀行造成的不良債權。

朱鎔基因為搭上鄧小平改革開放的列車而獲得重用，他也重用在經濟改革上「能用」的部下，例如在習近平政權下指揮掃除貪腐的王岐山。在朱鎔基以副總理身分兼任人民銀行行長的一九九〇年代中期，王岐山是人民銀行副行長，能力獲得好評，之後，王岐山以國有銀行領導人的身分為金融改革投入力量。

九〇年代後期的亞洲金融危機，影響波及出口比重較大的廣東省經濟。廣東國際信託投資公司（GITIC）因胡亂投資與貸款，造成不良債權纏身而破產，王岐山在這時候被派到廣東省擔任副省長，處理破產事宜。

日本的銀行因為廣東國際信託公司屬於政府體系而放心貸款給廣東國際信託公司，但是在朱鎔基的指導下，中國分割政府信用與企業的態度十分明確，日本的銀行無法收回貸款，這也是當時還不如現在受矚目的王岐山與日本金融機構苦澀的相遇。

順道一提，美國前財政部長亨利．鮑爾森（Henry Paulson）當時是美國投資銀行高盛集團的高層，因為這起破產事件而與王岐山建立起深厚的緣分，高盛也因此擴大在中國的生意。鮑爾森至今仍是聯繫美國與中國的重要人物。

在朱鎔基底下為一九九〇年代以來的改革貢獻己力的，還有在二〇一六年十一月之前任中國財政部長的樓繼偉。樓繼偉因達法定閣員退休年齡六十五歲而卸任，但有報導說，改革派的樓繼偉卸任讓「中國經濟的負面因素增加了」（《金融時報》〔*Financial Times*〕）。

在朱鎔基的評價裡，樓繼偉是擅長宏觀政策的年輕官僚，是他擔任上海市長時的部下。朱鎔基任副總理時，讓樓繼偉率領國家體制改革委員會的宏觀經濟部門。當時因大幅更動地方與中央的稅收分配，增加中央的比例，引起地方強力反對，兩人很努力地對地方領導人遊說財政改革的重要性。

朱鎔基也致力於加入世界貿易組織一事。在中國，用「入世」來稱呼加入世界貿易組織，似乎隱含著「加入世界」的意思。

天安門事件後在國際社會四面楚歌的中國，致力於加入全球化發展的國際社會合作之環，或者說，至少展現出有意合作的態度，是因為中國認為那是提高國力的好方法。

鄧小平時代的外交政策是「韜光養晦」（隱藏實力，等待機會），「我們千萬不要當頭，力量也不夠，當了（頭）絕無好處，會失去許多主導性。」朱鎔基與江澤民一邊體現鄧小平的這項精神，一邊推行改革。

已開發國家也歡迎中國加入世界貿易組織與貨幣合作。對於已開發國家來說，中國這個龐大的市場魅力十足，並且期待中國在融入現有的國際社會秩序後，隨著經濟成長，中產階級人口增加，政治體制也會轉變為民主。

葛林斯潘的遠見

當了十八年美國中央銀行——聯準會（聯邦準備理事會，Federal Reserve System,

FRB）主席的亞倫．葛林斯潘（Alan Greenspan），和朱鎔基也有深交。

葛林斯潘自一九八七年就任聯準會主席後，克服了突襲世界證券市場、造成股價大跌的「黑色星期一」，又以極短的時間終止發生在二〇〇〇年前後的網路泡沫崩盤的不景氣。在二〇〇六年退休前，葛林斯潘以靈巧的金融政策獲得「魔術師」、「大師」的稱號。

然而，造成「雷曼兄弟事件」的房地產泡沫，也可以說是葛林斯潘時代發生的事。現在對葛林斯潘的評價雖然不是只有稱讚，但他確實是一個時代的精神領袖。

曾經以「東亞經濟的大猩猩」來形容中國的葛林斯潘，稱朱鎔基是「實務家」，讚賞他「帶領實現許多鄧小平開始的根本性制度改革」。二〇〇五年十月，葛林斯潘在退休前訪問中國，這是他在聯準會主席任內最後一次訪中。此時已卸下總理之位的朱鎔基偕同夫人在北京的迎賓館釣魚台國賓館，設晚宴招待葛林斯潘。兩人討論中國的人民幣匯率、美國的貿易不平衡，還有中國經濟的缺點和對策。

「（對於這些問題，）即便是世界級的領導人，也未必有朱鎔基的高度見解。」葛林斯潘在二〇〇七年出版的回憶錄《我們的新世界》（*The Age of Turbulence: Adventures in a New World*）中談及朱鎔基時，並不將他視為已淡出政治舞台的人物，對他的才能仍有諸多讚美。

葛林斯潘第一次到北京與朱鎔基會談，是在一九九四年秋天。

根據《朱鎔基講話實錄》第二卷，當時朱鎔基直白地談到利率。他說美國只是升息百分之〇．二五，對經濟的影響就很大，但中國即使提高百分之十的利率，也不會有什麼效果。這是有原因的，「因為（中國的）企業並不打算償還借貸，所以不在乎利率。但現在進行的國有企業改革如果成功，（企業也會對利率做出反應，）我們的金融調節應該也會奏效。」

兩人交換禮物時，朱鎔基送葛林斯潘熊貓的人民幣硬幣，葛林斯潘則送朱鎔基象徵聯準會的老鷹紀念品。

葛林斯潘那次訪中時，就站在毛澤東宣布中華人民共和國建國的地方附近，環視天安門廣場。此時距離對要求民主的學生採取武力鎮壓的天安門事件，也才過五年而已。

鄧小平在一九九二年的南方談話，對經濟改革開放再次踩了油門。

「馬克思主義已經跨越世代，滲透到十三億人口的社會中，自多感的少年時代就已深植到體內的價值觀，怎麼丟得掉呢？」葛林斯潘如此自問。「中國的發展非常亮眼，但這樣的價值觀恐怕比我們眼睛所見更加根深柢固。雖然到處都可以看到變化，但毛澤東的肖像至今仍印在紙幣上。我認為這暗示傳統力量的深厚。」

到了習近平的時代，看到毛澤東肖像的機會反而增加了。厭惡貧富差距隨著經濟成長而拉開的人們，喜歡把這視為平等的象徵。習近平好像在學習毛澤東，急著把權力集中在個人身上。大師葛林斯潘雖然沒有說中雷曼兄弟事件，但似乎能看穿中國的傳統。

日本野心的破碎

亞洲金融危機不僅讓人民幣登上國際舞台，也加深區域金融合作的羈絆。因為朱鎔基彷彿唸咒語般一再地說「人民幣不會貶值」，曾為亞洲地區最大經濟國的鄰國日本，即便同樣深陷金融危機，也積極地試圖主導區域合作。

日本提出國際貨幣基金組織亞洲版，也就是亞洲貨幣基金（Asian Monetary Fund, AMF）的構想。

早在亞洲金融危機爆發前，日本就以大藏省（現在的財務省）為主要機構，討論亞洲貨幣基金的草案。一九九四年，墨西哥爆發金融危機，日本便開始思考當危機襲擊亞洲時的因應對策。

由現任日本銀行總裁、曾任大藏省財務官的黑田東彥主持，時任財政金融研究所所長，後來成為財務官的國際機構課長篠原尚之也參與其中。這項計畫也受到歐洲為強化區域統合，實現共通貨幣——歐元的啟發。

然而，由於美國強烈反對，中國亦沉默不表支持，計畫因此受阻。現在回過頭看，那時候也是日本與美國、中國在亞洲的舞台上爭奪經濟合作主導權的萌芽期。

一九九七年八月，各國聚集在東京的飯店，討論如何支援成為金融危機開端的泰國。根據國際貨幣基金組織的試算，支援泰國需要一百四十億美元，國際貨幣基金組織負擔四十億美元、世界銀行負擔十五億美元、亞洲開發銀行負擔十二億美元，日本等亞洲國家被要求負擔剩下的七十多億美元。

日本首先決定融資與國際貨幣基金組織相同金額，也籲請其他國家協助。新加坡、香港，以及還未真正受到危機影響的南韓，也當場承諾具體的金額。中國雖沒有當場決定金額，但在會議中聯繫國內，承諾給予支援。之後也告知中國將支援十億美元。美國因為預估國會會反對，無法拿出資金。

主持這場會議的大藏省官員榊原英資，在著作《日本與世界戰慄的日子》裡如此記錄。

「會場中充斥著『亞洲一體』的激情。」泰國財政部長塔儂．比塔亞（Thanong Bidaya）在會議後的宴會中，神情激動地對榊原英資表示：「雖然（與三塚博大藏大臣會談時，日本沒有明確承諾金融支援）七月十八日日本政府的態度讓人失望，但今天非常感謝日本政府。今日之事將深深刻劃在泰國的歷史上。」

然而，榊原英資卻感受到美、中兩國抱著「相當程度的不滿，對未來憂心忡忡」。當時美國財政部次長薩默斯的心腹、之後成為財政部長的蓋特納在會後低聲嘲諷：「當一個超級大國的感覺如何？」

會議的成功促使日本乘勝追擊，加速推動亞洲貨幣基金的設立，希望能速戰速決，趕在九月於香港召開的國際貨幣基金組織與世界銀行年會上宣告亞洲貨幣基金成立。在此同

▲前大藏省財務官榊原英資。

時，日本睽違五年，決定大幅增資國際貨幣基金組織，甩開一直以來並列的德國，獨占僅次於美國的第二名位置。

支援泰國、對國際貨幣基金組織的貢獻……「很好，讓我們投出更高的球吧！」榊原英資與黑田東彥等人私下運作著。

「總部設在東京，高層當然是由日本人擔任。國際貨幣基金組織有執行董事，我們要稱為總裁嗎？」他們的信心不斷擴大。

然而，情況瞬間急轉直下，因為美國堅決反對。

九月二十一日午後，於香港，在日本的呼籲下，亞洲貨幣基金的構想成為討論議題，亞洲十個國家、地區的財政部長代理出席會議，國際貨幣基金組織和美國也以觀察員的身分參加。

包括南韓在內，亞洲各國均表示贊同，但美國強烈反對。香港與澳洲只陳述一般看法，未表明同意或反對。中國則是不出聲，以沉默表示不支持。

成立亞洲貨幣基金一事就這麼夭折了。

「珍珠港事件」翻版

有相關人士甚至曾聽薩默斯說過，亞洲貨幣基金就宛如「珍珠港事件」，是「對甫解除危機的美國的奇襲」。

二〇一五年春天，我在東京採訪榊原英資。亞洲貨幣基金的構想公開後，榊原英資在家裡接到薩默斯的電話，「我還以為你是朋友。」通話了兩小時，薩默斯自始至終都非常憤怒。

美國不知道從哪個國家獲得日本編寫的說明文件。「毫無節制地展示美國的力量。後來才知道，美國也對中國施壓，要中國不要贊成這件事。日本請有往來的香港當局去和中國說明，也是做錯了，應該直接對中國。」榊原英資說道。

美國強烈反對獨立於國際貨幣基金組織的亞洲貨幣基金的設立，認為光靠區域要做支援和貸款，也太天真，而且有失規範。自從亞洲貨幣基金的構想公開後，美國便致函亞洲各國，以財政部長羅伯特．魯賓（Robert Rubin）和聯準會主席葛林斯潘之名，提出替代亞洲貨幣基金的合作行動。只是，當時國際貨幣基金組織，包括高層的執行董事，並沒有強烈否定亞洲貨幣基金。也就是說，沒有美國的亞洲貨幣合作，是美國絕不允許的事。

對於中國的「沉默」，有多種說法。亞洲貨幣基金的構想沒有完整傳達給共產黨領導階層，所以得不到正式的官方回應。透過香港去疏通總是讓人不太舒服……根據日本銀行高層的說法，人民銀行行長戴相龍是贊成的。

「因為人民銀行的政治性立場並不強，所以沒有影響力吧。」

這位高層在訪問人民銀行時，黑田東彥也來了，但他們之間並沒有連絡。包括中國在內，任何國家的政府與中央銀行之間的關係，都有著微妙的緊張感。

隨著經濟能力提高，試圖加入世界貿易組織的中國，確實不會覺得幫助日本主導亞洲經濟是有意思的事。

比起來，與美國的關係應該更重要吧。試著整理一下這時期的中美關係。

一九八九年六月的天安門事件，讓中美關係急速冷卻。一九九一年，採行社會主義體制的蘇聯瓦解，中國也開始擔心。在與美國主導的西方國際社會協調時，必須考慮維持自己的體制。一九九七年，比爾·柯林頓（Bill Clinton）連任掌權時代，美國也發表「孤立的中國並不符合美國利益」（總統的國情咨文）的言論，明確表達加強修復與中國關係的路線。商業界對中國這個潛在的龐大市場也有很高的期待。

在這樣的情況下，中國國家主席江澤民在一九九七年十月訪問美國，與柯林頓進行會談，達成「致力於建立建設性戰略夥伴關係，邁向二十一世紀」的共識。

在日本興沖沖地高舉亞洲貨幣基金構想的旗幟時，正好是中國積極為江澤民訪美做準備的時候。此外，在港幣的防衛戰上，中國也少不了美國的協助。說得直白一點，那個時候不是「討論亞洲貨幣基金」的時機。我認為在這個時間點，美國政府不可能支持日本被形容為「珍珠港事件」的構想。

那麼，日本為什麼不邀請美國加入呢？美國出錢促成多國之間的合作，要得到國會的認同，門檻是很高的。即便是要增資國際貨幣基金組織或世界銀行等國際機構，美國也是不到最後不會行動，執行起來相當困難。

即使是現在，日本也要先與美國商量，得到美國的支持，並且與中國保持平衡關係，才好辦事吧？但當時中國在國際金融界的影響力量還很小，所以倒不如說，在以美元為主的體制下，歐洲決定使用共通貨幣歐元，出現了擔心日圓成為邊緣貨幣，越來越式微的聲音。

想把日圓留在國際舞台上，拉攏「尚未成熟的國際金融玩家」（財務省前官員）——中國，在亞洲建立另一個「極」，被認為是很重要的事。「日圓」是異於「美元」的另一個「極」，「極」的大小就另當別論了。

新宮澤的構想

由於亞洲貨幣基金的受挫，日本不得不對成立新組織之事死心，但仍持續摸索著亞洲貨幣合作的方式。

一九九七年十一月，在馬尼拉召開的會議上，包含美國在內，以亞洲為中心的十四個國家、地區，同意建立以區域進行協調、支持兩國之間支援行動的架構，稱為「馬尼拉架構小組」（Manila Framework Group, MFG）。但對榊原英資而言，「這次合作並不是那麼愉快」，這應該是他的真心話吧，他深刻感受到美國的力量。

此外，日本獨自以當時的大藏大臣宮澤喜一之名，提出「新宮澤構想」，這是日本單獨給予亞洲各國的低利融資。一九九八年十月，配合國際貨幣基金組織與世界銀行年會，在華盛頓召開亞洲各國的財政部長、中央銀行總裁會議上，發表這個構想。

當時有一則簡短的報導：〈宮澤大藏大臣表明　三百億美元內支援亞洲　輸銀融資或債務保證〉（一九九八年十月四日《朝日新聞》早報第二版）。

這個構想以促進國際金融市場安定與恢復亞洲各國實體經濟為目的，日本承諾提供一百五十億美元的中長期資金支援和一百五十億美元的緊急準備金，合計三百億美元的支援。

「新興市場各國金融不穩定，開始波及七大工業國（G7），美國等國家對持續低迷的日本經濟越來越焦慮。為此，日本強調自己對亞洲的貢獻。」

這篇只有短短三百九十五個字的報導是我首次在署名時寫下「華盛頓報導」，那次的採訪也引發了我開始關心圍繞著貨幣而形成的國際關係。

在華盛頓舉行的一連串會議裡，歐美國家的視線緊盯著日本，但關心世界第二大經濟國日本的金融危機，遠高於日本對亞洲的支援。我在東京連日沒日沒夜地採訪日本的金融危機問題後，在極度疲憊的狀態下出差，累到連重要財政官員的記者會上也忍不住打瞌睡，所幸有錄音機才能順利寫出報導，實在是很辛苦的一段回憶。

美、日兩國的財政首長會談也提到日本的不良債權處理一事。「被問得最多的是為強化銀行資本而撥出的十三兆官方資金情況如何，金額是否減少。」宮澤喜一在與美國財政部長魯賓會談後的記者會上這麼說。

在七大工業國財政首長與中央銀行總裁會議上，日本也被催促挹注官方資金，還有海外媒體用「源自日本的蕭條」來形容。美國因為國內對沖基金失敗，於是更強硬地要求日本自行解決「危機」。

如此嚴厲批評日本經濟，以及無法控制經濟的日本政府的統治能力，我是第一次見識到。這與日本經濟高度成長而興起的時代，美國因感受到威脅所做的批評是不一樣的。不管日本變強還是變弱，都要被美國攻擊。在美國不合理的壓力下，日本的政治家與官員到底要如何自處？想到這，我也不自覺地成為民族主義者了。

二〇一七年一月，我採訪曾在一九九六到一九九八年擔任日本首相橋本龍太郎祕書的前通商產業省官僚江田憲司。江田憲司轉入政界後，現在是眾議院議員（民進黨）。他在議員會館的接待室裡，有一幅與橋本龍太郎夫婦在政府專機上的合照，那是他於一九九六年八月到中南美洲出差時所拍攝的照片。

據江田憲司所言，橋本龍太郎從榊原英資那裡聽到關於亞洲貨幣基金構想的說明，也表示贊成。但不久後就接到報告說，「美國強烈反對，財政部次長薩默斯震怒，難以推行」、「（榊原英資和橋本龍太郎）不希望日、美的關係因為這個問題而更加惡化」。只是至今仍留下一些未解之謎。

「只有亞洲國家採取的行動，美國就會反對。日、美同盟很重要，確實需要密切攜手合作，但日本推動亞洲的金融合作有什麼錯？我是這麼想的。」

橋本龍太郎推動的結構改革路線也被魯賓、薩默斯批評得很慘。

「確實有幾次想大幅出售財政部證券（美國公債）。」在亞洲貨幣基金的構想浮現之前，橋本龍太郎於訪問美國時這樣表示，引起市場激烈震盪。橋本龍太郎從擔任通商產業省大臣時代就持續與美國交涉，這句話表現出他對美國的憤怒與不滿。

「人民幣不在視線範圍內」

日本的措施在亞洲受到歡迎。對於國際貨幣基金組織要求緊縮財政與金融，並強迫調整結構的處方箋，已經陷入危機的國家則是強烈反抗。批評亞洲經濟是血緣、地緣之間的利益輸送，是裙帶資本主義，還把手伸進他國的政治改革中，這樣的美國招來越來越多的反感。

「對於強力要求執行所謂華盛頓共識的美國式自由化、市場化，日本與亞洲各國都累積了不滿的情緒。亞洲貨幣基金明明是亞洲的事，美國無意提供資金，卻處處要干涉。為什麼一定要美國參與才可以？就不能排除美國嗎？」

從一九九八年起，任職大藏省首任亞洲貨幣室（現在的地域協力課）室長，現任眾議院議員的岸本周平（民進黨）回顧道：「當時中國的經濟規模遠比日本小，還是正在努力的開發中國家，只是這種程度的對手，所以人民幣不在我們的視線範圍內。特別是貨幣合作，日本有信心對其他國家說：跟我走。」

一九九〇年代末開始的東協加三（中、日、韓）或中、日、韓的首長會議等，新的多國之間的架構開始運作了。

亞洲不像歐盟，不是各國互讓一部分主權，然後彼此綁在一起的政治共同體。但由於製造業的生產基礎供應鏈或人的來往而自然建立起的關係非常緊密。

橋本龍太郎之後的日本首相小淵惠三與南韓總統金大中，都是非常重視東亞合作的國家領導人。正因為日本擁有遠高於中國的經濟力，才會策劃由日本主導的合作藍圖。

「日圓國際化，一直是世界第二大經濟國日本的目標。歐元出現後，世界成為美元與歐元的二極體制，憂心日圓會失去存在感，所以抱持著在此之前要讓日圓成為亞洲關鍵貨幣（主要貨幣）的想法。亞洲金融危機，正是點燃這把火的最後時機。」

朱鎔基訪日

中國國家主席江澤民於一九九八年十一月訪日時，焦點幾乎全在歷史問題上，留下不太愉快的印象。但二〇〇〇年十月，總理朱鎔基訪日，則達到了緩和氣氛的效果。

朱鎔基在赴日前，於中南海的一處接受日本媒體聯合採訪。對於來自日本的政府開發援助，他表示：「感謝日本政府與人民。先前我們宣傳做得不夠，之後會再加強。」

來到日本後，朱鎔基也上民營電視台的節目，與筑紫哲也對談，接受學生的提問，親和的態度博得日本人的好感。當時日本正爭取銷售新幹線予中國，安排朱鎔基從東京搭到新神戶。但朱鎔基表示想搭磁浮列車，因為已搭過多次新幹線，所以也安排他搭乘磁浮列車。

朱鎔基對新幹線態度冷淡。日本銀行總裁速水優與朱鎔基公開會面，推銷新幹線時，朱鎔基也是冷淡地表示：「日本不會把技術最好的東西給中國。」

撇開新幹線不談，朱鎔基也不喜歡只是「打個招呼」而沒內容的會面。但另一方面，他會積極地去見他認為有幫助的日本人，並向他們請益。總之，朱鎔基是相當理性的人。

舉一個代表性例子，在日本經濟高度成長期，在村山富市內閣中擔任經濟企劃廳長官，執筆經濟白皮書的宮崎勇，從一九八〇年代擔任官僚的時代開始，就與朱鎔基有交流。二〇〇〇年九月，在NHK的節目上與朱鎔基的對談紀錄，被收錄在《朱鎔基答記者問》中。

宮崎問朱鎔基：「日本陷入長期的不景氣，能否鼓勵一下日本政府與財界。」朱鎔基馬上回答：「中國許多改革的手法都是學習日本的政策而來。若說日本要向我們學習，還不如說是我們要向日本學習。」

對中國共產黨而言，日本的政策不論在金融、貨幣或產業發展方面，都容易被效法。日本不像美國那麼強調市場主義、重視民間的自由經濟活動，而是採取重視政府功能的成長策略，成為世界第二大經濟國的鄰國。

朱鎔基每次見到宮崎勇，都會眼睛發亮地詢問：「今天能告訴我什麼？」中國非常認真地想要學習日本高度成長的「奇蹟」。宮崎也多次表示：「日本經濟也有問題。不要照單全收，要從中獲得一些啟發。」

「請隨時來訪。」即便卸下總理之位，朱鎔基仍對宮崎勇這麼說。二〇一六年一月宮崎勇去世，朱鎔基發了電文弔唁。在經濟上，日本是「師」。共有的認知形成一層薄紗，遮掩了雙方的對立。

美中金融水脈

日本自詡為亞洲之「雄」，即使面對來自美國的壓力與國內的危機，仍為建立支援他國的架構而奔走。中國以「沉默的不支持」阻攔亞洲貨幣基金的構想，似乎與美國同步般，提高了譴責日圓貶值的論調。這不僅是誇耀人民幣以不貶值做「自我犧牲」的貢獻，也明顯是對日本的批評。

一九九八年六月，美國總統柯林頓訪問中國時，日圓貶值一事成為話題。

從中國的角度來看，柯林頓是自一九八九年天安門事件導致中美關係冷卻後，第一次來訪的美國總統，有著重大的意義。

前一年，中國國家主席江澤民訪美，就是為了進一步建立雙方的關係。柯林頓不僅去了北京，也去了西安等地方都市，停留長達九天，是美國總統訪中的特例。雙方領導人雖然在人權與台灣問題上仍是對立的，但也達成協議，將拆除相互對準的核導彈。

在中國的記者會上，柯林頓特別對日本的經濟運作發出抱怨之詞：「江澤民主席與我什麼都願意做，但舞台上的表演者不是只有我們。日本政府與國民應該做的事情很多，我們也會給予支持，但是，日本必須做出正確的判斷。」另一方面，柯林頓則稱讚中國政府「不讓人民幣貶值，為區域的穩定做出貢獻」。

在金融機構相繼破產的銀行危機中，日本政府放任日圓貶值，中國對日圓貶值的批評聲浪也越來越強。人民幣對美元的匯率是固定的，因此，美元對日圓升值的話，人民幣對日圓自然也會跟著升值，港幣也是同樣的情形，中國的出口競爭力會因此下滑。繼江澤民之後與柯林頓會談的朱鎔基總理，也對美國發出不平之鳴：「坐視日圓貶值，卻要求中國維持人民幣的水準，這是不公平的。」

《朱鎔基講話實錄》（第三卷）中，留下了令人印象深刻的會談紀錄。

雙方領導人會談的前一天，也就是一九九八年六月二十六日，朱鎔基在北京中南海招待美國來的客人——財政部長魯賓，地點是在總理或副總理會見國外重要人士的紫光閣。紫光閣是明代的建築物，也是以前皇帝接見外國使節，以及科舉考試最後一關——由皇帝面試的場所。

兩人在如此隆重的地方會面，談話卻十分辛辣。在亞洲金融危機尚未冷卻前，這場中、美之間以日本為題所進行的談話還未完全明朗，姑且整理要點如下。

朱鎔基：「日本沒有採取任何因應對策。正如所見，日圓狀況不佳（指日圓貶值），東南亞各國都很擔心。最近日本發生的事情，加深了我們的自信，以前，中國的銀行被說是全世界最糟糕的銀行，但現在稍微得到安慰了，因為我們不是最糟的，我們至少是第二糟，因為最糟的是日本。」

對於朱鎔基諷刺而辛辣的表現，魯賓給中國戴上高帽子。

魯賓：「或許就是你說的那樣，但中國和日本的情況不一樣。中國會直視自己的問題，並試圖解決。但日本沒有自信，也欠缺解決問題的具體措施，這就是兩國的不同。」

朱鎔基告訴魯賓，中國的四大國有商業銀行雖然有高達百分之二十五的不良債權比率，但以每年減少百分之二的目標努力著。興致正高的魯賓開玩笑說：「討論中國的問題非常有意思。不如我們改變一下立場，你來面對美國國會，我來面對中國人民，推行政策如何？」朱鎔基的回答當然是：「我不行。」

於是魯賓再問：「面對東南亞和日本的危機，你認為美國應如何因應呢？」兩人又開始討論麻煩的日本，聚焦在日圓貶值的問題上。據朱鎔基所言，這一天日圓下滑到一美元兌換一百四十二・三五日圓。

朱鎔基：「能夠影響日本的，只有美國。美國如果猶豫（是否要對日本施壓），日圓還會繼續貶值吧。這會為東南亞帶來損失，也會打擊香港、影響美國。我們影響不了日本，能做的，只有不讓人民幣貶值。」

魯賓：「包括柯林頓總統在內，我們一直都很關心日圓貶值的問題，但就是一直找不到可以說服日本採取果斷措施的有效方法。我們其實也一直對日本施壓，只是日本政府不採取行動。繼續這樣下去，美國經濟確實也會受到影響。我們也很關心香港的動向。」

關於日圓，兩人都是憂心忡忡。

朱鎔基：「我擔心眼下的情況，有人預測到了年底時，日圓會下滑到一美元兌換一百八十日圓。」

魯賓：「那很難預測，但為了避免那樣的狀況，我們說服亞洲國家對日本施壓吧！」

朱鎔基：「日圓如果繼續貶值，東南亞的金融危機會更加惡化。如果演變成這樣，中國可能也無法承諾人民幣不會貶值了。若真如此，將成為亞洲國家的大災難。」

朱鎔基半威脅性地反覆提到「人民幣不會貶值」。

雖然受到亞洲金融危機影響，中國仍沒有放棄百分之八經濟成長率的目標，為達到目標，已經準備好全體總動員來推動政策了，朱鎔基傳達出這樣的意思。中國為配合金融體系改革，把財政刺激當作選項之一，聽起來像是對橋本龍太郎政權的諷刺。日本違反魯賓等人的企圖，重視財政重建，令美國焦躁不已。

魯賓的回應是：「美、中攜手，共同解決眼下的危機吧！」

會談接近結束時，兩人又抱怨起日本。

魯賓表示：「如果日本採取對策，南韓、泰國也努力的話，就能解決眼前的問題，但還需要花時間。」朱鎔基回應：「日本能做的事情很多，卻不做。」

憤怒的魯賓

在二〇〇三年出版的魯賓回憶錄《在不確定的世界：從華爾街到華盛頓的艱難選擇》（*In an Uncertain World: Tough Choices from Wall Street to Washington*）中，也有相呼應的內容，雖然沒有《朱鎔基講話實錄》來得詳細，但可以看到魯賓當時的想法與美國政府內部的氣氛，書中寫道：「日本政府的態度像交易員在祈禱虧損盡快回復。」

副總統艾爾．高爾（Al Gore）向柯林頓提議，送美國的學者專家去東京，告訴日本國民恢復景氣的重要性。在倫敦召開七大工業國高峰會時，葛林斯潘與德國聯邦銀行總裁漢斯．提特梅爾（Hans Tietmeyer）一起表態對日本情況的擔憂，柯林頓總統更直接對著日本首相橋本龍一郎指出日本的經濟問題。然而，橋本龍一郎卻用「景氣回復就在眼前」搪塞過去。

居然這麼說，魯賓怒不可遏，於是給中國戴上更高的帽子。

日本脆弱的經濟，拖住（國際經濟從危機中）復甦的腳步，並且擴大亞洲經濟的不安，我現在還是認為這種看法正確。日本經濟的疲弱，與在穩定經濟上扮演重要角色的中國，正好形成對比。

中國的政治領導人強硬、獨立，不屈服於壓力。不管好壞，只要中國所做的事情在美國與世界各國眼中比日本更具建設性，中國領導人就很滿意。

回顧中國在交涉時的強硬態度，到了二十一世紀中葉，中國肯定會成長為不容小覷的一大勢力，若能與中國建立友好關係，對雙方都有好處。兩國的關係一定也會發生摩擦，例如可以預料到貿易問題上的對立，但兩國共同的利益應該可以克服這些問題吧。

日本政府的無能令人嘆氣，朱鎔基的高明手腕則令人佩服。書中對於日本引以為傲的對亞洲金融危機的貢獻，沒有任何評價。

魯賓在接任財政部長之前是美國投資銀行高盛集團主席，退任後擔任美國金融巨擘花旗集團主席。天安門事件後首位美國總統訪中時，美國經濟界對中國的龐大市場懷抱很大的期待。

對日本的亞洲貨幣基金構想消極以對的中國，之後，在亞洲的貨幣合作上，態度一轉，變得積極，而這也與美國有關。

一九九九年五月，發生北大西洋公約組織（North Atlantic Treaty Organization, NATO）軍隊，具體來說是美國軍機，轟炸中國駐南斯拉夫大使館事件，導致中、美關係降到冰點。雖然美國解釋是「誤炸」，但中國認定那是「蓄意轟炸」。中國當局還號召大學生，在北京的美國大使館前進行反美示威。

與美國的關係急轉直下後，中國對於亞洲的區域合作更加積極，對日本主導的貨幣合作也開始熱心參與。

對於在一九九〇年代經濟力量提升的中國，亞洲之間開始有警戒的氣氛。一些國家對於中國與美國聯手破壞亞洲貨幣基金之事耿耿於懷，甚至懷「恨」在心。與美國的關係未必永遠都是好的，所以中國也清楚知道確保自己在區域中的存在感的必要性。

二〇〇〇年五月六日，東協與日本、中國、南韓的財政首長在泰國清邁舉行會談。十三個國家同意加強及擴充「貨幣互換協議」，對陷入金融危機、資金週轉困難的國家，互相融通美元。泰國等五個東協國家締結的協議，擴充到包含汶萊、越南等所有東協國家，中、日、韓三國也加入這個網絡。

這次的會議因為地名而被稱為「清邁倡議」，也因為亞洲貨幣基金的受挫經驗，不再使用「亞洲」兩個字。以受到金融危機之害的泰國地名為名，泰國相關人士也覺得與有榮焉。日本大藏大臣宮澤喜一對此感到喜悅，他說：「孩子出生，接下來要將孩子養大成人。」

「如果中國沒有跟進，亞洲的金融合作就無法成立。雖然是一個以自己方便來行事的國家，但也與我們共存至今，以後也必須好好相處才行。」二〇一六年夏天，我採訪宮澤喜一的祕書，後來擔任財政官員的渡邊博史時，他如此回憶說。

| 第五章 |

「圓」的同盟

經濟談判無法像安保問題那樣以二分法來分敵我。

——黑田東彥

清邁的羈絆

《清邁倡議》激勵整個亞洲，悄悄加深中國、日本、南韓之間歷史性的合作。

「局長，南韓財政經濟部國際金融局長金容德來電。」一九九九年七月，位於東京霞關的日本大藏省（現在的日本財務省）四樓，祕書把電話轉到負責支援財務官的國際局長辦公室。

拿起話筒的是剛從官房長轉任國際局長的溝口善兵衛。

「近期想安排南韓、日本、中國的經濟學者交換意見。我們同為局長的人是不是也可以聚一聚，自由地交換意見？第一次的會議想安排在南韓舉行，請務必參與。」金容德很快地祝賀溝口善兵衛就任局長後，便以英語提出邀請。地點定在南韓濟州島，中國方面也是由南韓聯絡。溝口善兵衛沒見過金容德，但對方坦率的語氣讓他很有好感。

金融危機後的區域合作該如何進行呢？這對日本來說是一大課題。因為亞洲貨幣基金的受挫經驗，體認到與中國之間的溝通尤其重要，想到這一點，溝口善兵衛決定接受金容德的提議。

雖說如此，溝口善兵衛擔心不知道能否談得順利，但他沒有說出口。

當時日本儘管在泡沫經濟破滅下掙扎，仍是亞洲最大的經濟國。以國內生產毛額來說，日本是中國的四倍；人均國內生產毛額，日本是南韓的三倍多。和經濟規模被中國超越、人均國內生產毛額被南韓追到七成的現在相較，是截然不同的。

從五大工業國（G5）到七大工業國，日本和同為已開發國家的各國坐在一起討論經濟與貨幣，已長達四分之一個世紀。大藏省的官員們抱著在國際市場上交易的貨幣——日圓，與美國的貨幣摩擦不管是好是壞，都會成為眾矢之的。

從日本的角度來看，在金融或貨幣方面，中國與南韓都是「二流」的，不在考慮範圍內。即便是戰後，日本也一直有「如果日本能夠說明亞洲情勢、代表亞洲利益，就能提高日本在國際上的發言權」（亞洲開發銀行第四任總裁藤岡真佐夫）的想法。

日、韓、中三個國家在亞洲金融危機中的立場完全不同。日本雖然處在山一證券、三洋證券、北海道拓殖銀行等本國金融機構倒閉的風暴中，但日本擁有豐沛的外匯存底，能夠支援因資金外流而喘不過氣的亞洲各國。靠著國際金融的經驗與知識，日本有著推動這個區域的自負與熱情。

▲ 溝口善兵衛，現為日本島根縣知事。

南韓和日本完全相反。和泰銖一樣，韓圜暴跌，受到龐大資金外流的打擊，南韓陷入外匯不足的困窘中，向日本或國際貨幣基金組織請求緊急支援。但國際貨幣基金組織在出借美元時，嚴格要求南韓淘汰經營散漫的金融機構與實施撙節政策。南韓國民除了發起節約外匯運動之外，還因為「憎恨國際貨幣基金組織」引發民族主義的輿論。

中國的立場特別複雜，中國在貨幣危機時避免人民幣貶值，阻止了亞洲經濟的混亂繼續擴大，還支撐了港幣。無論如何，中國沒有做出火上加油的行動。如前所述，當時中國總理朱鎔基的判斷有種種背景，但中國就是那樣宣傳，大家也都這麼接受了。

當時，對於日本提出亞洲貨幣基金的構想，也就是設立因應危機的區域性互助組織，中國始終以沉默表示不支持。最後，中國和美國聯手阻止了這件事。

「中國到底在看哪裡？」包括日、韓在內，其他亞洲國家都暗自猜想。

況且，中國是共產黨一黨獨裁的政治體制，官員之間真的能夠彼此坦白地交換意見嗎？當時聽到溝口善兵衛這番話的下屬中，也有人抱持著這樣的擔憂。

然而，這是杞人憂天了。

文殊菩薩的智慧

一個月後，一九九九年八月下旬，溝口善兵衛、金容德和中國財政部國際司司長朱光耀來到南韓濟州島，他們都有派赴到世界銀行或亞洲開發銀行的經驗，同樣是在國際金融圈耕耘的人，也有共同的朋友，很快就打成一片。

「中、日、韓三國財政部門的實務官員聚在一起討論、交換意見，這恐怕是有史以來第一次吧！英語說『two heads are better than one』（兩個人的智慧強過一個人），亞洲也有『三人集智，就有文殊菩薩的智慧』這樣的諺語。」溝口善兵衛在第一天晚上的招待會上如此發言。

溝口善兵衛回憶這場會談，他寫道：

日本多年來忙於七大工業國、峰會、日美協議等與其他已開發國家之間的交涉和協議，與歐美各國意見不同時，也曾有過被孤立的感覺，但是近年來，日本長久的鄰國中國、南韓，隨著經濟快速發展，為了在已經席捲到東北亞的全球化主義中生存，這兩個國家對國際的關心越來越強烈，在中、日或日、韓兩國問題以外的國際性問題，例如國際金融體系改革或亞洲金融危機的對應，也能與日本站在同樣立場進行討論。

（《公研》二〇〇一年一月號）

可以感受到溝口善兵衛是相當正面看待中國與南韓的成長。

二〇一六年夏天，我在松江市的知事官邸採訪從財務官轉任島根縣知事的溝口善兵衛。官邸位於松江城的護城河邊，可以看到天守閣。那時溝口善兵衛擔任過三任知事，已經是一位政治家了。

「中國是共產黨一黨獨裁，其他亞洲國家也是政治體制或發展階段、文化各異，我認為很難像歐洲那樣進行統合。金融合作不能牽引政治，只能在可做的範圍內盡量擴大合作。」

我在會客室裡喝著茶，想起以前採訪溝口善兵衛時，在局長室裡喝他出差帶回來的中國茶。

「每當國家之間出現政治性問題時，中國就會很明顯地表現出要和日本保持距離的態度。此外，中國人民銀行與財政部之間要維持平衡，也是中國面臨的難題。但中國負責交涉的人也有在國際機構工作的經驗，平時也能正常交談。」

二〇〇一年就任日本首相的小泉純一郎參拜靖國神社，引發中國對日本猛烈批判，中、日或日、韓之間的政府交流有惡化的時期，但整體而言仍持續走在合作的路線上。

順道一提，溝口善兵衛提到「文殊菩薩的智慧」，是源自佛教的諺語，中、韓也有類似的說法。這三個國家的貨幣單位也有著相同的起源，不論是日圓，還是韓圜，據說都來自中國十八世紀開始使用的銀圓。銀圓是經由貿易進入中國的圓形銀幣，元、円、圜，都有圓形的意思。

經過亞洲金融危機，從一九九〇年代末開始，日本、中國、韓國的金融當局，從局長到財務官、課長等各個層級之間平常就會互相連絡。二〇〇〇年九月，在汶萊舉行的亞太經濟合作會議（Asia-Pacific Economic Cooperation, APEC），開始了中、日、韓三國財政首長第一次的會議。「我們像 Circle 一樣。」這三個國家的財政機關和研究學者在討論時，因為三種貨幣相同的起源而開起玩笑。英語 Circle 是「圓圈」、「圓形」的意思。

反日示威下的談判

新加坡的總統官邸稱為Istana，在馬來語中是宮殿的意思。原是十九世紀英國殖民地時代的總督官邸，位於新加坡的市中心，一棟被綠意包圍的白色建築。

二〇〇五年九月三日，新加坡總理吳作棟設晚宴接待國際貨幣基金組織與新加坡金融管理局共同舉辦的亞洲金融研討會的與會者。餐後，日本的財務官渡邊博史和中國的財政部副部長樓繼偉（之後升任為部長），被邀請到另外一個房間。

「兩國的關係還在僵持中嗎？」吳作棟看著渡邊博史的臉問道。

這年的春天，中國因為不滿日本首相小泉純一郎參拜靖國神社，在北京與上海等地發生大規模的反日示威，日本大使館、日本餐廳被丟石頭、保特瓶、潑油漆，日本國旗也被焚毀。

中國想阻止日本進入聯合國安理會成為常任理事國，有意把日本塑造成「不懂得反省歷史的國家」，所以准許了原本不會允許的示威活動，展現對日本的憤怒是出於「民意」。

渡邊博史回答：「一言難盡，但歐洲的德國與法國都攜手合作了，日、中是亞洲的兩大經濟體，也應該要一起做一些該做的事。我相信可以的。」

「我們現在也是這麼想的，就像渡邊先生所說的那樣。」樓繼偉也同意。

對亞洲來說，日本和中國就像放在天秤的兩端衡量，以從兩邊獲得好處的對象。所以不願同時發生過於激烈的碰撞，造成利益受損。吳作棟也會擔心兩國的關係吧。

貨幣合作開始於二〇〇〇年代前期，正值中國加入世界貿易組織後，對自己的主張變得更加堅持，經濟規模也開始快速膨脹的時期。

「不願見到太偏向日本的聲明。到明天早上就算要花上一天時間，即使躺下來了，也要反對到底。」中國財政部的高級官員以流利的英語滔滔不絕地發表了二十分鐘。

這是二〇〇〇年代前期，東協加上中、日、韓三國等相關國家的官員，齊聚在中國南方的都市開會討論時所發生的事，起因於中國對聲明文中強調日本於亞洲金融危機後的貢獻多有不滿。這位高級官員就是後來擔任亞投行行長的金立群，當時的他是負責處理國際問題的中國財政部副部長。

渡邊博史表示：「是在顧慮國務院的反應吧？中國政務官員能做決定的範圍太小了。沒辦法。反正就是篇聲明文而已。」於是，也把中國作為做出貢獻的一員，將聲明文修改得更著墨於中國。二〇〇三年的清邁倡議完成中、日、韓三國與東協五個國家之間，十六項雙邊貨幣互換協議，加起來的全部金額達到六百四十億美元。

之後，在強化協定的過程中，「中、日、韓的分攤貢獻額比率」便成為了最為棘手的問題（原財務官東京大學教授篠原尚之）。這是因為錢貢獻得越多，說話的聲音就越大。從二〇〇四年起協調了將近五年。

小爭執不斷的中國與日本

中國與日本都提出希望自己是最大出資國的主張。剛剛開始交涉時，中國的經濟規模還不到日本的一半，到了二〇〇八年時，雙方已經不相上下。從購買力平價來看，日本不知何時起只有中國的一半，外匯存底也是如此。隨著時間的流逝，中國益發強勢起來。只不過，日本在國際貨幣基金組織與世界銀行的出資額較大，還有長期以來主導合作的實績，故而不會對中國讓步。

財務官篠原尚之表示，這樣一來便逐漸形成了「只能中日同額」的氛圍。日本希望由中國進行提案，並且中國加香港的總額要與日本相同。於是，二〇〇九年四月，在日本總理大臣麻生太郎與中國國務院總理溫家寶的二次會談上達成了共識。篠原尚之對日本輿論該如何接受中日同額感到憂心。

「日本的輿論整體對於中國經濟實力突飛猛進的現實，能接受到什麼程度呢？我沒有自信」、「國內的媒體並未做出批評性的反應，瀰漫著『中國的經濟實力變強就是這麼一回事吧』的氛圍」（「東亞金融合作的未來」東大政策展望研究中心網頁），篠原尚之如此回想。

二〇一〇年生效的架構，不再是雙邊國家，而是由多邊國家共同決議，在危機發生時，迅速地相互給予資金融通。成員也增加了五個國家，東協加三共十三個國家都參與其中，金額也倍增到一千二百億美元。到了二〇一四年，金額再度倍增為二千四百億美元。

監督區域內經濟與金融體系健全性的國際組織，東協加三宏觀經濟研究辦公室（ASEAN+3 Macroeconomic Research Office, AMRO）在二〇一一年於新加坡設立。其最主要的職責，就是提供能讓會員國判斷是否要啟動清邁倡議機制的資訊。

圍繞著一點一滴不斷更新版本的「清邁倡議」機制，在進入二〇一七年後，中國與日本再度意見分歧，在能夠獨自判斷的比率上有了不同的看法。啟動「清邁倡議」機制，有七成是以國際貨幣基金組織的基準作為相關判斷，剩餘三成由亞洲的關係國獨自判斷。之所以壓低後者的比例，一方面是顧慮到國際貨幣基金組織不喜歡亞洲任意調動資金，另一方面則是成為貸款方的日本與中國等國的風險迴避。日本以東協加三宏觀經濟研究辦公室開始步上軌道為由，主張要提高所占比率以提升區域自主性，但是中國對此表示反對。

「中國變傲慢了。」某財務官如此吐露心聲。東南亞國家與南韓都贊成日本的主張。「就貨幣互換來說，比起清邁倡議的多邊國家合作，中國更傾向於獨自使用人民幣的合作。日本也打算強化使用日圓的貨幣互換。」

曾在給「清邁」的分攤貢獻額上面爭取與日本分攤相同數額的中國，現今已有了足夠的力量，開始喜歡上能以自身政治意圖調動金錢的雙邊國家合作。隨著中國在亞投行等主導案件的增加，中國和日本相爭分攤貢獻額的時代也成了過去。

事實上，在二〇一〇年東協加三宏觀經濟研究辦公室創設之前，中國與日本也曾針對高層人事任命起過紛爭。最後，日本把首任高層之位讓給中國人民銀行出身的魏本華，但三年的任期，魏本華只做第一年；從第二年起，就由日本財務省出身的根本洋一接任，其任期合計長達五年。

二〇一六年的第三任高層，由來自中國財政部的人選接任。

創立之初僅有十五位職員的東協加三宏觀經濟研究辦公室是個精簡的組織，有著極為象徵性的人事。菲律賓或印尼、泰國當然也曾推出高層人選，但是都被中國與日本排除在外。若處在日本經濟實力是亞洲最突出的時代，毫無阻礙地就會由日本人出任，但是中國不願做出退讓。「顧面子，取裡子。已經不是日本可以獨占一切的時代了。」日本財務部官員當時這樣說。

擔任首任高層的魏本華，原本是中國人民銀行體系的國家外匯管理局副局長，是一個行事樸實、名不見經傳的人物。詳查他的經歷，只知道他有亞洲開發銀行與國際貨幣基金組織的任職經驗。受到文化大革命的影響，從一九六八年起的十年多，也曾在內蒙古做過農牧工作，已經六十三歲了。

「魏先生，你好！」二〇一一年五月，在亞洲開發銀行於河內舉行的年會上，我終於見到魏本華。他有中國高官少有的親切態度，非常和氣地接受我的採訪。與穿著有領襯衫、打著高級領帶，看起來氣派的國際派官僚不同，他有點土氣，似是一位和善的老伯。

「新興國家按照自身國力，在（人事等）組織管理上面提出要求是很自然的事。」話雖然這麼說，但對於六十多歲還被派到新加坡赴任這件事，魏本華本人也很感到意外。

「中國想讓人民幣成為代表亞洲的貨幣嗎？」這個問題雖然與東協加三宏觀經濟研究辦公室沒有直接關係，但我還是提出詢問。「不能強迫別國使用人民幣啊。亞洲還有日本、南韓、印度這些經濟規模龐大的國家，未來想要有個代表亞洲的單一貨幣，是件不切實際的事。」這回答讓我覺得這個人真是老實。

「居高臨下」的日本

始自美國的金融危機爆發之後，中國與歐洲各國所締結的金融合作架構，原是援用與日本討論過的初步提案，整合成人民幣與對象國的貨幣能夠直接交換的結構、更容易在企業的進駐國家發行債券，是個也可以相互投資政府公債的提案。

「中日雙方達成共同支援亞洲經濟的協議。」

「這次中日雙方能夠建立起高層級的溝通管道，意義真的非常重大。」

二〇一二年二月，在北京中南海的紫光閣結束與中國國家副總理王岐山之間的會談後，日本財務大臣安住淳激動地對記者們如此表示。前一年年底的首長會談所談妥的日圓與人民幣直接匯兌的中日合作協議已經啟動了。

當時恰逢歐洲債務危機最為險峻之時，王岐山把歐洲的情勢說明得非常清楚。王岐山熟悉金融，是非常有實力的人，也是日本政府想要加強關係的對象。現在的亞洲開發銀行總裁中尾武彥也曾是財務官僚，他不疏離正在興起的中國，而是反覆地與之對談，以參與其中的方式進行攏絡。而中國方面也做出了在推動人民幣國際化一事上，借重日本的智慧是較為有利的判斷。中國知道，加入世界貿易組織後，讓自己逐步融入世界經濟的最後一步，就是貨幣與金融。「還再想著要向日本汲取更多。」了解當時情形的財務官僚如此表示。

大前提是：中國國家主席胡錦濤與總理溫家寶，都有著想要和日本修復關係的想法。

但是二〇一二年，因為日本宣稱擁有釣魚台列嶼的主權，雙方關係再度惡化，這一年秋天，中國各地都有反日示威活動，反日的聲浪波濤洶湧。日製車輛被破壞、日系百貨公司被縱火，就連日本的大使館都遭到攻擊。金融合作消失了，雙邊的對話管道被切斷了，日本與中國的關係也被英國、德國超越。

某個日本外交官記得當時王岐山說過的一句話：「香港的金融會變成什麼樣子，已經和中國沒有什麼關係了。」他語氣冷漠地說：「或許也可以想成，即使是對日本，也沒有什麼了不起的關係了。債務危機以後，歐洲很快就倒向中國了。」

中、日兩國的貨幣互換協定也到期了。在谷垣禎一擔任日本財務大臣時成立機制，從二〇〇六年開始的中日財務首長會談，雖然已有十年的歷史，卻只舉辦過五次會談，每一次都是因為中國的意思。

因為釣魚台列嶼的主權問題與歷史認知所形成的對立情況，終於在二〇一三年結束，二〇一四年中、日、韓財務首長會議重新展開。開會地點遍及日本的大分、別府、北海道、釧路，中國的北京、桂林等地。和現在中、日、韓三國生硬的關係相比，二〇〇〇年前期的「Circle」關係，真的可以說就像一場夢。

「南韓克服危機，現在比當時更具經濟能力。中國就更不用多說了，其經濟規模早就超越日本，大幅提高本身的存在感。當時的日本竟然不把他們放在眼裡，到底是怎麼想的？」當時的財務官溝口善兵衛，在可由松江城天守閣遙望的知事官邸裡，輕描淡寫地分析道。

在金融危機時代前，日本有信心能在對付美國的同時，還能主導亞洲。中國那時還把野心藏得好好的，它們花費將近十年的時間，才把腳步明確移動到「奮發有為」上。日本與中國，日圓與人民幣，或許暫時還無法看到亞洲的均衡局面。對組織的分攤貢獻金與組織的人事問題，是中國和日本未來還有得爭執的事，還有是否該與雙方主導的事項保持距離呢？

曾經參與亞洲貨幣合作的某位前日本財務官，在匿名的要求下，做出以下的敘述。二〇一六年，我在東京採訪這位官員。

「對日本而言，亞洲就像日本疼愛的小弟，但看小弟的視線是「居高臨下」的，兩者之間並不存在對等的關係。中國雖然是擁有悠久歷史的大國，但過去在貨幣市場上卻缺乏存在感。然而中國努力增強國力後的現在，日本的居高臨下意識究竟有多少轉變呢？我覺得歐美人士的看法似乎更自然、更有心機。」

他繼續說道：「亞洲國家的外交很靈活，不管是對日本、美國或中國，只要能給予幫助，就會說『謝謝』。用流行的話來說，就是中國包圍網是成立不了的。亞洲國家固然很歡迎中國主導亞投行，但是願意提供貸款的國家當然是越多越好。要如何參與到中國存在感高的區域呢？日本還沒有找到答案。」

東亞貨幣

書腰上有這樣的文字：

向歐元學習，走「亞洲共同貨幣」之路。如果「亞洲貨幣」與美元、歐元並駕齊驅，東亞就會成為世界最強大的共同體。但是，「亞洲共同貨幣」如果失敗了，亞洲將會半永久性地隸屬於美元，難以脫身。

這本書的作者是誰？他就是從首相時代起，就以東亞共同體為夢想的鳩山由紀夫。

再來看看他書中的某些片斷：

就像德國人以政治性判斷放棄德國馬克，日本人將來是否也能放棄日圓，加入東亞貨幣呢？不管怎麼說，日圓希望可以單獨被廣泛使用，並以美元或歐元為目標，但是這個目標很難實現，因為現實就是那樣。

長遠來看，能夠有東亞貨幣這種東西是最好的。不論是日圓、人民幣，甚至是韓圜或東協國家的貨幣，都要能加入東亞貨幣中。亞洲貨幣如果不能形成，就很難與美元、歐元抗衡。

如果東亞也能導入共同貨幣制度，對亞洲將是非常有利的事。或許世界上最大的動態經濟圈與國際貨幣就能形成了。如此一來，我認為世界的中心就會變成亞洲。如果不能，亞洲經濟就只好繼續受到美國經濟與美元影響，被美國牽著走。

在安倍晉三政權下，日本銀行總裁黑田東彥撰寫《貨幣興衰》，這本書在二〇〇五年二月出版。

黑田東彥出生於一九四四年，在東京大學法學部就讀時就已經通過司法考試，一九六七年進入大藏省工作，也有在牛津大學研究所研讀經濟學的經歷。任職掌管國際金融的財務官，二〇〇五年二月就任亞洲開發銀行總裁，現在是推動被稱為「異次元量化貨幣寬鬆」的超金融寬鬆政策的靈魂人物。這個趨勢大大決定了日本經濟的未來。

在黑田東彥的眾多著作中，《貨幣興衰》是整理他於當選亞洲開發銀行總裁前後的口述內容，加以編輯完成，並且配合他就任總裁的時間出版。

黑田東彥主張：未來數十年後，亞洲共同貨幣有潛在的可能性。這件事關係到放棄國家主權的一部分，在政治與經濟難以完全切割的情況下，亞洲共同貨幣能夠出現的條件是「與沒有民主化的中國成為一體，勢必要永久放棄國家的一部分主權，很難認為日本國民可以接受這一點。……中國如果不能民主化，這件事就無法成形，這是事實」、「中、日之間的糾結一定要解開」。此外，黑田東彥還表示：在政治情勢「飛躍」到可以實現共同貨幣前，並不是什麼事也不做、靜靜等待就好，而是必須一步步完成必要的步驟，才可能達到。

這是黑田東彥即將就任亞洲開發銀行總裁的時期，陳述「東亞共同體」的主張，是否是一種競選策略呢？也有人提出這樣的看法。由日本推舉的亞洲開發銀行總裁候補者一向沒有競爭者，都順利當選了，但經濟力變得雄厚的中國，此次卻異於前七任總裁上任的時刻，而發出「為什麼總是日本人當總裁？」的不同聲音。中國政府不僅在亞洲開發銀行如此，對很多國際機構也是如此，開始批評偏重已開發國家的人事。中國此時的目的並不是要馬上拿下總裁的位子，批評偏重已開發國家的人事的作法，與其說是為了爭取副總裁等高層職位，還不如說是為了得到更多插手戰略行動的機會。

從這個意義上來說，這時是黑田東彥必須更積極說明日本對亞洲之許諾的時期。

亞洲派的財務官

雖說如此，黑田東彥並不是突然成為「亞洲派」人士的。

回溯一九八八年九月，阻絕東西德的柏林圍牆瓦解的前一年，國際貨幣基金組織在西柏林召開世界銀行年會。日本當時正處於泡沫經濟的頂點，是世界最大的債權國，作為世界資金的貸放者，受到國際金融市場矚目。黑田東彥是負責人，經常要構思代表日本政府的演說。

以「國際貨幣制度的機能改善」為方向，敘述「在補足美元的中心性作用這一點上，讓預備貨幣多元化，不是更現實的作法嗎？」這也關係到日本推動國際市場使用日圓的用心。

簡單來說「預備貨幣多元化」的意思，就是要使用更多美元以外的貨幣。在開始使用歐元之前的德國馬克、英鎊，當然還有日圓，都在預備貨幣的範圍內。「預備貨幣多元化」與已經興起的中國主張非常相像。日本與日圓走的路，與新興國家及新興貨幣正在面對的課題有重疊的部分。

黑田東彥也提到國際金融機構偏向歐美的統治結構。二〇〇〇年九月，美日國際金融研討會在誕生國際貨幣基金組織與世界銀行的國際金融秩序聖地——美國的布列敦森林召開，要求改革現有秩序：

國際貨幣基金組織成立至今已超過半個世紀，包含亞洲在內的許多新興國家已成為重要的經濟力量。這些新興國家的國際貿易快速增加，在國際金融市場的比重也明顯上升了，但是亞洲各國的配額、發言權及在理事會的代表權，卻被大幅壓縮與過度忽視，和它們在國際金融市場上的比重不成正比。我相信若要反映世界經濟的變化，重新評估各國的配額是非做不可的事。

黑田東彥指出現在中國經常掛在嘴邊的問題。

於是二〇〇二年五月，在北京召開的亞太經合APEC金融發展計畫年會中，除了發表「亞洲貨幣基金因為錯誤的判斷而被擱置，東協加三的區域金融合作架構正在進行中」的言詞外，還說未來如果加深合作，「長期來看，亞洲共同貨幣並非不可能實現的目標」。

黑田東彥也談到區域的未來模樣。「五十年前很難相信，被視為不可能的課題，但歐洲在經過多次的試誤實驗後，最後還是成功了。沒有理由認為同樣的課題在亞洲就一定行不通。重要的是要建立中長期的戰略，為達成目標而持續努力。」黑田東彥在中國有「亞洲貨幣先生」之稱，在擔任財務官時，就為了催生代替亞洲貨幣基金的清邁倡議而努力。

在國際貨幣基金組織也有過工作經驗的國際金融論第一把交椅，同時也是美國哥倫比亞大學教授伊藤隆敏，在黑田東彥還是財務官的時代，從民間機構被任用為副財務官。他說：「黑田先生並沒有說要打倒美國，他只是把國際金融秩序完全偏向美國的危險視為重大問題。他認為，要想讓對世界動向有很大影響力的美國經濟政策有規律，貨幣也必須相互競爭。」

是時代環境讓他說出那樣的話吧！一九九〇年代末期，因為金融危機的關係，釘住美元走勢的貨幣體系處處崩潰了。因為美國的反對，靠區域合作來對付危機的亞洲貨幣基金構想受挫而受到擱置。西方歐洲，共同貨幣歐元已經問世，二〇〇二年歐元開始流通，區域共同體看起來光芒萬丈。

就是這樣的歷史畫面，推動和逑說東亞共同體與共同貨幣的理想，說明亞洲貨幣合作的重要性。

然而，時代潮流逆行了，看起來前途一片光明的理想貨幣歐元，因為歐洲經濟危機，已經站起來的腳似乎被拖住難以行動了。由於金融危機引發的亞洲區域合作，因為這個區域內的日本與中國的對立不知是否會加深而處於艱困時期。或許在中國的經濟規模不過是日本的四分之一時，才是提倡「共同體」、「共同貨幣」的理想時代。

我突然想：黑田東彥果真是亞洲派嗎？

我想起亞洲金融危機之後的財務官榊原英資、黑田東彥、溝口善兵衛等人因為經常到亞洲出差，因此被寫成是「亞洲派財務官」的報導。

要如何看待黑田東彥的現況呢？要採訪現職是日本銀行總裁的黑田東彥非常困難，但我還是採訪了。二〇一七年一月，我在日本銀行八樓的會客室與黑田東彥見面，他剛結束在瑞士渡假勝地達沃斯（Davos）舉辦的世界經濟論壇（World Economic Forum, WEF）年會回到日本。

我問他對以中國國家主席身分第一次參加年會的習近平演講有何感想，他回答我：「我到的時候，習近平主席一行人已經離開了，所以沒有直接聽到他的演講。」態度很冷淡。

「各位太消極了」

聽到自己被歸為「亞洲派」，黑田東彥大笑出聲。

「不就是客觀的情勢嗎？過去日本與歐美，尤其是與美國的關係，有日圓美元委員會與日美構造協議。一九九七年亞洲金融危機後，日本變成以亞洲問題為優先。這並不是看輕歐美的意思，而是因為亞洲的問題是日本必須直接面對的。我覺得（黑田東彥擔任財務官的時代）亞洲的比重變大了。」

聽起來好像說得很巧妙，但的確言之有理。當時有金融危機，還處於中國興起之際，這時的財務官如果還不「重視亞洲」才有問題。我採訪過歷任的財務官，金融危機發生前的財務官確實較少談到亞洲。一九八九年起，當了兩年財務官的內海孚就這樣說過：「亞洲幾乎沒去過，倒是更多去了中南美洲。」

廣場協議前後，一九八〇年代中期，內海孚是日本駐美的財務公使，當時和中國大使館的財務官員根本沒有往來，和在國際機構內任職的中國人也沒有交流可言。但是現在擔任亞洲開發銀行總裁的中尾武彥，在二〇〇〇年代後期擔任駐美公使時，卻經常與中國或南韓公使一起共進午餐，互相交換資訊，可以說國際金融的人為網絡已經改變了。

金融危機時，黑田東彥才意識到人民幣的重要性，當時他是日本財務省國際金融局局長，而中國也已經與亞洲各國展開出口競爭。

「與亞洲貨幣的關係上，人民幣的地位變得重要了。」

再次注意到人民幣的發展，是在中國加入世界貿易組織後的二〇〇二年左右。作為「世界工廠」的中國國力大增，貿易成長順差，也開始累積外匯存底了。「人民幣在國際上已經成為重要貨幣，這也是因為中國經濟規模變大所致。小看人民幣的價值，不僅對世界經濟沒有好處，對中國經濟同樣也是缺點。」身為財務官，為了擺脫貨幣緊縮，黑田東彥和副財務官投書英國的《金融時報》（*Financial Times*），在二〇〇二年十二月二日刊出的文章中，要求「人民幣升值」。中國的當局者對這件事印象深刻，腦海裡的記憶就是「說到黑田東彥，就是人民幣升值」。

「那已經是十五年前的事了。」

在訪問的過程中，黑田東彥笑得最大聲的就是這個時候。

近年來，在二〇一五年時，人民幣繼美元、歐元、英鎊、日圓後，也被國際貨幣基金組織納入特別提款權的貨幣籃子裡，成為其中的一員。

「人民幣作為國際貨幣，並且成為頂級貨幣了。如果取消資本管制的時代來臨時，作為（各國的）外匯存底，不是應該變得更能被廣泛使用嗎？」

人民幣的故事就像是魚躍龍門一樣，翻開人民幣的故事書，每一頁都有進展。

概括來說，黑田東彥對中國經濟的看法是樂觀的。

「各位有點太悲觀了。長期連續兩位數成長是不可能的，會有百分之六、百分之五、百分之四地下滑。雖然有許多人從短期來看，認為債務與過剩的設備會帶來大麻煩，但我覺得不太會有那樣的可能。中國政府明白問題點在哪裡，也有因應的資源，所以我認為不會發生影響全世界的可怕『硬著陸』（快速減速）情況。」

一般認為中國正處於從以投資與出口為主導的經濟成長，轉變到以消費為主導的經濟轉換期。這是研究中國經濟專家的共同看法，與社會上流傳的「中國經濟瓦解論」畫清界線。「經常帳的順差與資金的流入（接受投資）會減少，經過那樣的過程，未來人民幣會變得便宜，於是賣人民幣買美元的投機就會增加，人民幣的價值也會越來越低。所以（人民銀行對投機性的資金移動）加以限制、介入外匯買賣是正確的作法。資金過度外流時，人民幣就有下跌的傾向。但是，稍安勿躁。中國有四兆美元的外匯存底，即使動用了一兆美元，也不會發生什麼問題吧！」

黑田東彥所信賴的共產黨與中國政府當局精英的超強管理能力，就是在緊急情況發生時，可以發揮來自非民主性政治體制的強大力量。關於美國與中國的不同，曾經和雙方交涉過業務的黑田東彥從政治體制的差異來進行說明。

「美國是世界最強大的國家，使用的貨幣是可以稱為世界貨幣的美元，是很難對付的對手。還有美國因為是民主國家，因此無法讓各區域與產業的利害完全一致。所以與美國交涉時，在過程中會有很多問題。另一方面，中國因為是那樣的（一黨獨裁）政治體制，所以即使有十三億人口，也可以匯聚不同的意見與利害。中國因為能做到一致化，所以是一個強大的對手；但和中國進行交涉時，反而比和意見紛紜的民主主義國家來得平順許多。」

這是透過以前的經驗而得到的官僚感想，因為民主主義的麻煩，凸顯和中國交涉較平順的一面。不管怎麼說，中國並沒有實質的議會。

在中、日關係不平穩的情況下，亞洲金融合作的未來會不會很黯淡？對於我的這個提問，黑田東彥說：「我認為合作並沒有停滯不前啊。」或許是基於官方立場，基本上他不會發表負面談話。果然如我所想的，針對我的問題，他給的都是正面回答。

我想起中國雜誌《財新》的採訪，日本銀行總裁接受中國媒體直接採訪是非常罕見的，總編輯胡舒立的願望達成了，她曾單獨採訪季辛吉、希拉蕊・柯林頓（Hillary Clinton）、比爾・蓋茲（Bill Gates）和東尼・布萊爾（Anthony Blair），是一位傑出的記者，也是達沃斯論壇的常客。

二〇一六年二月底，上海舉辦二十國集團財務首長與中央銀行總裁的高峰會。會議閉幕兩天後，胡舒立的採訪報導出現在二〇一六年三月七日號的雜誌內，雜誌封面上，中國財政部長樓繼偉的照片放在中間，左邊是美國的財政部長路傑克總裁，右邊是日本銀行總裁黑田東彥。黑田東彥是有一百三十年歷史的日本銀行第三十一任總裁，被形容是「擁有極其堅強信念」的人物。

標題是「為了百分之二的通貨膨脹率」。

內容主要在說明日本金融政策的正當性，但也談到中國經濟與人民幣。稱讚人民幣「被廣泛使用了」，也對國際貨幣基金組織承認人民幣是世界「主要貨幣」，成為SDR的一籃子貨幣等國際化進展做評論。還說出「我不認為中國會加入貨幣貶值的競爭中」的話。在被要求對貨幣制度改革提出意見時，他回答說：「是他們（中國人民銀行）決定的事，我什麼也沒有說，因為周小川行長已經說得很明確了。」

夠了，不再多寫了，因為已經有極其恰當的發言了。「沒有感情用事的言論」，這是認識黑田東彥的人對他的共通評論，也有人說他「不管是在飛機上還是在辦公室的走廊上，都像二宮金次郎一樣在看書或資料」。與一位現任的中央銀行總裁這樣進行交談，想也知道是多麼不容易的事。

我遞上他於二〇〇四年出版的《人民幣升值》一書，他「極為認真」地用漢字和羅馬字母在書上簽名。

黑田東彥在採訪中回答與政策相關的問題時，唯有一次帶著遺憾的口吻說話。

那是談到他在擔任國際金融局長，與財務官榊原英資一起推動亞洲貨幣基金的構想，遭受美國等國家的反對而受挫時。「我想是太早提出亞洲貨幣基金的構想了，因為到了清邁倡議時，相同的構想就實現了。」亞洲金融危機十幾年後，二〇一〇年歐洲發生債務危機，歐洲就設立一個基金，作為該區域受困於債務危機國家的融通資金。這個基金的設立，與黑田東彥等人提議的亞洲貨幣基金相似。國際貨幣基金組織與美國經過歐美的危機後，態度變得緩和了。從「清邁」開始的金融合作，隨著時間而逐漸被強化，正在接近原先構想中期待的角色。

愛看書的黑田東彥說：「哲學是我的興趣之一。」非常推崇否定二元論的大森莊藏，認為大森莊藏是「現代日本最了不起的哲學家」。

在回應《朝日新聞》的訪問時，黑田東彥說：「似是而非的話絕對不能說服我，但是仔細想想，似乎也無法反駁。用理論和道理來思考，不就是這樣嗎？」。這是刊登在二〇一三年十一月二十六日《朝日新聞》晚報中「古典探遊」專欄中的內容，是黑田東彥談論大森莊藏思想的一段話，也是他作為日本銀行總裁希望得到理解而說的話。

那麼如何看待中國是敵是友的二元論呢？

「是指經濟上的交涉嗎？不管是在貿易還是在投資上，都不是像國家安全的二元論那樣，能用黑白或敵我來劃分清楚，那是希望能「雙贏」（交涉雙方都能獲得利益的狀態）的事。我認為經濟是透過交涉來了解雙方優勢的過程，所以有不能分敵我的地方。」

即使在國家安全上對立，也要為了自己的繁榮而部分地和對方聯手。圍繞金融與貨幣的合作，可能會成為難分黑白、斑駁複雜之日中關係的試金石。

| 第六章 |

貨幣守護者

我們中國說了會落實，請務必相信我。

——周小川

被稱為「人民幣先生」

緊鄰華盛頓白宮的美國財政部裡，有一個從一八六九年起即開始使用，被稱為「現金室」（Cash Room）的房間，房間裡垂吊著一座古老且相當有分量的枝型吊燈。這個歷史性的場所就是美國南北戰爭的北軍將領——美國史上首位陸軍士官出身的總統——第十八任美國總統尤利西斯・格蘭特（Ulysses Grant）就任總統時的接待會場。

從那時起經過一個半世紀左右，時間來到了二〇〇四年十月一日。在這個五十美元紙幣上的肖像人物格蘭特總統所喜愛的場所，聚集美、日、歐等七大先進國的財政部長與中央銀行總裁會議，舉辦了一場晚宴招待兩位重要的賓客。分別是肩負著印有毛澤東肖像人民幣的中國人民銀行行長周小川，以及中國財政部長金人慶。

從進入本世紀前後開始，人民幣兌換美元的匯率就已成為話題，美國向中國要求人民幣升值。

於二〇〇一年年底加入世界貿易組織的中國氣勢如虹，不論是出口還是進口都比前一年增加了兩、三成。

以製造業為支持基礎的政治家們，抱怨中國刻意讓人民幣處於低價，以此提高競爭力。二〇〇三年，美國對中國的貿易逆差是對日本貿易逆差的兩倍，來到一千二百四十一億美元。

中國當局持續介入「賣人民幣、買美元」的動作，抑制人民幣升值。扭曲原本應該由市場決定的行情，這是不公平的。

美國用以前打擊過日本的類似理由，攻擊因為成為世界工廠而開始崛起的中國。

然而，中國和日本不一樣，不管美國怎麼打、怎麼推，人民幣就是文風不動。從發生亞洲金融危機的一九九七年起，就緊緊維持著一美元兌換八・二八人民幣的匯率。

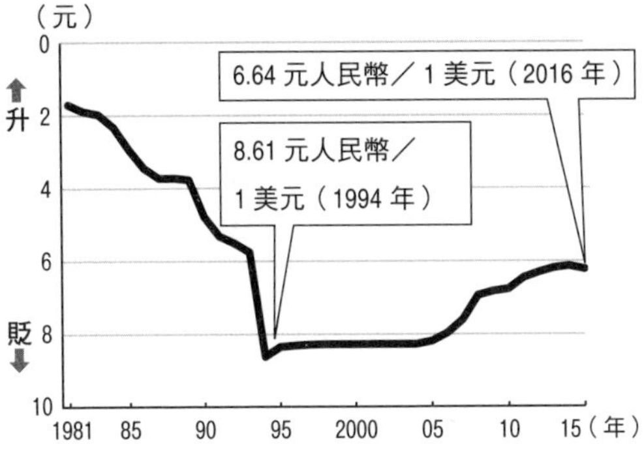

▲ **人民幣對美元匯率（人民幣／美元，年平均）。**

資料來源：中國國家統計局。

總統大選的投票日就在下一個月。喬治・布希（George Bush，多稱小布希）後來雖然當選，連任美國總統，但在華盛頓會議時，他與民主黨總統候選人約翰・凱瑞（John Kerry）之間，展開激烈選戰。那是政治上非常重要的時期，要想取得政權，就一定要成功演出可以對中國握有發話權的戲碼。

美國當時的財政部次長約翰・泰勒（John Taylor）所著的《全球金融鬥士：從未講過的後911世界的國際金融故事》（*Global Financial Warriors: the Untold Story of International Finance in the 9.11 Post*）一書中，對這場「宴會」有詳細的敘述。

加拿大財政部長拉爾夫．古迪爾（Ralph Goodale）針對人民幣的改革提出問題：「有時程表或指標嗎？」

「這是個困難的問題。」周小川回答。「沒有時程表。中國有一句話叫做摸著石頭過河。因為無法事先知道踩哪一顆石頭才是安全的，所以沒有辦法規劃時程。不過，我們中國說了會落實，就一定會落實。請務必相信我。」

英國央行英格蘭銀行總裁默文．金（Mervyn King）詢問：「為什麼要增加這麼多的外匯存底？」

中國的外匯存底到二〇〇四年為止，三年內膨脹三倍。外國企業積極投資中國與中國的貿易順差，再加上前面提到「賣人民幣，買美元」的介入，外匯存底自然迅速累積到可觀的數目。這種情況繼續下去的話，很快就會超越長期以來外匯存底世界第一的日本。

周小川很乾脆地回答了：「為了阻止人民幣升值，就必須（賣出人民幣）購買美元。」

在此時的會談裡，金人慶給人的印象薄弱得可憐。曾任美國財政部次長的泰勒說，財政部的警備人員甚至一時失察，拒絕讓金人慶進入會場，造成「外交失禮」的尷尬場面。當時所有人的注意力都集中在周小川身上。

「Mr. Yuan」。那是被人用中文稱為「人民幣先生」的周小川，首次在與已開發國家的對談場合中正式亮相，不，或許應該說是備受矚目的瞬間。

同席的日本銀行總裁福井俊彥，如此評價周小川。

「金人慶先生的公開發言就像是在唸稿。不能說是有在進行對談交流。相較之下，周小川先生流暢多了。不管怎麼說，他是第一個可以直接用英語與人對談的中國人民銀行行長。」

中國人民銀行雖然是中央銀行，卻並未獨立於政府機關之外。不僅如此，還得接受中國共產黨指揮，在場的各國財政部長與央行總裁都很明白這一點。

「周小川先生並沒有很強烈的政治立場。我們明白這一點，問的都是他能回答的事，不會去追問他不能回答的問題。不只在七大工業國組織如此，而是一直都是這樣的感覺。」

僅僅只是如此，便是很重要的存在。但是反過來說，這也意味著中國十分缺少像他這樣可以與外界溝通的人才。

七大工業國於會後，針對與周小川及金人慶之間的「非正式會面」發表了簡短聲明。聲明中提及雙方對匯率的靈活性進行意見交換，並讚揚「這是促進相互理解的建設性管道」。

美國勞工的不滿

為了這一天，泰勒慎重行事。那時是人民幣在美國與中國之間變成重大問題的時期。

以前美國與日本之間也有類似的問題，但這一次美國對中國並不像對日本一樣「明顯施壓」，由此看來，美、中關係透露著不尋常的氛圍。

從華盛頓「宴會」那一天，回溯到一年多前的二〇〇三年八月二十六日，這一天美國政府在白宮召開國家安全會議。對美國而言，匯率不只是經濟的問題，也與國家安全息息相關。當天不在華盛頓的小布希總統從德州透過螢幕傳話到會場。

「希望有公正的貿易。期待中國打開門戶，接納我們的產品。匯率市場也是其中的一環。」

於是九月一日、二日，美國財政部長約翰・史諾（John Snow）訪問了東京。這個訪日行程也是在為訪問中國做準備。

「特定國家的匯兌（設定匯率）過於偏重美元，這樣的狀況並不好。」史諾與日本的財務大臣鹽川正十郎會談中，人民幣升值的問題也成為議題。

事實上，不管是日本財務省還是日本銀行都避免公開批評中國。日本的貨幣當局當時已經著手賣日圓、買美元，展開史上最大規模的市場介入。

當時，要擺脫貨幣緊縮，就必須讓日圓貶值來增加出口競爭力，藉著「賣日圓」，讓市場上的貨幣流通，達到恢復景氣的目的。在那種情況下如果莽撞地攻擊中國，自己也會遍體鱗傷。當時的立場很尷尬，撇開大臣不提，官員們也都是如此擔心著。

在這樣的情況下，面臨總統大選的美國清楚地表明了態度，開始強烈要求中國必須讓人民幣升值。

史諾為了宣傳小布希減稅法案而訪問威斯康辛州工廠時，聽到工人們向他說：「如果放任中國人民幣問題，那麼小布希政權就是（與中國）同罪。」便宜的人民幣削弱美國製造業的競爭力，也造成大量的失業勞工，美國人對此所產生的不滿情緒在國內擴散開來。

史諾接著飛到了北京，這是他第一次造訪中國。他盡量謹慎發言，避免讓中國覺得受到「外部壓力」。

九月三日，史諾在北京會見總理溫家寶。溫家寶一再重複中國一直以來的說詞：「人民幣匯率的穩定，對中美雙方都有利。」也就是說，中國不會大幅變動匯率。

溫家寶同時附帶提及「會改善匯率形成的機制」。而史諾在中國中央電視台晚間新聞裡，則表示：「溫家寶總理已經充分說明美國關心的事了。」這是準備以協調來代替對立。

中國人民銀行的官方報《金融時報》，大幅刊載行長周小川的受訪報導。

「要擴大人民幣的匯率變動幅度之前，必須先放寬外幣規制與改革國內金融體系。」

言下之意是展望未來時，不會做出明顯與美國不一致的事。

於是，在史諾訪中兩週後的九月十九日，也就是在杜拜舉辦七大工業國財政部長與中央銀行總裁會議的前一天。在機場附近的中國餐廳，泰勒等七大工業國各國財政部次長與中國的人民銀行副行長李若谷、財政部副部長李勇共進晚餐。

他們是周小川與金人慶的下屬，七大工業國第一次邀請非成員國的中國高級官員聚餐。之後兩位「李先生」也在羅馬、巴黎、華盛頓等地與七大工業國的相關人員密會，並且在素有美食之國稱號的義大利、法國一同享用聞名的晚餐佳肴。據說因為「沒有預算」，所以在華盛頓的時候，是在泰勒的辦公室吃的早餐。

這是美國大選前，周小川與金人慶被「叫來」，不，或許應該說是被「邀請」前周到的事先安排。

須「謹慎對待」的大國

美國政府似是對中國進行了施壓，但雙方並沒有徑直地倒向衝突。可以從政治與經濟兩方面來說明這樣的背景。

第二次世界大戰之後成為同盟國的日本與美國，共享民主主義，即使是在東西冷戰下，也同屬「西方」陣營，而且日本與美國是在美國擁有壓倒性軍事力量下的同盟關係。美國對日本相當地放心，覺得即使嚴厲對待日本，也不會影響到美、日的外交與政治關係。說得不好聽一點，就是美國覺得日本最後都會聽話。

另一方面，中國和美國同樣是第二次世界大戰的戰勝國，也是聯合國安全理事會的常任理事國。雙方之間存在著一個前提，不管是打擊中東恐怖分子，還是北韓與伊朗的核武發展、蘇丹的大屠殺等，在世界許多地區的問題上，美國如果跳過了與中國進行協商，事情就會難有進展。

再加上，美國與中國在北韓、台灣及南海、東海的安保問題上面也有著不同的立場。而且，還是中國共產黨一黨獨裁這種不同的政治體系。從第二次大戰後開始外交正常化還不到四十年。從種種背景來看，對美國來說，中國都是必須「謹慎對待」的大國。

雙方的經濟體系當然也不一樣。

美、日的貿易摩擦源於日本企業生產的商品出口到美國，並且在美國產業核心的半導體與汽車業等領域有著激烈的競爭。相對於此，中國的情形則是，包括美國在內的外資企業紛紛到中國投資，從投資的工廠製造很多產品，又從中國出口到世界各地，美國這邊也有很多企業因為低廉的人民幣而賺錢。

缺少資金、技術又落後的中國，在鄧小平的改革開放路線下，不得不利用來自外國企業的投資來促成自己成長。中國還沒有培育出像豐田（Toyota）、本田（Honda）、東芝（Toshiba）、松下電器（現在的 Panasonic）那樣，足以與美國公司正面競爭的企業。二〇〇〇年代前期，就算中國與美國有貿易上的摩擦，也只是鞋子或內衣、服飾等紡織產業，或玩具、餐具等，以輕工業為主的摩擦。

中國企業造成的美國貿易逆差，不是出口汽車造成的。如果中國的人民幣升值，競爭力下降，只會讓其他開發中國家或新興國家的商品出口到美國，對美國企業的成長並不會有幫助。

就算中國的貿易順差減少了，美國的貿易逆差也不會減少。如果施加太大的壓力令中國經濟惡化，美國本身的企業也會血本無歸。因而也有和中國站在相同立場，對美國國會進行遊說活動的美國企業。

二〇〇五年夏天，中國的國有石油公司宣布要併購同業的美國優尼科（Unocal），但是受到強烈反對而放棄。總之，有一段時間美國國內要求威脅中國貨幣的聲浪是很高的，也不能一口咬定兩國在經濟上就是敵對關係。

明白各自立場的雙方，就像是在舞台上交鋒的歌舞伎，而觀眾就是各自在國內的支持者。

和人民銀行同年出生的男人

背負著這樣中美關係的人民幣管理人周小川，又是一個怎麼樣的人物呢？

二〇〇二年年底，周小川就任中國人民銀行行長；二〇一三年春天，周小川得以延長官員六十五歲的退休年限，兼任國政建言組織的全國政治協商會議副主席。

一九四八年十二月成立的中國人民銀行，在歷任行長中，周小川是任期最長的。不僅如此，這位第十一任行長還是首位被人以綽號「Mr. Yuan」相稱，用中文來說就是「人民幣先生」的行長，擔任中國經濟對外的發言人。

首先來回顧一下周小川的成長過程，因為這與他後來的工作有很大的關係。

周小川生於一九四八年一月，正好是中國人民銀行成立的那一年，也是毛澤東發表中華人民共和國建國宣言的前一年。周小川的父親周建南出生在揚子江以南這個向來就很豐饒的地區，也就是江蘇省宜興市。自上海交通大學電機系畢業後，成為中國共產黨的知識分子黨員，在戰時負責情報工作，戰後以理工官僚的資歷，一路升遷到第一機械工業部的領導人。

後來成為國家主席的江澤民，曾是周建南的部下。周建南病臥床榻的時候，已經成為主席的江澤民還曾經前去探望。

對「人民幣先生」來說，江澤民是很大的後盾。周小川就任行長後，江澤民也曾在中國人民銀行總行露面。周小川擅長與人相處，處理經濟問題的能力也很強，不過如果沒有江澤民的看照，一九九〇年代後的仕途是否能夠如此一帆風順就不得而知了。

周小川的母親也是中國共產黨員兼官員，所以周小川是中國共產黨幹部的第二代，也就是所謂的「紅二代」。周小川所就讀的是北京共產黨幹部子弟眾多的「北京市第八中學」，是一所國家安全部長與最高人民檢察院院長等人才輩出，設有中學部與高中部的名門學校。至今其所在的地區還住著許多政府部門官員。

周小川的學生時代，正逢文化大革命時期。他也曾作為「紅衛兵」參與運動，但中間約有四年的時間被下放到靠近俄羅斯的黑龍江省農村。他好像還偷偷地聆聽當時被禁聽的古典音樂，也閱讀書籍，完全就是一個少爺。

文化大革命期間大學入學考試因而中止，但是周小川和其他高幹子弟卻都在特殊待遇之下進入北京化工學院就讀。他在一九八〇年代中取得名校清華大學的工學博士學位，也在一九八〇年代到美國進行短期留學。

周小川可以用英語與外國的政治家、官員、金融界人士交談，因此結交許多好友。年輕時的留學經驗雖然沒有幫他取得學位，但是對他現在的工作卻大有幫助。

文化大革命結束，鄧小平踏出改革開放腳步的一九八〇年代開始，他與著名的市場改革派經濟學者吳敬璉合作，描繪出中國經濟的藍圖。被視為「開明派」的胡耀邦與趙紫陽領導的中國共產黨時期，是允許自由言論的時代。

一九八六年四月，周小川也加入了重要政策提案團隊，在趙紫陽成立的「經濟體制改革方案研討小組辦公室」擬定改革草圖。那是一個涵蓋財政、金融等多方面領域的團隊，周小川負責的是國際貿易。

順帶一提，時任財政部長的樓繼偉則負責財政與金融。除此之外，後來擔任中國銀行業監督管理委員會主席，還時常被提到可能繼任周小川的郭樹清，也是這個團隊的一員。

經過通貨膨脹與天安門事件，趙紫陽失勢，改革暫時受到了挫折。但是，當一九九二年鄧小平的「南方談話」令改革再度啟動時，周小川等改革研討小組成員再次被召集在一起。周小川發表多篇與經濟改革相關的論文，因而被稱為學者型的官員。

當父親昔日的部屬江澤民擔任總書記、國家主席時，周小川也從國有大型商業銀行的中國銀行副行長開始，仕途順遂地一步步往上攀登。他獲得總理朱鎔基的賞識，在朱鎔基卸下兼任的行長職務後，就把周小川送進中國人民銀行，擔任副行長兼國家外匯管理局局長。

說一下題外話，天安門事件的意外結果之一就是所謂的「紅二代」受到重用。許多黨國元老不相信年輕的一代，令「只有自己的孩子才能讓自己放心」的風氣大為盛行。於是，明明是否定血統主義的中國共產黨，高幹第二代的政治家與官員卻越來越多。天安門事件之後，江澤民登上權力的高峰，對周小川來說，屬於他的順風時代於焉來臨。

之後周小川先後任職中國建設銀行行長，以及中國證券監督管理委員會主席，於二〇〇二年十二月就任中國人民銀行行長。

正好在一年前加入世界貿易組織的中國，吸引外商投資，經濟持續快速成長。作為「世界工廠」的中國提高生產力，出口也大幅增加。在這種情況下，批評「人民幣太便宜」的聲浪也越來越大。朱鎔基果斷施行的國有企業改革與金融機關不良債權處理的成果顯現，經濟乘風破浪地高度成長。在國際前所未有的矚目下，人民幣先生也在國際社會的舞台上亮相。

笑容、白髮與網球

中國的中央銀行與日、美、歐等已開發國家的中央銀行不同，不僅並未獨立於政府，也沒有獨立於中國共產黨。光是法律規定的正式層級，周小川的上面至少就有兩位上司，分別是中國國務院（內閣）之首的總理與負責金融事務的副總理。簡單地說，總理才是中國人民銀行真正的行長，副總理是真正的副行長，周小川真正的地位不過是董事或局長。而且，中國人民銀行經常處在中國共產黨的影響力之下，周小川是行長，也兼任銀行內共產黨組織的領導人。

那麼，理論上沒有實權的行長所做出的，關於金融與貨幣政策的發言，為何會受到國際上的政治家、官僚、企業以及媒體的關注呢？

擔任美元管理人，在聯準會擔任主席十八年多的葛林斯潘，對於被媒體讚許為「中國葛林斯潘」的周小川，做出如下描述：

> 周行長精通英語又精通國際金融，願意坦率地說出從其他情報來源無法得知的中國現況。向他詳細請教中國金融市場的發展狀況，我就能得到新的觀點。」（《我們的新世界》〔*The Age of Turbulence*〕）

透過參與總部設在瑞士的國際清算銀行的會議，各國中央銀行總裁不時會有同席的機會。這些中央銀行的銀行家，經常因為與國內政治之間的關係而有一肚子苦水，所以彼此之間很容易產生共鳴。其實，周小川雖然會說英語，但說得並不算流暢。二〇〇五年秋天，於華盛頓召開的國際貨幣基金組織暨世界銀行年會的研討會上，我第一次聽到周小川說英語。

周小川的英語雖然年年在進步，但是發音不易聽懂，有時候會不知道他所想表達的意思，英語比他好的中國人應該不在少數。我本來以為是自己的英語不夠好，所以沒有聽懂他的意思，於是詢問以英語為母語的他國中央銀行相關人員，結果得到相同的評價。

不過，英語發音好不好並不是值得一提的重要問題。在周小川之前，沒有一位中國人民銀行行長，能在國際會議或用餐的場合裡，直接用英語來談論中國經濟。而且中國的經濟在周小川的時代前，也從未如此受到重視。周小川說的話是豎起耳朵也非聽到不可。

當然，也有人做出這樣的批評：「說的話全是黨派路線（共產黨的路線），不過是把《人民日報》與《金融時報》上的文字，用能夠讓人聽懂的話說出來罷了。」（日本銀行前理事）。原來如此，這句話或許說得有道理。但是，在此之前也從未有過能夠像那樣用英語說給大家聽的中國人民銀行行長。

周小川有著一頭銀髮，白髮蒼蒼。中國的政治家大多都會把變白的頭髮染黑，從中央到地方的偏遠鄉下都是這樣的。黑髮是政治家的命，是一種「我仍然很活躍」的象徵。周小川維持一頭自然變白的白髮，可以視為一種自己始終是位金融官僚的自我表達。

或許那是一種「不挑戰政治」的表態。除了白髮外，周小川臉上還有中國官員少有的笑容，無論是接見外國要員，或是出席記者會、演講等場合，周小川基本上都是笑臉迎人。

沒有哪個國家的政治人物喜歡聽到有人說自己「懦弱」，尤其是中國的政治人物，那簡直就是要命的事。因為他們向來都利用自鴉片戰爭以來遭到列強蹂躪的痛苦歷史，作為聚合國民的紐帶。

可是周小川並不害怕，他總用笑容來做開場。希望大家能點開中國人民銀行的官網看看，裡面介紹了周小川綻放笑容去面對外國協商對象的模樣。我認為這一點是歐美人之所以比日本人所想的更容易接受周小川的重點之一。

周小川的興趣很多元，這對他的社交活動有很大的幫助。他喜歡音樂，也熟悉音樂劇，一九九八年還與人共同出版了《音樂劇之旅》一書，書中介紹了《貓》（*Cat*）、《悲慘世界》（*Les Misérables*）、《真善美》（*The Sound of Music*）等主要音樂劇作品，聽說還曾被拿來作為藝術相關大學的臨時講義。

只不過，在那個世代裡，他之所以能夠保有音樂劇這類愛好，主要是因為他是地位較高的幹部之子。或許是因為這個緣故，最近他很少公開提起音樂劇的事了。

周小川也喜歡網球，二〇一〇年九月，他還和歐巴馬政權下的國家經濟會議（National Economic Council, NEC）主席薩默斯在北京打過網球。

薩默斯向美國媒體透露，那場比賽以「贏的人可以獲得決定人民幣對美元匯率的權利」為賭注，而周小川贏了。這個結果有點太過於完美了。薩默斯以好勝聞名，是輸了給對方面子嗎？或許手握能夠動搖世界的人民幣匯率決定權，的確太讓人感到惴惴不安。

擁抱貓熊的鮑爾森

美國當局官員愉快地將他與周小川之間的交流寫成了回憶錄。

在史諾之後擔任第二次布希政權財政部長的，是亨利．鮑爾森。他可以說是繼促成中美關係正常化的美國國務卿季辛吉之後，下一位搭起美國與中國交流橋梁的人。

鮑爾森生於美國佛羅里達州棕櫚灘，大學時代是達特茅斯學院的美式足球選手。在取得哈佛大學企管碩士（MBA）後，先進入國防部工作，並在尼克森主政的時代進入白宮。在一九七〇年代轉進美國代表性投資銀行高盛之後，一路升遷到行長的地位。鮑爾森在高盛時，到中國訪問的次數超過七十次，就連二〇〇一年美國發生九一一恐怖攻擊事件的時候，他也正坐在飛往北京的飛機上。

▲美國前財政部長鮑爾森。

我也有幾次出席鮑爾森參與非官方會談的場合，對鮑爾森的印象是個子很高、有著簡直就是在健身房鍛鍊出來的身材，是一位很厲害的投資銀行家。

曾大方公開在中國拍下的與貓熊的合照，是個和中國走得很近的人物。不久前「屠龍者」（Dragon Slayer）與「擁抱貓熊者」（Panda Hugger）成為流行語；前者是指「反中派」，後者指的是「親中派」。

因為和貓熊的合照可能會被烙上「親中派」的烙印，所以大多數的政治人物、官僚、企業界人士或是學者，大多會小心防範合照流出。若是被說成是了解中國且對錯分明的「知中派」還尚可接受，但要是被說成是「親中派」可就麻煩了。或許就是這樣的意識在作祟。

那麼，讓我們來打開鮑爾森這位冷峻貓熊所寫的回憶錄《峭壁邊緣：拯救世界金融之路》（*On The Brink: Inside the Race to Stop the Collapse of the Global Financial System*）看看吧！如同書名所示，這本書精采之處在於他財政部長任期尾聲，美國爆發雷曼兄弟連動債的金融危機，他站在「懸崖邊緣」處理「雷曼震盪」時的內幕。但是，書中關於中國的記述也相當有意思。提及二〇〇〇年代後期，中美在金融方面接觸上的逸聞。可以作為了解周小川的素材，所以我想多介紹一點。

一九九二年，鮑爾森第一次與中國最高領導人會面。當時他作為高盛集團的亞洲區主管，在北京中南海會見了中國國家主席江澤民。江澤民接連列舉了奇異、波音、IBM 等美國企業，並說「中國正在學習美國經濟」。然後看著鮑爾森的臉，還說了「資產等於負債加資本」。鮑爾森在回憶錄上寫下：從此自己與中國的關係加深了。

與中國領導人會面最大的意義是「自己是能與領導者見面的人物」，這樣的政治力在處理平常的對中貿易相當有幫助。即使沒有從會面的談話中獲得有利的機密內容，即使談話過程很無趣。

「中國充滿商機，應該積極開拓。」鮑爾森回到美國之後，提出了這樣的建議。高盛於一九九〇年代中期在北京成立辦公室，不問國有、民營地參與許多事業。喜愛自然的鮑爾森也曾和江澤民一起到雲南省出席保護野生老虎的活動。而為他牽線結識江澤民的人，就是曾在廣東省擔任副省長，致力於處理不良債權的王岐山。

小布希在第二任總統任期時，選擇鮑爾森擔任財政部長的理由之一，就是因為他將目標放在希望鮑爾森能發展美國與中國，特別是在金融方面的關係吧！在安保問題方面牽制崛起中的中國，同時還要在經濟上獲得最大限度的果實，這就是美國對中國的基本立場。

鮑爾森就任美國財政部長的時候，中國將其視為是「布希政權裡的中國牌」（《國際金融報》），非常樂意地欣然接受。二〇〇三年，嚴重急性呼吸道症候群（SARS）大流行時，前去中國的外國人數銳減，但鮑爾森那時仍繼續前往中國進行訪問，對中國經濟前景表示看好的立場，也為中國所歡迎。

就任後不久，鮑爾森以美國財政部作為經辦人，建立「中美戰略經濟對話」機制，從二〇〇六年到二〇〇八年，中美就已舉辦過合計五次的會談。到了歐巴馬政權的時代（二〇〇八年到二〇一六年），雖然國家安全層面的比重提高了，但是這個機制仍然存在，並以一年一次的形式，由中、美輪流主辦。美方代表為國務卿與財政部長，中方代表則為負責經濟的副總理與負責外交的國務委員（副總理層級）。每年雙方輪流橫渡太平洋到對岸開會，每次與會的官員人數都在一百人以上，至今沒有一年停止。

中國與日本內閣層級官員的對話機制，在雙方因為釣魚台列嶼主權問題與歷史認知的對立漸趨激烈後，對話機制就停擺了。自二〇一〇年夏天的「中日高層經濟對話」結束後，至今仍未重啟。

中國在英、法等歐洲的主要國家與藏傳佛教最高領袖達賴喇嘛會談後，也與英、法等國終止首長會談。另外，中國雖然對美國總統與達賴喇嘛見面一事有所不滿，卻也沒有終止雙方會談。對中國來說，美國是特別的對手。

驚人的周小川情報網

鮑爾森在回憶錄的開頭，介紹了「主要出場人物」。那些主要出場人物幾乎都是美國人士，但其中也介紹了十二位各國政要。這十二個人包括德國總理安格拉．梅克爾（Angela Merkel）、俄羅斯總統普丁、法國總統尼古拉．薩科奇（Nicolas Sarközy）等，以及四位中國人。分別是中國國家主席胡錦濤、副總理王岐山、吳儀，還有周小川。在這十二個人裡沒有日本人。

傳聞鮑爾森將繼史諾之後，成為美國財政部長的二〇〇六年春天。胡錦濤訪問美國，鮑爾森也受邀參加歡迎胡錦濤的華盛頓午宴。但在此之前，鮑爾森就與周小川約好在國際貨幣基金組織總部見面。應周小川「想稍微談談」的要求，兩人關室晤談，周小川就在這時候力勸鮑爾森接任美國財政部長。

「你應該接受財政部長之位」、「你有強烈關心公眾的精神，而且現在的世界情勢，有很多地方確實需要你的能力來處理」……。

鮑爾森在書中提及周小川的「情報網很驚人」，但其實從報紙上面出現諸多臆測報導時，周小川應該就已經知道了吧！比起周小川的情報網到底有多厲害，我更關注的是他與鮑爾森之間的這種交情。因為我不知曉有哪位日本政要或金融界的人士，能和周小川有這種程度的交情。

二〇〇八年夏天，鮑爾森以北京奧運的觀賽外交為由取得「休假」，全家一同訪問中國。那是美國發生「雷曼兄弟連動債事件」前一個月，發現「次級房貸問題」已經過了一年多，不安穩的氣氛壟罩美國市場。

以向低所得者提供住屋貸款的「次級貸款」（subprime lending）為主的美國政府贊助企業（Govenment-Sponsored Enterprises, GSE）的房利美（Fannie Mae）與房地美（Freddie Mac）等公司的股價暴跌，貸款的惡化狀態已經到了再也隱藏不了的地步。中國是持有價值數千億美元的政府贊助企業債券的利益關係人。

在這種時候訪問中國，鮑爾森在北京寫下自己得到了這樣的消息。

俄羅斯與中國有領導人層級的往來，提到「大量拋售美國政府贊助企業債券（中略）藉此逼迫美國政府」的話題，但是中國政府「沒有接受那個計策」。

鮑爾森卸下美國財政部長職務後，在芝加哥大學成立「鮑爾森研究所」，致力於研究中國，還在北京設立了辦公室。研究的主題以中國的氣候變遷、空氣汙染，以及生態保護等環境問題為主，也探討投資與永續發展的都市化問題。不僅如此，鮑爾森也在胡錦濤與習近平的母校——清華大學的經濟管理學院擔任顧問委員。在習近平訪問美國時，與中國方面的組織合作，建立商業領導人會議，作為中、美企業家之間的交流場所。

歐巴馬政權的「老朋友」

作為鮑爾森的繼任者，任職歐巴馬總統第一任期美國財政部長的蓋特納，也是中國的「老朋友」。蓋特納從就讀達特茅斯大學的時候就開始學習中文，一九八一年還到過北京大學留學兩年。上任財政部長後的首次訪中是在二〇〇九年六月，與留學時期的老師再見面時，獲贈留學時期的照片，令他顯得有些害羞。曾經留學中國的人竟然成為名字能印刷在美元紙幣上的美國財政部長，令人不禁有感於時代的變遷。

蓋特納的父親當時作為美國福特基金會的亞洲地區負責人，任職於中國事務所。曾經非常熱心支援還是開發中國家的中國，並且提供資金支持中國官員與學者到美國大學學習的計畫。對那些官員與學者來說，蓋特納是恩人之子。美國擁有能夠深入了解中國關係的厲害人物。

蓋特納在回憶錄裡也回顧了留學時代的事。結合郵件被檢查等等的事情在內，寫下了這樣的一段回憶。

「不管走到哪裡，都會被好奇的中國人圍觀。（中略）在天安門玩了飛盤。我還記得市場裡有個男人說，因為美國人和中國人一樣，都是心胸寬大又樂天的人，所以他很喜歡美國人——和日本人完全不一樣。」

他本身對那個人的發言沒有做出任何評論。不過，會特地把那個人說的話寫進回憶錄裡，就表示他對於這個指出美、中共同點的言論，應該是心有所想的吧！

圍繞著人民幣的遊戲，就在這些人之間展開了。雷曼兄弟連動債震盪後，美國經濟的未來讓人感到憂慮；另一方面，很快就重新站起來的中國，則是已經進入經濟基礎已然穩固而無須再隱藏野心的時代。

在這個時代擔任美國財政部長的蓋特納，與鮑爾森雖然同為「老朋友」，但卻面臨了許多和鮑爾森不同的各種問題。圍繞著這個時代的人民幣所進行的具體互動，我想留待後面再詳細敘述。

外部壓力

中國也曾將日本作為反面借鏡。

美國、日本、舊西德、英國、法國五國的財政部長與中央銀行總裁，於一九八五年九月二十二日聚集在美國紐約的廣場飯店（Plaza Hotel），以「修正美元對外幣的價值」為目標，同意在介入拋售美元市場等政策方面採取協調好的行動。

帶領世界走向的美國，當時在財政與貿易上面都陷入雙重赤字困境。議會以日本、西德這些取得貿易順差的國家為目標，準備了制裁法案。有必要讓日圓與德國馬克升值，削弱日本和西德企業的出口競爭力。抱持這種想法的美國，也擁有約束各國落實的力量。

那就是所謂的《廣場協議》。

各國的金融當局一起介入外匯市場，決定買進日圓與德國馬克，並出售美元。令原本一美元兌換二百四十日圓的匯率，在兩年後攀升到一美元兌換一百二十日圓的程度。於是日本政府一邊緩和日圓快速升值所帶來的經濟衝擊，一邊回應美國要求的擴大內需，進行長期金融寬鬆政策。這件事也連帶促使了日本泡沫經濟膨脹，進而崩潰。日本經濟失去光芒，開始了「失落的二十年」。

《廣場協議》在中國被視為是一個分水嶺，被尊為東方經濟導師的日本，在美國的施壓下，被人從「日本第一」拉了下來。進入二十一世紀後，十五多年前的協議像神話般復甦。但這一回受到美國壓力，必須讓貨幣升值的國家，換成了中國自己。

中國說，我們和日本不一樣，不會屈服於美國的壓力。但是，這個太容易理解的故事，使中國錯失讓人民幣適當升值的時機，並成為中國經濟持續成長的不安因素之一。來回顧一下這段充滿諷刺的歷史吧！

首先複習被稱為日本經濟黃金時期的一九八〇年代。

簽署《廣場協議》的一九八五年，當年美國的貿易逆差約有半數是日本造成的。那時美國的經濟規模占世界國內生產毛額的百分之三十二、日本占百分之十、中國則只有百分之二左右。但是到了二〇一五年，美國與日本的比重雙雙下滑，美國是百分之二十四、日本是百分之六，而中國則膨脹到百分之十五。《廣場協議》是個會對已開發國家的經濟造成極大影響的歷史性事件，「柏林圍牆」倒塌前的東西冷戰時期，也考慮到以美國為首的西方國家的團結，五個國家透過調整成一致的步伐來因應。

一九七一年八月，因為美國總統尼克森停止交換黃金與美元的「尼克森震撼」，原本固定在一美元兌換三百六十日圓的匯率，開始有所變動。一九八五年來到一美元兌換二百四十日圓。但是持續成長的日本汽車業等製造業，仍然擁有對美國展開出口攻勢的競爭力，是《廣場協議》擋住了日本對美國攻勢。其結果是日圓升值，促使日本企業對外投資，日本的製造業在美國與亞洲、中國等地擴建工廠；但同時，變得強勢的日圓也「爆買」紐約的洛克斐勒中心等不動產。象徵美國的不動產與企業被日本人買走，也造成美國社會的反彈。現在回想起來，當時日本的經濟真的很厲害。

美國也要求「日圓國際化」，認為日圓如果能夠成為可超越國境自由使用的貨幣，讓外國人容易取得日圓的話，在日圓需求量增加的情況下，日圓自然就會走向升值之路。在把盈餘歸還給世界的這個課題上，日本也增加了包括中國在內的，對開發中國家的援助。作為日圓貸款中心的日本政府開發援助，其規模就這樣膨脹成全世界最大。從一九九一年到二〇〇〇年，日本的對外援助一直維持在首位。

而中國則是牢牢盯著這個過程。

江澤民所接見的日本人

「想和你單獨談談。」當時的日本財務官大場智滿正做好廣場會議準備，就受到剛就任中國國家主席的江澤民接見。那是一九九〇年代前半，大場智滿因為大藏省的工作而前往北京訪問時所發生的事。卸下大藏省的職務後，接任日本政府用來收集情報的智庫，國際金融情報中心理事長。那時正是江澤民受到鄧小平提拔，從上海市長被拔擢為中國共產黨總書記及中國國家主席的時候。

大場智滿依照要求，連翻譯也沒帶，就隻身前往江澤民位於中南海的辦公室。剛開始兩人試著直接以英語交談，但是當談話內容變得複雜起來以後，江澤民就請了位精通日語與中文的通譯人員進來。「談話內容以日、美之間的談判為中心，我主要是接受提問。他說話調理分明。因為已經時隔二十年了，所以我才能像這樣談論這件事，但還是有些事情無法詳述。」

二〇一七年一月，已經八十七歲的大場智滿，在東京證券交易所附近的國際金融情報中心辦公室裡回憶往事。

一九八〇年代，美國要求日本減少貿易順差的呼聲越來越大，但這不是容易的事。汽車、電機、機械等，不同產業有不同的處理方式。美國要求日本調整匯率，也就是讓日圓升值，還要求利率與資本進出的自由化。為了對抗美國的要求，在簽署《廣場協議》的前一年，也就是一九八四年，設立了日圓——美元委員會。

大場智滿向江澤民提到了那樣的經驗。兩人的會談時間長達兩個小時。「日本當時很辛苦吧？江澤民還說了這樣的話。」大場智滿還記得江澤民那率直的語氣。

「我跟他說了，我們認為讓美元這個關鍵貨幣穩定下來，對世界經濟有好處。還有，這是出於不讓美國的保護主義繼續向上高漲，才是為日本的國家利益著想的判斷。」

當時正是中國積極擴充經濟特區、吸引外資的時期。它們仰賴過日本企業。雖說經濟成長率超過百分之十，但經濟規模卻未超過日本的八分之一，是美國的十三分之一。當時日本的貿易順差已經突破一千億美元，但中國則是貿易逆差。中國不只經濟上落後，就連軍事上也不像現在這樣讓人無法忽視。還有禁止攜帶人民幣出境的規定，那時也才剛剛解禁，允許限額出境。

在與大場智滿的談話中，人民幣本身並「沒有成為一個話題」。不過，江澤民強烈意識到了美國的存在。

「他還說了，日本和中國是不一樣的。日本沒有獨立的軍事力量，也沒有（軍事上）的核武。這就是（與中國的立場）不一樣的地方，所以美國對待日本與對待中國的方式也不一樣。他說了那樣的話。」

大場智滿以更直接的話語說明給我聽。

「美國的核武器保障著日本的安全，所以最後日本都必須要跟美國一致。如果直到最後都不想打仗，那就必須要和美國一致到某個程度。不管遇到什麼事，都要在勉強維護國家利益的同時，與美國達成一致。對日本來說，只需要接受必要的改革就好。中曾根康弘首相與竹下登大藏大臣雖然沒說，但大家心裡都明白得很。」

江澤民從大場智滿的這番話中聽出了什麼呢？是更加確信，非同盟國的中國將來跟美國發生對峙，果然還是要以軍事力量來論高下？還是，對此事已了然於心的情況下，江澤民想從大場智滿的口中，聽到什麼可以突破未來經濟外交難關的提示？這個時代，中國有堆積如山的事情想要向先自己一步的日本打探。

日本的經濟在那之後有長達十多年以上的歲月步入了「失落」的時代，這是兩人都未曾料想過的。

錯失機會

「中國不會因為外部壓力而讓人民幣升值。」二〇〇四年，中國總理溫家寶訪問寮國永珍時，對記者們這麼說。那時他是去參加東協與中、日、韓領導人會議。

日本經濟衰退的原因，雖然與《廣場協議》促使日圓上漲有關，但更大的原因應該是後來政策的失誤，持續過度的金融寬鬆，造成泡沫經濟與之後的泡沫經濟崩盤。也有人批評日圓急速升值，就是肇因於日本在以往過度執著於貶值日圓的關係。

比起匯兌因素，日本經濟長期低迷的原因，最後歸咎於結構改革與處理不良債權的動作太慢所導致。但是在中國，一般還是覺得是日本屈服於美國的壓力，接受日圓大幅升值的要求，這個「錯誤」讓日本經濟長期陷入低迷。

這一點成為二〇〇〇年代中期中國對美國的貿易順差加大時，美國加強了要求人民幣升值的壓力，但中國仍然放慢與貨幣制度相關改革步調的原因之一。

處於低價位的人民幣讓中國經濟持續大躍進。抑制人民幣升值，在介入賣人民幣、買美元的市場操作下，國內的人民幣時常流動活絡，房地產泡沫膨脹，連還不能賺錢的開發計畫或產業也有人投資。

「有些人強烈要求人民幣升值，但他們似乎並沒弄懂那樣做會帶來什麼影響。」這是溫家寶在二〇〇五年三月於全國人民代表大會閉幕後的記者會上，對路透社（Reuters）記者的提問所做出的回答。還說「（改革是）出人意表的事」。

說出這句引人深思而蔚為話題的話之後，過了四個月，也就是二〇〇五年七月，中國人民銀行宣布人民幣升值，從一美元兌換八．二八人民幣升值到一美元兌換八．一一人民幣，漲幅約百分之二。雖然僅僅只是百分之二，但已是一九九四年朱鎔基擔任中國人民銀行行長，斷然實施改革以來，時隔約十一年半的「大變動」。對美元，從事實的固定匯率制度，轉變成參考多種貨幣市場的價格變動，再決定行情的「管理浮動匯率制」。

經濟情況好的時候以「浮動」為重，反之則著重「管理」，就像「社會主義市場經濟」一樣，這是容易讓人產生疑惑，搞不清楚「到底是哪一種？」的模稜兩可制度。但是從美國的角度來看，這已經可以說是比「固定」更為進步。

當時，中國國家主席胡錦濤已預定九月訪問美國，與美國總統小布希舉行正式會談。結果，為配合對美外交，中國打出了這張牌。美國以財政部長史諾的名義發表聲明，稱讚人民幣升值是「對安定世界金融市場的重大貢獻」，表示：「我們歡迎中國宣布將採取更有彈性的匯率制度。美國會持續監督中國的管理浮動匯率制度，是否照著市場的基本條件而動。」早春時就已經預先敲響的「美國的忍耐已經到達極限」警鐘，似乎才終於得到回應了。

根據英國《金融時報》報導，史諾在一週前就已經從中國那邊得知人民幣將升值的日程與內容，並分析那是「安靜的外交成果」，是「美國外交的明確轉變，不同於強迫日本開放市場的強硬手段」。

那時我以負責經濟相關報導的特派記者身分派駐北京，加強觀察人民幣升值的動態。為了不要在出差到內陸時漏掉「世紀的瞬間」造成遺憾，我留意著不要在報紙的截稿時間搭上飛機，並且隨身帶著升值幅度欄位是空白的預定稿。聲明發表於中國中央電視台的晚間七點新聞。

我在北京碰巧就坐在電視機前。我還記得我一直懸著的心終於落下了。

那之後，人民幣緩慢升值了。到了二〇〇八年，人民幣對美元的匯兌首次進入一美元兌換六元多人民幣的匯率，但是到了當年夏天，人民幣與美元的匯率浮動到一美元兌換六・八三元人民幣左右，然後停止浮動了。這是因為前一年開始美國的金融運作發生狀況。接著，二〇〇八年九月十五日，美國爆發雷曼兄弟連動債券事件，在美國的金融危機結束前，中國暫時凍結美元的匯率。

中國往往遇到狀況就會與美元同步。中國與美國看似對立，其實卻是一體的。美國是中國製品的最大出口國，也就是最大的客戶；但一方面，中國和日本並列為美國公債的持有人，亦即中國也是美國借錢的對象。兩國之間是其中一邊搖晃時，另一邊也會跟著搖動的關係。

中國在美國經濟動蕩不安時投入四兆人民幣，以基礎建設與房地產開發來挽救陷入谷底的景氣。失業人口太多會導致社會動盪不安，政權很有可能也會跟著動搖。讓人民幣與美元的匯兌再度回到固定匯率，為的就是減少經濟變動的因素。

到了二〇一〇年六月左右，匯率終於再次動了起來。除了與胡錦濤要出席這一年的二十國集團高峰會有關外，也隱約可以看見外交上的考量。

中國人民銀行每天早上公布人民幣每日交易目標的基準值。經過十年的時間，一天可以接受的變動幅度從二〇〇五年改革前的百分之〇・三上下，擴展到百分之二。雖然人民銀行說「基準值」是由市場決定的，但仍然存在著中國人民銀行的恣意性。

不放手基準值制度的原因，在於當局必要時可以隨自己的方便，每天早上重新設置人民幣的價格，可以有（中國自身的）主體性、管理可能性、漸進性……。這是中國政府作為人民幣改革方針所高舉著的金科玉律。

匯兌狂想曲

中國在二〇〇六年左右，有一首歌曲在網路上快速流行。歌名是〈我愛人民幣〉，演唱者是一九八二年出生於南京的男性青年歌手吳品醇：

我討厭dollar（墮落）／不喜歡盧比
我討厭匯率／不喜歡算計
不論走到哪裡都用人民幣／我愛人民幣

雖然不知道為什麼歌詞裡會出現印度貨幣盧比，不過這倒是一首曲風明快的RAP風格流行歌曲，其餘的就不再深究。總之只要反覆聆聽這首歌曲，就能夠很清楚地感受到歌曲所傳達出來的，中國經濟實力正勢如破竹強大起來的時代氛圍：

我熱愛學習／堅持鍛鍊身體／我工作努力／搞活市場經濟／我認為賺錢是一種樂趣

我喜歡shopping／保持愉快心情／我酷愛旅行／周遊世界各地／我覺得花錢是一種刺激

然後，這樣接下去。

我愛人民幣／沒有商量的餘地／堅挺的人民幣／我愛它到底
我愛人民幣／無須任何的道理／偉大的人民幣創造了奇蹟

就像這首歌裡所唱的，之所以不喜歡美元卻還是要去計算麻煩的匯率，就是因為並不是到處都能夠使用人民幣。既然如此，就讓人民幣能在世界的市場上使用吧——這就是人民幣的國際化策略。

原本對人民幣跨出國界的規劃保持慎重態度的中國，因為美國爆發金融危機，而有了政策上的重大改變。雖然美元是關鍵貨幣，但是在世界經濟龍頭美國的金融動盪中，中國領悟到了依賴美元作為貿易結算貨幣的危險性，中國決定多加使用人民幣。為了降低本國企業或金融機構的匯兌風險，二〇〇九年作為中國的國策，人民幣走向了國際化。

中國希望能夠盡量避開美國的政策與景氣動向所造成的影響。中國不喜歡受到匯率波動的控制，而且在大國意識越來越強的心理下，也開始意圖在貨幣上面獲得與自身經濟實力相符的國際地位。

未來人民幣可能會打敗以美元為關鍵貨幣的體制，並且成為新的關鍵貨幣，中國暗藏著這樣的野心吧！擬定政策的官僚總是知道如何打動政治家的野心，然後藉此推動改革。

逐漸放寬貿易與直接投資等與國際交易相關的規定，讓利率自由化。中國當局指定的銀行可以在海外使用人民幣結算，建立以人民幣計價的國際支付系統，也就是人民幣跨境支付系統（Cross border Interbank Payment, CIPS），也開始致力於市場基礎建設的整備。

能夠在海外進行人民幣存款，外國的企業與金融機構、國際機構可以在中國大陸境內發行以人民幣計價的債券（熊貓債券），緊接著倫敦與香港等中國大陸以外市場，也能發行以人民幣計價的債券（點心債券）。

人民幣國際化有兩個特徵，其一是，人民幣是在共產黨手握韁繩、在共產黨管理下朝國際化邁進的，周小川也明白表示那是「受到管理的自由兌換性」；而另一個特徵則是，符合國力地提高人民幣的地位，也就是說人民幣必須有面子。前者是為了避免人民幣任意擴散，藉由與各國訂定貨幣互換協議，來調整人民銀行直接提供人民幣給對方國家市場的機制；後者則是將其中一個目標設在令人民幣成為國際貨幣基金組織的特別提款權貨幣成員之一。關於特別提款權的細節，將在後面再做細談，簡而言之它就像是一種由美元、歐元、日圓，以及英鎊等「一流國際貨幣」所組成的類似虛擬貨幣的東西。對已經大國化的中國而言，人民幣納入特別提款權之中，是再理所當然不過的事。

中國在涉及人民幣的金融商務上面裹上一層糖蜜，向東西雙方展開策略性外交。這麼說來，〈我愛人民幣〉所歌唱的「奇蹟」是否能夠開創出來呢？

「武器」威嚇下的南韓

這裡追溯一下中國透過「貨幣互換外交」，讓人民幣走上國際化的進程，處處透露出中國的強大與局限，還有算計和政治。

中國正式啟動人民幣的貨幣互換外交，最先響應的是南韓，這是二〇〇八年十二月的事了。一九九〇年代末，南韓深陷亞洲金融危機的泥沼中，外匯嚴重不足，因而經歷過被國際貨幣基金組織干涉內政的嚴厲指導。那種屈辱與痛苦的經驗深深留在南韓人民的記憶裡，所以即使後來擁有了充足的外匯存底，也未能消除這分擔憂。

美國爆發金融危機所引起的不安，籠罩整個世界的經濟。對南韓來說，中國的提案宛如久旱逢甘霖，於是中、韓便成為了彼此最大規模的貨幣互換對象。經過兩次的貨幣互換，金額倍增到三千六百億人民幣。特別是從南韓方面來說，包括澳洲與阿拉伯聯合大公國在內締結的互換總額（美元計價）的一半左右，都是靠人民幣實現的。二〇一四年第二次的延長與增額，是南韓總統朴槿惠與中國國家主席習近平在北京的人民大會堂會談之後達成的協議，當時中、韓的關係非常密切。

「如果中、韓的企業在進行貿易結算時使用人民幣或韓圓，就可以避開美元的影響了。」我在首爾採訪南韓企劃財政部出身的國際金融中心院長金翊柱時，他這麼表示。中國是南韓最大的貿易國，但是南韓在貿易結算時使用的貨幣有九成是美元，人民幣只占極少數。「不過，也因此有很大的增加空間。」金翊柱說。

金融危機時擔任南韓財政經濟副部長的鄭德龜則說：「南韓與美國（在安保問題上面）同盟，與中國則是要強化經濟上密切的關係，兩者可以並行。」

南韓也稱貨幣互換為「貨幣同盟」（南韓《中央日報》）。

作為南韓中央銀行的韓國銀行，已經把一部分的外匯存底，投資在以人民幣計價的中國公債了。

然而，南韓的天空卻籠罩著烏雲。

因為美國要在南韓布署終端防禦導彈系統，亦即薩德反導彈系統（Termina High Altitude Are Defense, THAAD），中、韓關係急速惡化。南韓方面傳出二〇一七年十月到期的貨幣互換協議的第三次續簽，恐怕會有困難的聲音。

「存在著政治狀況等方面的不確定性。」

二〇一七年一月，南韓企劃財政部高級官員宋寅昌在世宗市召開的記者會上，說明南韓的艱難立場。「續簽告吹」（《韓國經濟新聞》）的擔憂很快就擴散了，南韓樂天集團在中國的超級市場被勒令停業、南韓明星在中國的表演活動被迫取消，中國開始對南韓展開種種「懲罰」。中國由「國民對南韓進行制裁」（外交部副部長助理孔鉉佑），南韓因為這個「限韓令」而不得不受到種種限制。

南韓所期待的同盟互換，對中國來說也是一項「武器」。

話雖如此，日本也沒有什麼立場去說什麼。

日、韓兩國的關係因為領土與歷史問題而惡化，雙方之間的貨幣互換協議在二〇一五年到期後就一直處在終止狀態。

附帶一提，日本與中國之間也因為關係惡化，雙方的貨幣互換協議也在二〇一三年秋天到期後終止。這是出自於中國的政治性決斷，從貨幣互換協議上頭也可以看出東北亞的不和諧。

遞出信任狀的英國

對中國來說，英國是締結貨幣互換協議規模僅次於南韓的國家。

中國與英國的貨幣互換總額達到三千五百億人民幣，比最多的南韓只少了一百億人民幣。而且，與歐洲主要國家締結協議的意義重大，對提高歐洲人民幣熱潮也起到了一定的作用。

加盟亞投行的情形也一樣，不，回想起來，由毛澤東所領導的中華人民共和國在建國之後，英國也是世界上第一個給出承認的主要國家。為了守住香港殖民地的利益，英國很乾脆地放棄台灣，接受中華人民共和國。這可以用「英國第一」來形容吧！搶先一步施恩於人，藉此得到交易時的好處，這樣的戰略果然是英國的一貫作風。

中國人民銀行行長周小川的左手握著英國的「信任狀」。

二〇一三年六月二十二日，中國與英國簽署人民幣和英鎊相互交流的貨幣互換協議，周小川滿面笑容地和英格蘭銀行總裁默文・金握手。人民幣在海外有流通限制，該協議最大目標就是補助最多可達二千億元（二〇一五年時增加到三千五百億元）的人民幣給英國。從中國的角度來看，這是在貿易與投資上推動人民幣發展。

時機剛剛好，這個時期正好是中國經濟的致命弱點——在非一般銀行融資的交易上，貸款給地方政府的「影子銀行」（shadow banking）問題，成為全世界擔心的問題。

一再出現的「中國爆發金融不安」聲浪中，有幾次也波及到了國際金融市場。與英國的協議成為象徵信賴人民幣的「信任狀」。

對英國來說，這也具有極大的意義。足以動搖國王的倫敦金融城，以成為歐美之間交易人民幣的據點為目標，發行人民幣計價的債券或是借款是這裡的新業務。

如中國事先所想。中國接受來自歐洲區域內的德國、法國、盧森堡等國家的強烈要求，在二〇一三年十月與歐元的管理人——歐洲中央銀行（European Central Bank, ECB）締結貨幣互換協議。沒有加入歐盟的瑞士，也在隔年展開行動。

法國銀行總裁克里斯汀・諾耶爾（Christian Noyer）回答中國政府的官方英文報《中國日報》（*China Daily*）道：「人民幣將與美元、歐元並列，成為世界三大貨幣之一。」

對中國的興起缺乏危機國家安全保障意識的歐洲各國，把新興貨幣的人民幣當作商機，展開了行動。

二〇一四年二月，我拜訪了吹起人民幣號角的英國。倫敦金融城是相當於紐約華爾街的國際金融城，是約兩千年前羅馬人沿著泰晤士河而建立起來的街道，可以說是倫敦的發祥地。在這個約一平方英里（約二・五六平方公里）的獨立行政區裡，聚集了來自世界各地的金融機構。

穿過冷冷的石板路，一棟歌德式建築便出現在眼前。這棟還保留著中世紀氣息的建築，就是倫敦市的市政廳。我與倫敦市的政策負責人馬克・波利德（Mark Boleat），約在這裡見面。

「倫敦若要繼續成為國際的金融中心，就必須要與人民幣這個新興貨幣進行交易，這是不可或缺的要素。這裡不只有二十世紀前半葉就成立的中國銀行分行，中國農業銀行、中國工商銀行、交通銀行等中國金融機構，也都在這裡設立據點。香港上海匯豐銀行與德意志銀行（Deutsche Bank）等世界金融機構，也想參與人民幣相關業務。倫敦金融城是提供各種金融服務的地方。」

想要繼續成為國際金融中心，就不能錯失任何新業務機會的出現。

當我詢問：「人民幣業務的發展之鑰是什麼呢？」我得到的回答是：「人民幣是否能夠自由交易，是最重要的事。目前看來，中國政府在二〇二〇年前應該會持續放寬對利率與資本進出的限制。」

至於關鍵貨幣美元是否有可能被人民幣所取代，他說：「那是條很漫長、很漫長的道路。」從他的反應看來，似乎認為人民幣還遠不是美元的對手，所以也沒有明確點出時期。因為人民幣有許多限制，所以不放在眼裡吧！然而，正因為有限制，所以倫敦金融城能比其他國家提前獲得好條件，也可以說是能大賺一筆的策略吧！

「三大貨幣的時代即將到來」

在我採訪與人民幣相關事項的過程中，經常遇到有人拿日圓來做比較，聽到「日圓是已經成熟的國際貨幣，和日本進行交易當然也很重要」的話。我覺得自己好像在不知不覺中變成日圓的代表，這莫非也是寄宿在貨幣裡的民族主義？

我一邊這麼想，一邊朝著位在倫敦的下一位受訪者所在之處，也就是國際金融的要角香港上海匯豐銀行前進。香港上海匯豐銀行的總部就座落在距離倫敦金融城不遠，一個被稱為金絲雀碼頭的濱水再開發地區。一走進大樓，就看到充滿東方色彩的陶瓷器裝飾品，讓人聯想到英國為了經營亞洲地區的殖民地，設立香港上海匯豐銀行的歷史。

我要在這裡採訪一位中國女性，她就是香港上海匯豐銀行在歐洲的人民幣業務負責人傅蓉蓉（Lonlon Fo，音譯）。

傅蓉蓉是中國遼寧省大連市人，在中國讀完大學後，前往英國取得企管碩士等兩個碩士學位，在香港上海匯豐銀行工作已經超過七年半。二〇一三年，香港上海匯豐銀行在世界十七個國家、二十三個城市開辦人民幣業務宣傳研討會，她身為研討會發言人而飛往各地。小小的下巴，靈活的眼睛，穿著白色上衣，還有一頭長髮的這位人民幣銷售高手和年輕時的松田聖子有點像，十分可愛。

「我們香港上海匯豐銀行與中國已往來超過一百五十年，也很熟悉人民幣的商業事務。」對香港上海匯豐銀行來說，殖民時代經營的網絡已經成為歷史，這樣的話反倒成了銷售時的話術。

傅蓉蓉除了歐洲地區外，也負責中東、拉丁美洲與北美的人民幣業務。好像也會去杜拜、阿布達比、莫斯科、土耳其、希臘與波蘭。她對各個地方的關注程度勝過人民幣。

「從腐敗到經濟成長，中國一路以來相當受到矚目。繼美國的金融危機、歐洲的債務危機後，投資人正在尋找新標的。雖然有思索過歷經希臘的債務危機後，他們是否還會對人民幣有興趣，但這反而令他們意識到金融交易多元化，獲得極大的成功。」

直到中國政府開始放鬆管制的二〇〇九年之前，歐洲對人民幣的興趣很淡薄。「說到RMB（renminbi，人民幣的縮寫），歐洲人的反應大多是問號，不知道那是什麼。但現在再沒有比人民幣更蓬勃發展的貨幣了。」

的確，根據環球銀行金融電信協會（Society for Worldwide Interbank Financial Telecommunication, SWIFT）的調查，作為結算時使用的貨幣，二〇一〇年十月時，人民幣排在第三十五名，但是到了二〇一四年年初，人民幣已經急速成長到第七位，正處於快速成長期。「一般來說貨幣分成了三個階段。」傅蓉蓉如此說明。

她說，首先，貨幣能用在貿易結算、投資上，而且若能進一步獲得信用，就可以被國家拿來當作外匯存底之用。按照中國政府的放寬管制，就能夠知道人民幣會如何升級。另一方面，日圓已經是十分成熟的貨幣，東京的金融交易市場與證券、債券市場也很發達，和人民幣、中國市場屬於不同等級。不過，人民幣有著新興貨幣特有的力道。

確實，亞洲國家的貨幣在雷曼兄弟連動債事件後，紛紛加強了與人民幣之間的連動性。

「美元、歐元、人民幣的三大貨幣時代總有一天會來臨，尤其是在與中國經濟關係密切的亞洲。何時能超越美元呢？雖然常被人這樣問，但最後能不能超越，還是要由市場決定。」

也有人指出國際原油的價格有一天也可能同時用美元與人民幣標示。美國是石油的消費大國，但是如果哪一天美國的頁岩油產量達到自給自足，減少石油進口量時，中國的重要性就會提高。為了配合最大顧客而改變標示價格的貨幣是可以預見的，從顧客至上的要求來看，選擇顧客使用的貨幣來進行買賣是合情合理的事。

我偶爾會夾雜著中文提出問題，但香港上海匯豐銀行總行內使用的語言當然是英語。「我和中國的高級官員也用英語溝通。」傅蓉蓉說。看來她不太喜歡使用中文。不過，當我們最後談到天干地支的話題時，她倒是很開心地說：「日本人也懂天干地支嗎？」不知道她幾歲了，但她好像是兔年出生的。

傅蓉蓉出生於大連市的一般勞動階級家庭。在中國的一胎化政策下，女孩不見得會受到重視。不過即使如此，傅蓉蓉的父母還是支持獨生女到英國留學。

我覺得躍進世界的人民幣也乘載了她的這份熱情。貨幣如果只是貨幣，是無法跨越國境的，還必須加上人的野心與企圖。

在歐洲升起的「熱潮」

我與傅蓉蓉在倫敦見面後，僅僅過了約莫一週就又再次見面。地點就在歐洲之中素來標榜金融立國的盧森堡。為了促進金融部門的發展，半官方半民營的「盧森堡金融推廣署」（Luxembourg for Finance, LFF）主辦人民幣論壇，我作為採訪記者，她則是作為論壇的參與者出席。那個論壇聚集了世界金融機關、監察法人、地方政府，以及歐洲中央銀行負責人。

她梳高長髮，身穿有著白色衣領的黑色俐落套裝，領口搭配大顆的珍珠項鍊，耳朵也戴著大珍珠耳環，用非常流利的英語談論人民幣的未來藍圖。

畫了眼線與刷了睫毛膏的眼睛，不再形似年輕時的松田聖子。她的雙眼炯炯有神。

我在聚集了三百位聽眾的會場角落，看向講台上被燈光照耀著的傅蓉蓉，彷彿看到了將要進入國際市場的人民幣，那拘謹而又蓄勢待發的姿態。雖然表現得很有氣勢，但畢竟還是生手。

盧森堡被德國、法國、比利時等國包圍，是一個人口還不到六十萬，全國面積只相當於日本神奈川縣，以金融為經濟支柱的小國家。這裡有原本就強大的投資基金和專門服務富人階層的個人服務銀行。在這些領域上，又加入了人民幣業務與伊斯蘭金融、資訊與通信技術（Information and Communication Technology, ICT）融合的金融科技力量。

在這裡，人民幣也成為了商業新計畫中不可或缺的種子，德國的福斯汽車（Volkswagen）為了想籌措人民幣而發行債券之事還引起了話題。

「在此之前，人民幣的意義是中國人民使用的貨幣，但是不久後應該也會成為世界各國人民使用的貨幣。」

盧森堡財政部長皮埃爾．格拉美亞（Pierre Gramegna）在論壇的開幕典禮上清楚地這麼表示，還說了盧森堡「要成為歐洲人民幣的中心」。

歐洲中央銀行總裁伊夫斯．默施（Yves Mersch）也說：「考量到中國經濟的規模與在貿易上的重要性、對國際金融的潛在影響力，人民幣最終很有可能會成為美元的強勁對手。」

主辦論壇的盧森堡金融執行長尼可拉斯．麥格爾（Nicolas Mackel），也很熱心於招徠中國金融機構。中國銀行、中國工商銀行等中國的主要官方銀行，都把歐洲總部設在盧森堡，擴大服務進軍歐洲的中國企業。

然而，儘管盧森堡這邊做出否認，但盧森堡原本就是作為富人階層藏匿財富的灰色金錢往來地點而為人所知。因此，有人認為，說不定包含中國的高級官員在內，也都喜歡將盧森堡拿來作為隱匿資產的地點。

總之，歐洲的人民幣熱潮所關注的，不在於人民幣將來是否會超越美元，或是關鍵貨幣將來會有什麼變化，而是在於如何掌握新的商業機會，增加僱用與稅收。人們的關心極為集中在實際利益上面，看到能分一杯羹的東西，就先舀一口嚐嚐，為此在所不辭。

流通範圍觸及中亞

在中國政府提倡人民幣國際化之前，人民幣就已經在國境附近作為交易貨幣使用。越南、寮國、蒙古、俄羅斯、中亞……。蘇聯瓦解，中國開始改革開放的一九九〇年代前期，俄羅斯與哈薩克等中亞國家的國境一帶出現人民幣。「『強勢的人民幣』現在正吸引周邊的國家。」一九九二年九月二日的《朝日新聞》早報上刊登了這樣的報導。

俄羅斯人會到內蒙古自治區或黑龍江省，購買俄羅斯境內極度缺少的衣物與鞋類、洗髮精等日用品。不只是散客會前往採買，俄羅斯的企業也會前往販售木材與肥料，採買日用品輸往俄羅斯。這些在國境附近進行的交易所使用的就是人民幣。

「官方的匯率是一人民幣兌換二十五盧布，但在西伯利亞與遠東的匯率則是一人民幣兌換四十盧布」。在哈薩克、越南、緬甸與中國的邊境地帶，也「使用在國際上還沒有交換性的人民幣進行交易結算，擴展了人民幣的舞台」。

內蒙古自治區滿洲里市的報導，如此做出結論。在嚴格限制攜帶人民幣出國的時期，中國商人還是帶著大量的人民幣出國做買賣，成為當地的「貴重外幣」。

進入二十一世紀後，人民幣越發來勢洶洶。二〇〇三年起，中國政府正式認可與周邊諸國的國境貿易可以使用人民幣，加速了人民幣的推廣。

人民幣的互換策略，進一步推動了原本只限於國境與香港等部分地區的人民幣交易。不只南韓、英國等亞洲和歐洲地區，在埃及、衣索匹亞、塔吉克等國也一樣，採取由中國管理的形式，將人民幣供應至世界各地。在貿易方面，有些中國企業也會提供折扣給以人民幣付款的買家。

根據中國人民銀行提出的數據，在貿易結算上使用的人民幣，二〇〇九年時還不到三十五．八億，但到了二〇一五年卻膨脹到七兆二千三百四十三億人民幣。在中國貿易總額的所占比率上，也從百分之〇．〇八成長到百分之二十九．四。以日本來說，使用日圓的比率，自日本輸出占百分之三十七，輸入到日本則占百分之二十六．八。考慮到人民幣的限制比日圓多，而且正式使用的時間也還不滿十年，所以人民幣的比率絕對不算低。

南韓、新加坡、馬來西亞、泰國、白俄羅斯、奈及利亞、英國、俄羅斯等，將人民幣納入外匯存底的中央銀行也增加了。中國將其視為人民幣受到信賴的證據而引以為豪。

不過，中國一邊高唱人民幣國際化，卻又一邊限制人民幣在國際市場的自由交易。一個國家的企業不能因為想使用人民幣，就像買進美元、歐元或日圓那樣去取得人民幣。因為中國當局討厭人民幣被拿去作為投機之用。

正因為貨幣互換協議是不自由且不完全的貨幣制度，才顯得它是一個有意思的存在。

「希望能夠成為親近的朋友」

「$ 是美元，€ 是歐元，那麼 ¥ 是什麼呢？」

我像是在看圖說故事一樣，一張張拿出寫了貨幣記號的圖畫紙，詢問歐洲中央銀行第二任總裁尚——克勞德．特里謝（Jean-Claude Trichet）。那是在二〇一五年春天，我在巴黎採訪他的時候，地點是他以前辦公的地方——位於羅浮宮附近的法國銀行辦公室裡。

「是日本的日圓呀！」特里謝有點詫異地做出回答。

¥ 是 Yen（円），也是 Yuan（元）。隨著中國銀行的海外擴展，在倫敦、巴黎、法蘭克福的機場，或是盧森堡的石板街角，都可以看到以「¥」來標示人民幣的告示牌。我一這樣跟特里謝說，特里謝便回答道：「『日圓』已經是國際貨幣了，但『人民幣』還在通往國際化發展的路上。」

特里謝從亞洲新興貨幣的角度來談論人民幣。

「現行的體系已經不再是能任由美元單獨擺布的世界了，是更複雜且全面的。人民幣要想成為符合國際性主要貨幣條件的存在，其先決條件就是中國國內金融市場的自由化，以及能在市場上完全自由兌換人民幣與外幣。中國目前還處在那個過程中。」

針對中國經濟，他也強調了自己與中國人民銀行行長周小川，有過密切的意見交換。

「雖然中國的地方人民有相當多人處在低所得狀態，但是中國的規模龐大，其經濟、貿易與投資還是擁有世界性的影響力，在金融層面上也有可能展現出與其規模相應的存在感。中國在今後讓貨幣交換更自由化，在我們的金融體系中扮演更重要的角色，這對國際經濟來說是應該要大表歡迎的事。」

▲歐洲中央銀行前總裁特里謝。

或許是我微妙的看圖說故事的關係，話題也觸及了中國與日本的「不和睦」。

「我希望中國跟日本能夠成為親近的朋友。在已開發國家中身為世界第三大經濟體的日本，以及世界最重要的新興國家中國，是兩個在地理上極為接近、在經濟上也互有吸引力的國家。應該要在外交上與這個事實更加協調一致。」

「人類這種生物是需要個什麼象徵的。兩國的領導人、知識分子或意見領袖，應該要釋出善意，共同謀求一個能夠忘懷過去的象徵性行動。」

在中國以經濟為題材進行採訪時，曾有採訪對象給出「日本跟德國不同，根本沒有認真反省歷史」這樣的「評論」。類似的話我聽過太多次，有次還回敬對方「中國還不是跟法國不一樣」。然而，從正統法國人特里謝說話的語氣中，我隱約察覺到了一種「日本跟中國都成熟一點吧！」的厭倦感。彷彿是在說「兩個￥，不要在同一個擂台上相互比拚」。

急轉直下

氣勢旺盛的人民幣國際化行動，以二〇一五年夏天為分水嶺，急轉直下。

八月十一日上午九點十三分，中國人民銀行突然公布人民幣兌換美元的匯率基準值比前一天下調百分之一・九。所謂的基準值是以當天的開盤匯率為基準的數值，會在每天早上公告。是一個一旦有狀況，就由中國人民銀行來決定的數字。

「發生什麼事了嗎？」

十幾分鐘後，中國人民銀行在官網上面，向大惑不解的市場做出說明，中國人民銀行改為參考前一天的收盤匯率來決定基準值。給出的理由是「基準值與市場匯率之間的差幅持續變大，對基準值的市場基準地位和權威性造成了負面影響」。

這個改變撼動了世界市場，畢竟三個月前上海股市才剛剛大跌。

「中國經濟已經那麼糟了嗎？」

為了應付超出預期的景氣快速下滑，有必要採取讓人民幣貶值，以增加商品出口競爭力的措施。中國經濟的惡化，對世界經濟當然也帶來了影響。亞洲、歐洲、美國的股票市場相繼下跌，繞了一圈後回到上海，但是八月十二日、十三日的基準值仍然下修。三天合計下跌超過百分之四．五的幅度，來到一美元兌換六．四〇一〇人民幣，是睽違四年的低價。

在世界各地投資人與媒體的騷動下，原本保持沉默的中國人民銀行終於在十三日上午，由副行長易綱等人召開記者會。自政策更改之後已經整整過了兩天，只有一部分媒體被告知召開記者會的時間，未收到消息的眾多記者一致愕然。《朝日新聞》駐北京特派記者齋藤德彥果不其然錯過了記者會，他表示：「中國人民銀行或許已經從市場的反應，明白了及早召開記者會的必要性，只是之前可能還沒有和領導階層談妥吧！這成為市場對人民幣看法的分水嶺。」

中國共產黨中央財經委員會辦公室是習近平體制下經濟政策的司令塔，易綱擔任副主任，主任則是習近平在經濟領域的智囊劉鶴。比總理李克強所率領的政府，擁有更大的政策決策影響力。

中國人民銀行的官網也上傳了記者會的現場狀況。分別在美國與中國的大學教過經濟學的易綱，用學者出身的官僚式口吻平靜地做出說明。

「這次的調整引起了一些波動，但是這些都在可承受的範圍內，我想經過一個短暫的磨合期，就會恢復到一個正常的狀態。」

對於貶值人民幣以提高出口競爭力的說法則是用「無稽之談」做出否定。

至於外匯存底急速減少的狀況，是因為中國企業的海外投資增加，再加上從前國家以外匯存底的形式集中管理外幣，改變個人與企業持有的外幣。易綱表示「這是一件好事」，甚至反覆聲明：「是因為人民幣市場的基準值與市場的實際差距太大，才會做出修正。」

那麼中國人民銀行為何原本要把基準值定在高點上呢？大致可以分為兩個理由：首先是擔心不喜歡低廉人民幣的美國認為中國是會操縱匯率的國家；其次則是擔憂匯率波動會造成國內經濟混亂。然而，在中國景氣明顯疲弱時，中國人民銀行難以管控的香港等中國大陸以外的市場，人民幣的行情開始下跌了。隨著之前推動的國際化策略，人民幣在中國大陸以外的地區也慢慢地出現交易了。

站在中國人民銀行的角度，打算配合這樣的狀態來進行調整。

然而，市場上看待人民幣的眼光有了很大的變化，市場對人民幣升值的期待落空了。企業與投資人想使用、持有人民幣的意願轉淡了。隨著景氣的復甦，數據清楚顯示美國升息改變了資金的流動。

根據環球銀行金融電信協會指出，二〇一五年八月人民幣在國際結算上的使用比率提升到百分之二・七九，以些微之差超越日圓，落在美元、歐元、英鎊之後，排名第四。但在調降基準值引發騷動後，九月的使用比率下滑到百分之二・四五，日本奪回第四名。

二〇一六年年底，人民幣的國際結算使用率被加拿大幣超越，排名跌至第六，使用率滑落到百分之一．六七。又，根據中國人民銀行的統計，中國進出口使用人民幣結算的比率在二〇一五年達到百分之二十九．四的高點，但二〇一六年時跌到只剩百分之二一．五。個人與企業都是因為覺得人民幣會升值，所以才會用限制多而不便使用的人民幣進行支付，或是把人民幣留在身邊。

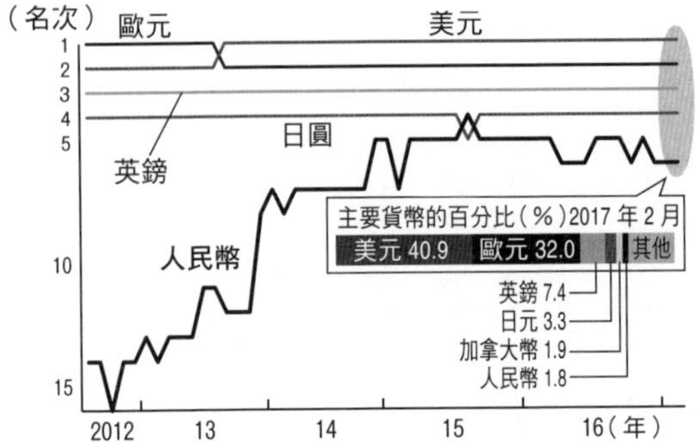

▲ 國際結算使用的貨幣順位。

資料來源：環球銀行金融電信協會調查。

接著來看看人民幣存款吧！例如大陸以外金額最大的香港，在二〇一四年十二月有超過一兆人民幣的存款，但兩年後萎縮到只剩下六千億人民幣。至於台灣的情形如何呢？二〇一五年六月的三千三百八十二億人民幣是高點，二〇一六年十一月減少到剩下三千零九十億人民幣。

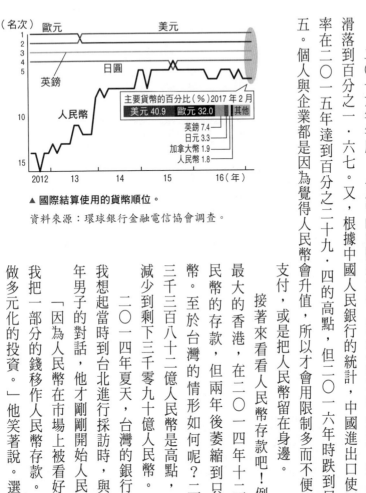

二〇一四年夏天，台灣的銀行瘋狂出售人民幣。我想起當時到台北進行採訪時，與一位自營業主的中年男子的對話，他才剛剛開始人民幣存款。

「因為人民幣在市場上被看好，利息也高，所以我把一部分的錢移作人民幣存款。我也有美元存款，做多元化的投資。」他笑著說。選擇「能賺錢」的貨幣是理所當然的事情，不知道他現在如何了。

人民幣被認為還會再下跌。中國人民銀行會一再介入市場買人民幣、賣美元。二〇一四年六月，中國三兆九千九百三十二億美元的外匯存底，到了二〇一七年一月是三兆美元（二〇一七年三月是三兆零九十一億美元）。

香港上海匯豐銀行一直以來對於人民幣的業務可說是最為熱心，但是二〇一七年一月十三日提出的報告標題卻非常直接。

「大逃亡」（The great escape）指的是資金正從中國逃出來。前一年人民幣對美元貶值達百分之七。

報告的開頭便透露出危機感。

「一九九七年的亞洲金融危機時，在投機客拋售港幣的襲擊下，（香港與北京的）貨幣當局只好被迫搶購港幣，努力捍衛與美元連動的香港貨幣體系。二十年後的現在，北京的貨幣當局加強對人民幣外流的戰鬥。」

人民幣納入特別提款權的挑戰是一個很大的契機。

習近平搭上改革派的計畫。很諷刺的是，為了保全面子的措施，卻造成人民幣的「大逃亡」。

讓我們回顧一下政治與經濟、歷史與外交摻雜在一起的歷史吧！主角是中國人民銀行行長周小川，老大是中國共產黨的領導人習近平，女主角則是國際貨幣基金組織總裁克莉絲蒂娜・拉加德（Christine Lagarde）。

進入「北京共識」的時代

一切都始於一篇論文。

雷曼兄弟連動債震盪的餘波還未平息的二〇〇九年三月二十三日，中國人民銀行的官方網站上面，默默貼出周小川的文章〈關於改革國際貨幣體系的思考〉，吸引了全世界的目光。這篇文章指出以美元為關鍵貨幣體制的局限性，並說出創造跳脫主權國家框架的國際儲備貨幣之必要性。能夠代替美元，又應該可以拿來活用的，就是特別提款權。

話說回來，什麼是特別提款權呢？

特別提款權是國際貨幣基金組織補足會員國外匯存底的方法，構思於一九六九年。特別提款權不是紙幣，也不是硬幣，是發生金融危機等狀況時，讓陷入外匯不足的國家可以從其他國家取得外匯的權利。特別提款權的存在就像虛擬貨幣，按照各國的出資額進行分配，一般列入外匯存底中計算。

不過，因為這只占世界外匯存底比率的幾個百分比而已，所以不會用於民間貿易的結算與資金借貸上。

其價值是由美元、歐元、日圓、英鎊和新加入的人民幣等，五種貨幣的權重平均來決定的，貨幣的成員每五年會重新評估一次。因為無法直接用於銀行等金融單位的支付，所以必須透過國際貨幣基金組織的仲介，從持有外匯的國家手中交換到等同特別提款權價值的貨幣。

閱讀到此的讀者或許有很多人會感到困惑。就算沒有特別提款權，有美元與歐元、日圓、英鎊等外匯存底不是也可以嗎？特別提款權那麼麻煩，又不能直接用於支付，相較之下錢好用多了。

這樣說也沒錯，各國的中央銀行對於特地把美元與歐元、日圓、英鎊這種可以在國際市場上自由交易的貨幣換成特別提款權，也不覺得有什麼積極的意義存在。所以，直到中國政府要求人民幣納入特別提款權之前，都是個不怎麼受到關注的存在。

我要不好意思地老實說，在周小川提出問題前，我對特別提款權也很不了解。

周小川在論文裡如此寫道：

> 使用特定國家貨幣作為儲備貨幣的情況下，會讓發行該貨幣的國家經常以它們自己國家的利益為優先，其施行的政策恐有造成世界經濟不穩定的疑慮。
>
> 此次金融危機的爆發並在全球範圍內迅速蔓延，反映出當前國際貨幣體系的內在缺陷和系統性風險。
>
> 創造出一種與主權國家脫鉤、並能保持幣值長期穩定的國際儲備貨幣，是國際貨幣體系改革的理想目標。

說明了避開依賴特定國家貨幣的風險，讓國際機構進行全球性流動管理，創造超越國家主權的國際儲備貨幣的必要性。而特別提款權有這種潛在的可能，所以周小川主張應該擴充特別提款權的功能。

所謂的「特定國家的貨幣」，周小川雖然沒有明說，但想也知道，他指的就是支撐現行美元關鍵貨幣體制的「美元」。

作為改革的具體藥方，使用特別提款權的範圍要擴大到私人貿易與結算，並提議成員國不只應包含已開發國家，新興國家也要加入。雖然通篇論文裡面未曾出現過「人民幣」三個字，但其中所表達出來的將新興貨幣之「雄」人民幣納入特別提款權的訴求昭然若揭。

時機恰到好處。正好是美國衰退與中國崛起，雙方形成對比的時期。

因為金融機構與汽車製造業者相繼倒閉，對美國經濟未來感到悲觀的論調，與懷疑關鍵貨幣美元是否值得信賴的氛圍都在擴散。另一方面，雖然中國減少對美國的出口量而經濟成長下滑，但在拋出以加速公共事業為中心的經濟策略之後，景氣很快就復甦。「四兆人民幣」的財政大預算雖然會在幾年後成為債務過剩的沉重包袱，但當時很少人在意這一點。在美國爆發危機時，中國要健全成長其實是不可能的。

世界經濟四處尋求補救美國失速的引擎。於是，國內生產毛額超越日本，攀升到世界第二位的中國，被吹捧為世界經濟的「救世主」。事實上，二〇〇九、二〇一〇年全球的國內生產毛額成長率，中國的貢獻就超過一半。中國也會在每次有事情發生的時候，將其大肆宣揚。

為了獲得「中國錢」，歐美的政府與企業關係者絡繹不絕地造訪北京。

從美國主導的「華盛頓共識」，進入到了由中國主導的「北京共識」時代。自由貿易與金融、民間企業的活力，還有以民主社會為前提的美國式成長模式，因為金融危機而喪失自信。

以經濟發展為國家的最高原則，政府掌握經濟營運的韁繩。資源與金融領域持續為國家所有，政府積極採取促進成長策略的中國式經濟模式，會令經濟成長更有成效嗎？被稱為「國家資本主義」的中國式經濟模式引發國際注目。

就這樣，周小川的這篇論文可以說是對以美國為中心的國際金融秩序投下震撼彈。

翌日，也就是三月二十四日，美國馬上做出反應：「沒有建立國際貨幣的必要。」美國總統歐巴馬在白宮的記者會上如此說道：「（美國）是擁有世界上最穩定的政治制度、世界最強的經濟大國。」財政部長蓋特納也於二十五日，以「美元會繼續成為世界最有力的儲備貨幣」做出反駁。

從二〇〇四年起，包含雷曼兄弟連動債券事件在內的這五年間，擔任過國際貨幣基金組織副總裁的加藤隆俊，回憶當時的情形。他在一九九〇年代中期擔任日本財務官僚，自二〇一〇年起擔任國際金融中心理事長。

「（周小川的論文）被理解為是在傳遞『美元這個關鍵貨幣並非國際貨幣的全部』這樣的訊息。只是，雖然可以理解這個想法，不過（要建立國際儲備貨幣）卻是相當不切實際的，我想應該有一半以上的人都會有這種看法。」

人為合併複數貨幣而成的特別提款權有匯率上的風險，利率上的計算也很複雜，交易費用也很容易膨脹，所以並不是那麼容易使用。

加藤隆俊在國際貨幣基金組織的上司，總裁多明尼克・史特勞斯－卡恩（Dominque Strauss-Kahn）則對周小川的提案做出正面的回應，因為周小川的提案能讓沉寂多時的特別提款權再現光芒。

他命令下屬「研究一下」周小川的提案，但是下屬對此事並不是很積極。因為當時正值有傳聞表示史特勞斯－卡恩有意競選法國總統的時期，甚至還有流言說他這麼做說不定是意在提高自身的政治聲望。

而且，在國際貨幣基金組織內部，有看美國臉色行事的跡象，「跟在中國後面去堅持特別提款權，要是搞僵了跟美國的關係可就麻煩了」。美國的國家利益很明確，就是要守住美元的霸權。

薩科奇的意圖

加藤隆俊副總裁作為在組織裡面擔任過最高職位的日本人，他的辦公室就位在與白宮距離三條街的國際貨幣基金組織總部。加藤隆俊辦公室附近的會議室裡，有著名經濟學家約翰．梅納德．凱因斯（John Maynard Keynes）的半身像，嵌在入口處的金屬板上，刻著「在一九四四年七月一日到二十二日，於新罕布夏州布列敦森林召開的會議中決定設立」的字樣。

世界銀行也是在那一次的會議中決定成立的。當時是第二次世界大戰結束前一年的夏天，已經預見勝利到來的美國等同盟國派遣代表團，在布列敦森林開會討論戰後的國際經濟秩序。

這次的會議有一場著名的爭辯。身為英國代表的凱因斯，提出成立清算同盟的訴求，藉以發行可以代替美元與英鎊的新國際貨幣「班科」（Bancor）。

對此，美國代表財務部官員亨利．迪克特．懷特（Harry Dexter White）反對凱因斯的提議，並且強烈推薦與黃金有兌換性的美元成為國際性支配貨幣。經過一場大辯論後，懷特獲勝，催生出以美元和黃金兌換制度為中心的「布列敦森林體制」。這個名稱來自會議的地點，美國的避暑勝地布列敦森林。

一九六〇年代，美國耶魯大學教授羅伯特．特里芬（Robert Triffin）提出與特別提款權創立的相關議論。

美元作為供給世界市場的關鍵貨幣，有必要增加流動性。因此美國必須始終保持國際收支的赤字。然而，要是美國放任赤字，讓美元供給過剩，就會動搖美元的信用度。主要貨幣的供給與信用維持是無法同時達成的。

「有必要創造出一個與特定主權國家貨幣無關的全球性貨幣。」按照特里芬提議的流程，特別提款權在一九六九年誕生了。

但是，正如被稱為「特里芬難題」的指謫所示，美元與黃金的兌換體制無法持續，一九七一年在「尼克森震撼」下瓦解了。為了彌補美元的不足而建立的特別提款權，在誕生時就已經錯過時機。

周小川的文章在觸及這樣背景下，做出以下結論：

以懷特方案為基礎的布列敦森林體系的崩潰，顯示凱因斯的方案可能更有遠見。

法國總統薩科奇在雷曼兄弟連動債事件後，提出「新布列敦森林構想」，直言「世界經濟繼續依賴美元真的好嗎？」，維持法國一直以來反對美國貨幣霸權的傳統。

「二次世界大戰造成的破壞，只有美國沒有受到影響，從此世界便給予美國貨幣極大的特權。」一九五九年起，夏爾・戴高樂（Charles de Gaulle）擔任法國總統十餘年，以對美元優先的貨幣體制的諸多批評而聞名。

薩科奇心中所懷抱的，並非只有那樣的傳統。於北京舉辦奧運的二〇〇八年年底，曾會見過中國向來敵視的西藏佛教精神領袖・第十四世達賴喇嘛的薩科奇，此時期也在掙扎著想要改善惡化的中法關係。

那或許跟薩科奇面對總統大選想要力求實績有關，雖然就結果來說是吃了一記敗仗。他將周小川的論文視為援軍，鼓勵中國政府以人民幣納入特別提款權的貨幣成員為目標，並趕在南法坎城的二十國集團高峰會之前，於二〇一一年三月底前往中國南京，主辦國際貨幣體系研討會。

「不合格」的真相

當時正值東日本大地震發生後還不到三週，日本的財政大臣與日本銀行總裁還忙於國內事務而不能前去，我還是從北京飛往南京進行採訪。

然而，中國政府似乎沒有接受薩科奇的「熱情」，外交部發言人甚至表示「研討會的主辦方是法國，我們只是提供場地而已」。我在會場遇到曾任中國人民銀行貨幣政策委員的人士，對方也冷淡地表示，那是「學者們交流意見的長期性研究討論會議」。

在開幕典禮上預先和薩科奇打過招呼的中國副總理王岐山，雖然表示「國際貨幣體系的改革與改善有其必要性，那是個長期且複雜的過程」，卻沒有談及特別提款權。反倒是分別會見了英、美、法等國家的財政部長，談論世界經濟危機的應對之道。

老實說，周小川本人對擴大發揮特別提款權的作用之事到底有多認真，也很值得懷疑。

周小川在論文中承認「需要花費漫長時間」，而且也表示「這對人類來說是個大膽的設想，需要各國政治家拿出超凡的遠見和勇氣才能夠付諸實現」。更何況中國當時已經超越日本，成為美國國債的最大持有者，美國欠了最多錢的債主就是中國。

明裡暗裡支持美元關鍵貨幣體制的，是中國與美國的關係。美元的地位一旦動搖，也會損害到擁有龐大美國國債的中國本身經濟力。

如果牽制握有貨幣霸權的美國，是周小川，不，或者應該說是中國的目的之一，那麼從歐巴馬在論文發表翌日所召開的記者會中，就能看出其目的已十分成功。

特別提款權每隔五年都會重新評估納入的貨幣成員國。在周小川的論文引發話題的翌年，也就是二〇一〇到二〇一一年那段時間，是否將人民幣納入貨幣成員成為議題，然而其結果為不納入。

中國的「熱潮」並沒有預期得那麼蓬勃，更重要的是美國爆發的金融危機，持續擴散成為了歐洲債務危機。對火燒眉毛的國際貨幣基金組織來說，已沒有多餘時間去考慮特別提款權這種沒有即時性的議題。

人民幣之所以「不合格」，無法成為特別提款權貨幣成員的正式理由，在於人民幣不能在國際市場上自由交易。特別提款權與一般的外匯存底一樣，都是危機應變的工具，如果不能立即在世界市場上自由使用，就派不上用場。

因此，國際貨幣基金組織選擇特別提款權貨幣成員的條件，就在於該國「出口額的多寡」與「（貨幣的）自由交易」。中國的出口額已經凌駕在日本、美國與英國之上，與擁抱歐元的歐盟並駕齊驅。關於第一個條件，中國很輕易地通過了。

問題是第二個條件，在貿易或股票、不動產等投資方面使用人民幣時，都無法自由地將人民幣帶出中國，或是從國外帶進中國。如果突然改變這個限制，可能會為中國經濟帶來打擊。還有，因為這個限制而從中獲利的業界也會出現反彈。

周小川鎖定的時間是五年後。而後，出現了一位重要「角色」。

這個人就是在二〇一一年五月從法國財政部長，成為國際貨幣基金組織總裁人選的拉加德。

穿著黑色斜紋軟呢套裝

這時的國際貨幣基金組織總裁的交替，是一個特例。前一任國際貨幣基金組織總裁史特勞斯－卡恩，因為涉嫌性侵飯店女服務生而遭到逮捕。史特勞斯－卡恩也是法國人，在一九九〇年代後期，和拉加德一樣曾擔任法國財政部長。他本人雖然否認性侵一事，但是美國等主要國際貨幣基金組織成員國紛紛要求改選，史特勞斯－卡恩被迫辭職。

國際貨幣基金組織自一九四五年成立以來，十一任總裁都是歐洲人，而同年成立的世界銀行則是十二任總裁都是美國人。現任世界銀行總裁的金墉雖然出生於首爾，但五歲時就舉家搬遷到美國，是擁有美國籍的韓國人。

當時歐洲經濟危機正嚴重。國際貨幣基金組織必須決定是否貸款給希臘、義大利與葡萄牙，但是由「自己人」擔任國際貨幣基金組織的領導人是否恰當？能有公正的判斷嗎？不會有「利益衝突」的問題嗎？法國的拉加德在這些質疑聲中，成為國際貨幣基金組織總裁的人選。

拉加德的競爭對手是新興國家墨西哥的中央銀行總裁阿古斯汀・卡斯滕斯（Agustin Carstens）。

但是，原本批評國際貨幣基金組織與世界銀行，也批評所有組織「總是已開發國家獨占最高職位」的批評急先鋒中國，很乾脆地支持拉加德，隱隱可以看到策略圖謀與利益交換。

二〇一一年六月，拉加德為了競選，在訪問巴西與印度後來到北京。同月九日，拉加德在位於北京大使館區的法國大使館舉行記者會，身為《朝日新聞》北京特派員的我，也參加了這一次的記者會。

這一天不知道為何，中國女性記者特別醒目。拉加德十幾歲時是水上芭蕾選手，熟練的技巧足以成為法國國家代表隊，長大後成為美國大型法律事務所——國際通商（Baker McKenzie）的第一位女董事長，二〇〇五年跨足母國法國的政壇。

拉加德身材纖細，身高將近一百八十公分。看到穿著黑色斜紋軟呢套裝的她時，我想到了香奈兒（Chanel）。她公開說過去十年內，曾到訪中國多達二十六次，溫和地回應努力用法語提問的女記者。

她以女性之姿，帥氣地展現國際精英的風采，讓在場的年輕記者們為她著迷不已。我還記得記者會因而變得像是日本寶塚歌舞團所舉辦的粉絲見面會。

拉加德談到與中國副總理王岐山的會談，表示感到「非常滿意」與「非常正面」，並且稱王岐山是「老朋友」。拉加德也和中國人民銀行行長周小川共進午餐、與中國財政部長謝旭人一同晚餐，也與中國外交部長楊潔篪進行談話。

對於參選的感想，她舉出亞洲首位獲得四大網球公開賽冠軍的，中國高人氣女性選手李娜為例，表示：「我很有自信。就像她（李娜）當時站在球場上那樣充滿了自信。」

我試著提出一些較為促狹的問題，問道：「日本也是重要的國際貨幣基金組織成員國，但您來這裡時，為什麼沒有順道去趟東京呢？」我的提問讓中國記者一陣譁然。「因為已經和日本的財務大臣充分溝通了。」她的臉上看似出現些微為難的表情，給出了如預料中的圓滑回答。

中國政府此時雖然還沒有言明是否決定要支持拉加德，但從官方媒體對拉加德的善意報導，已可看出「支持拉加德」的風向。中國直到最後都沒有支持新興國家墨西哥的卡斯滕斯，而是在競選前夕公開表態支持拉加德。

中國支持拉加德的理由是她「擁有符合國際貨幣基金組織領導人的經驗與能力」，至於為何沒有支持墨西哥，則並未發表任何言論。

沒有「親中」以外的選項

拉加德當選總裁後，提拔中國在國際貨幣基金組織當特別顧問的朱民為副總裁。這個日本在國際貨幣基金組織裡面坐到的最高職位，中國也坐了上去。

朱民自上海知名學府復旦大學畢業後，在美國的約翰·霍普金斯大學取得經濟學博士學位，以經濟學家的身分進入世界銀行工作。之後他被叫回中國，從一九九六年起進入中國的主要國有銀行之一，擅長國際業務的中國銀行工作，擔任副行長一職，後來更被中國送進國際貨幣基金組織。

二〇一六年夏天，朱民退休後，由中國人民銀行副行長張濤繼任朱民的職位。張濤是美國加州大學聖克魯斯分校的國際經濟學博士，除了在國際貨幣基金組織外，也有在世界銀行、亞洲開發銀行工作的經驗，是一位「國際派」人士。國際貨幣基金組織有四位副總裁，其中一位固定屬於中國。

對拉加德來說，與中國有良好的互動、相處融洽，是和組織合法性相關的課題。

不光是朱民的人事任命，支持人民幣納入特別提款權貨幣成員，都是在總裁選舉上面推薦拉加德的交換條件——北京的金融相關人士之間這樣流傳。確實，拉加德說過「人民幣是否適合進入特別提款權不是問題，問題在於什麼時候納入」，並且數次派遣下屬到北京，討論人民幣加入特別提款權需要何種支援。她也與周小川領導的中國人民銀行有著密切連繫，進行檯面下的運作。

前國際貨幣基金組織副總裁加藤隆俊說：「不是親不親中的問題。身為國際機構的領導人，要讓組織運作、保持自己的重要性，就必須與中國有良好的互動，不管是拉加德或是誰，都沒有除此以外的其餘選項。」

確實，世界銀行的金墉也被說成是「親中」。這兩者有著相同的另一面。

「入籃」的結果

拉加德就任國際貨幣基金組織的總裁後，周小川對人民幣加入特別提款權之事踩了油門。

「入籃」，意指人民幣納入特別提款權的「籃子」裡。

中國「入籃」的目的不僅有要撼動美國，以及擴大在國際社會的發言權等「外在」理由；還具有把「入籃」提升為國家的目標，推動中國國內金融制度的改革，以滿足「入籃」條件的「內在」的意圖。

在就任中國人民銀行行長即將屆滿十年的周小川面前，出現了一位燃燒著復興中國強盛意圖的領導人。

這個人就是二〇一二年十月就任共產黨總書記的習近平。

把特別提款權這個高專門性的國際金融工具，提升為習近平與李克強經常掛在嘴邊的國家目標。這件事的背後，有著以周小川為首，希望進行改革的官僚們的期盼。

人民幣加入美元、歐元、日圓、英鎊行列，成為特別提款權貨幣成員，形同是對美國霸權的一大挑戰，令領導人的自尊心為之騷動。而且人民幣能因此得到國際貨幣基金組織的認證，成為主要國際貨幣，可以說是成功實現一個「中國夢」。

自古以來，有改革就會有抗拒勢力。周小川利用讓人民幣納入特別提款權之事，來對抗想要保有既得利益的抗拒勢力，突破只能緩慢前進的國內金融改革。

要讓人民幣納入特別提款權，就必須實現人民幣的「自由交易」，也就是必須放寬規範。周小川等改革派人士一直希望能放寬利率、匯率，以及與外國資本交易的限制。「如習主席所說，讓人民幣納入特別提款權是『中國夢』，還是必要的改革。」這個論調比那些有些艱澀的理論，更能說服國內的保守派人士。

藉由外國壓力來達到放寬自己國家限制的目的，這樣的作法和以前的日本官僚很相似。中國也已經有成功的先例，那就是江澤民、朱鎔基執政時期，成功加入世界貿易組織。儘管被說沒有國際競爭力的農業衰退、弱小的企業倒閉、街上到處是失業者等，但中國透過加入世界貿易組織，加速國內改革，迅速躍居為「世界工廠」，成為世界第二大經濟體。

這個例子常常被拿來說成是成功的經驗。周小川以類似的想法，善用特別提款權，試圖快速改革國內難以撼動的金融制度。

如果不那麼做的話，金融是很難推行改革的領域。非正常資金的分配會減弱成長的力量。但是，中國的相關企業卻一直存在「在自由化之下，競爭會更為激烈」的想法。周小川讓人民幣納入特別提款權和「提高國際性地位」綁在一起，讓黨內外的輿論站在自己這一邊。

二〇一五年五月，存款保險制度成立，並為銀行可能在激烈競爭下出現破產的情況做好準備。此外，也決定將存款利率自由化。

在中國，經濟競爭與政治權力鬥爭也是一體的表裡，有「派系議員」為了保護個別產業與地方特權而互爭地盤、進行利益鬥爭。當表與裡摻雜在一起時，經常就是權力鬥爭的狀態。在這樣的結構中，就很容易明白「打擊貪腐」其實就是習近平鬥爭政敵的「烤墨紙」。

例如曾擔任負責治安的中央政治局常務委員，在胡錦濤政權下爬升到最高職位的周永康。周永康被說是「大老虎」，是在「打擊貪腐」行動失勢的代表性中國黨國高官。他是「石油幫」代表人物，曾任國有石油公司中國石油天然氣總公司（現在的中國石油天然氣集團）總經理，也是中國國土資源部部長；換言之，他是掌管資源、能源的國有石油公司守護神。

推動金融自由化的路上，會遇到種種產業界與國有銀行的反彈。要突破這些反彈，就必須靠習近平積極地打老虎，嚴懲貪腐。把人民幣納入特別提款權，定位在向挑戰美元關鍵貨幣體制的位置上，作為國際金融秩序的改革故事。這不是外國壓力，而是由中國主導的世界性規模改革之一。

當然，推動中國經濟市場化的改革，也是國際貨幣基金組織所希望的。超越國境的金融交易自由化，就可以在已開發國家的金融機構發展商務，紐約華爾街、倫敦金融城都對此充滿期待。前紐約市長麥克·彭博（Michael Bloomberg）與前財政部長蓋特納，就曾發表建立人民幣結算據點的構想。

二〇一五年夏天，這個構想進入終點線。中國讓人民幣快速納入特別提款權的舉動，對世界市場帶來衝擊。這是連周小川也沒有想到的事吧！

只是服從國際貨幣基金組織的要求

為何寒暖流的分界線會大為改變呢？

在與中國人民銀行會見前，國際貨幣基金組織於八月十二日，預先發表評價中國政府決定的聲明：「就決定匯率、強化市場功能的這一點上，中國人民銀行這次的決定是值得歡迎的一步。」

人民幣突然貶值，其實有跡可循。國際貨幣基金組織在八月四日公開了關於特別提款權的再評估報告，指出人民幣若想要被納進特別提款權，就必須進一步討論貨幣交易的自由度，報告中這樣寫道：

「沒有以實際的市場交易為基礎，與國內匯兌市場有著將近百分之二的差距。」

中國人民銀行在十一日的匯率下跌百分之一．九，是服從國際貨幣基金組織要求的結果。國際貨幣基金組織的報告並不是什麼祕密文件，從中國人民銀行的角度來看，他們或許覺得，既然都已經公開，市場相關人士應該都早就有了認知。

又或者是因為，服從「外來壓力」而行動這件事是不能對國內說明的事，所以也就不特別言明報告書的存在。不管怎麼說，說明十一日開始變更政策的聲明文之中，完全沒有提到與國際貨幣基金組織的報告書之間的關聯，因而擴大了各種臆測。

這明顯就是欠缺溝通，而那樣受到矚目的中國人民銀行行長周小川也沒有現身說明。是因為缺少與市場對話的自信嗎？還是因為行長如果在這時候現身說話，會讓事情更加混亂而不可收拾？

因為對變更政策之事沒有給出足夠說明，所以讓世界市場無所適從。直到隔年的二〇一六年二月，周小川才利用上海舉辦二十國集團財政部長暨中央銀行總裁會議的機會，正式舉行記者會。

得到提問機會的英國《經濟學人》（*The Economist*）雜誌的記者，在進入主題前，提出「希望這個媒體發布會能舉辦得更頻繁，而不僅僅是在二十國集團與兩會（相當於國會的中國全國人民代表大會，與國政諮詢機關中國人民政治協商會議）期間」的要求，或許這才是記者的真正意圖。

被稱為「人民幣先生」的周小川每年一次的例行記者會時間，在每年三月召開全國人民代表大會期間。日本中央銀行總裁每年要召開八次記者會，美國中央銀行總裁則是每季要召開一次記者會。

相較於美、日領導人召開的記者會次數，周小川出現在記者面前，接受記者提問的機會真的非常少。雖然在國際會議的場合下也有機會採訪到他，或透過演講聽到他的談話，但是周小川能透過記者與市場「對話」的機會，可以說是少之又少。

我在《朝日新聞》（二〇一六年一月二十八日早報）上，以寫給周小川的公開信的方式，點出周小川與記者缺少溝通的危險性，並且在信末呼籲「二月底上海舉辦二十國集團高峰時見面吧！」。但中國當局對採訪二十國集團高峰會的記者人數有限制，我甚至無法申請到去上海採訪的簽證。

與市場的距離

確實，在中國，不管是政治家、官員還是學者，都身處在難以隨意發言的環境中。習近平政權並沒有把經濟政策委任給李克強率領的內閣，而是交由黨內設置的各種特別團隊，並且由他親自進行統一管理。

身為人民銀行行長能說的話範圍更為狹窄，所以周小川越發減少露臉的場合。因為能見度低而造成混亂，這難道不是最大的教訓嗎？人民幣先生，不在這裡說，又要在什麼時候說呢？

非我職責，或許周小川會這麼說。因為只有最高指導部門才有決定政策、隨時發言的權限。

這確實是中國經濟最大的弱點，也是一大風險。由黨所主導的政治體制與漸漸發展起來的經濟自由化的矛盾，在市場上發生衝突。對於當局一邊摸索市場動態，一邊隨機應變地進行經濟活動的能力，人們的不安與不信任感在逐漸擴大中。

市場是有形無形的。不能像鎮壓不喜歡的言論那般去管制參與者。即便可以在人權律師的手腕戴上內藏定位探測器的黑色手錶，對於人民幣卻是無法依樣畫葫蘆的。

如果想透過開放經濟來促進成長與國際合作，就不能使用武力來控制市場，必須要有能與不同性質者對話的能力。二〇一五年夏天的人民幣震盪與二〇一六年年初的股票市場亂象，這樣的混亂暗示著中國的體制面臨著一道「牆」。

中國經濟比想像中更加龐大，中國的新聞會牽動世界市場行情。看到那樣的情形，中國內部的股票與匯率市場會受到反彈而惶恐不安。

中國人民銀行是被中國共產黨管理的組織，即使是行長也不能保證可以獨自發言。但是擁有這麼大的經濟規模，對世界影響力日益增加的現在，有必要在改變政策時候，面對廣大市場說明改變政策的原由。這不只是為了世界市場，也是安定中國市場的手段。

關於這一點，必須與世界各國中央銀行的銀行家與投資人往來的周小川和易綱，應該非常清楚吧！

「從前中國的經濟占有世界的比重並不大，所以還沒習慣自己的行動會對全球經濟與市場造成各種影響。」

「中央銀行確實有明確而強烈的希望，想要去改善自身跟人們與市場之間的想法溝通。但是，溝通想法並不是那麼容易的事。」

周小川在接受中國《財新》（二〇一六年二月十三日號）雜誌專訪時，直率地這麼表示。

話雖如此卻沒有採取行動，是因為中央銀行還是在一黨獨裁的控制下。尤其是在強化權力一把抓的習近平政權下，專業人員的發言一定要更留心才行。因為政治體制而缺少與市場的對話，勢必會產生危險。

英國與法國的支持

那年夏天，在「人民幣震盪」餘波未平中，進入九月，英國和法國各自派人前往北京，與中國展開經濟財政金融對話，表明會支持人民幣納入特別提款權貨幣成員。

接著，美國也在九月的中美領導人會談後，表達了「若能符合國際貨幣基金組織的標準，就會支持」的方針。日本也一樣，財務大臣麻生太郎說：「多了一個滿足（貨幣成員的）要件的貨幣是好事。」日本財務省的高級官員則說：「就算日、美投下反對票，也無法否決。特別提款權缺乏對實體經濟的影響力，不是非常重要的事。於是做出了不需要花太大的力氣去反對這件事的判斷。」

事情就這麼決定了。

國際貨幣基金組織總裁拉加德沒有等到預定在二〇一五年十一月底召開的理事會，在十一月十六日時便發表聲明，表示支持人民幣納入特別提款權。國際貨幣基金組織提議應該把人民幣納入特別提款權，拉加德說：「我支持這項提議。」

兩週後，也就是十一月三十日，國際貨幣基金組織的理事會決定，人民幣將於隔年十月成為特別提款權的貨幣成員。

那一天，中國人民銀行滿懷喜悅地發出聲明，表示「這是對中國經濟發展和改革開放成果的肯定」。隔天，副行長易綱在記者會上展現「喜悅、平靜、謙虛」的心情，並且不忘附加說明道：「我們和世界成熟市場的差距還是比較大的，在金融市場的廣度和深度上也都還有差距。而我們也深知這一點。」

拉加德發表的聲明如此稱讚道：「這次的決定，是將中國經濟統合到世界金融體系的重要里程碑，同時也是在承認中國當局在貨幣金融體系上的改革取得進展。」

計算特別提款權價值時，人民幣的構成比率是百分之十・九二，排在百分之四十一・七三的美元、百分之三十・九三的歐元之後，位居第三位。一下子就超越日圓的百分之八・三三與英鎊的百分之八・〇九。這是考慮到出口規模與各國外匯存底、在外匯市場的交易額後的結果。總之，這可以說是以出口規模大小決定的。

根據國際貨幣基金組織在二〇一六年年底的統計，人民幣占世界中央銀行的外匯存底比率是百分之一・一，美元遙遙領先，是百分之六十四・〇，歐元是百分之十九・七，英鎊是百分之四・四，日圓則是百分之四・二。國際貨幣基金組織也提到英鎊與日圓在還有限制的時代納入特別提款權的過程，所以中國「某種程度的資本管制」並不被視為問題。

索羅斯啟動「投機戰」

二〇一六年六月二十四日，中國人民銀行行長周小川被邀請到華盛頓，與完成連任總裁的拉加德舉行對談。這次的對談也是在為三個月後於浙江省杭州舉辦的二十國集團高峰會做準備。坐在拉加德旁邊，張開雙手，豎起右手大姆指，露出笑容的周小川照片，被貼在人民銀行官網首頁。

「人民幣加入特別提款權，是我們完美合作的成果。」拉加德說。

喚醒沉睡中的特別提款權，再次確定特別提款權存在的意義，對國際貨幣基金這個組織來說是有加乘效果的。

「我們希望看到特別提款權能更為廣泛使用。」周小川展現出了放寬人民幣管制，並將人民幣改善成更容易作為貿易與投資用貨幣的意圖。

周小川不忘附加補充：「如果美元匯率穩定、流動性充裕，沒有不正常的資本流動，人們當然會樂於選擇美元。但如果美元並非如此，人們理應就會希望貨幣多元化。」

二〇一六年九月三十日，國際貨幣基金組織舉辦人民幣納入特別提款權的慶祝儀式，拉加德穿著中山裝立領上衣，發表慶祝演講。然而當時北京正進行規模空前的介入市場，陷入買人民幣、賣美元的苦戰，資本管制日漸增強。明明存款與貸款的利息應該已經自由化了，但是口頭上的「窗口指導」卻實質設下貸款利息的下限與存款利息的上限。

如果放寬限制，人民幣會不會暴跌、加速資金的外流？中國當局對此感到畏懼。對於中國經濟與社會未來走向感到不安，因而將人民幣從中國帶往外國的行動難以遏止。「一年最多五萬美元」的個人外幣流通管制變得嚴格，企業賣人民幣、進行投資的事情也變得更受關注。

「中國經濟的硬著陸是不可避免的。」喬治・索羅斯（George Soros）在二〇一六年一月下旬做出這樣的發言，開啟對中國當局的投機戰。索羅斯是美國著名的投資客，他曾在一九九〇年代預言英鎊會下跌，放空英鎊而獲得巨利。在亞洲金融危機時，索羅斯放空了港幣。為了防止人民幣被放空，中國還在報紙上面刊出了「人民幣防衛戰」這樣的標題。

「人民幣不存在持續貶值基礎。」以習近平為首的中國當局者一再地這麼說，讓這句話在中國成了流行語。只不過，這句話的流傳是對於即使領導階層大聲疾呼，人民幣還是止不住跌勢的現狀的一種諷刺。

人民幣的國際化「特別提款權篇」，在人民幣得到主要貨幣一席之地的名譽，以及名不符實的人民幣「大逃亡」之中結束了。

有一個原則叫「三元悖論」，指的是一個國家不可能同時滿足「固定匯率」、「獨立自主的貨幣政策」、「資本自由進出」這三項條件。中國以獨自的金融政策與安定人民幣市場價格為優先，嚴格限制資本自由進出。但是，隨著人民幣的國際化發展，漸漸地也認可了資本的進出與市場價格的變動。

從「三元悖論」來看，如果以納入特別提款權的條件——資本自由進出為優先的話，就必須放棄其餘二項中的一項。像中國那麼大的經濟體，自然不能放棄獨自的金融政策，而這麼一來，就只能讓人民幣市場價格走向變動。

不過，在資本外流的影響下，放寬所有限制之事就必須暫時停止，或者被迫向後退。但僵硬的貨幣與金融制度會妨礙有效率的資金分配，帶來容易產生泡沫化和差距化的扭曲現象。明明隨著經濟的巨大化，當局就應該在運作時投入更多的市場力量。這甚至令人有了錯失時機之感。

每次中國的經濟環境變得不穩定，人民幣就會固定住美元的匯率，這是為了要減少經濟變動的因素。美元是風雨飄搖的中國經濟的船錨。這一次也一樣。

就像是圍繞著匯率進行著對立一般，人民幣依賴美元。

「長期看來，只要美國一直控制著中國金融政策的主導權，那麼就算中國的國內生產毛額再怎麼超越美國，也還是很難拿到世界經濟的主導權。」非常了解中國經濟的神戶大學研究所教授梶谷懷如此指出。

然而，人民幣能從美元的控制中獨立嗎？「中國本身必須更熟悉如何操縱金融政策。有必要檢討是否採用像是「通貨膨脹目標」（inflation targeting）這種透明度更高的政策作為新錨。」

將素來只會窩裡橫的人民幣作為配角推上國際舞台的契機，是一九九七至一九九八年的亞洲金融危機。接著，在二〇〇七至二〇〇八年於美國爆發的金融危機，則是更加拓展了那個舞台。只不過，萬一操縱失誤，或許下一次爆發的就是「人民幣危機」也說不定。

「想讓人民幣和歐元、美元、日圓競爭」

我擔任北京特派員時，曾與當時和周小川一樣成為眾矢之的的中國人民銀行副行長易綱，就人民幣的問題進行專訪。二〇一二年七月六日，正是野田佳彥政權傳達尖閣諸島（釣魚台列嶼）國有化方針給東京都知事石原慎太郎的日子。

翌日，野田佳彥首相正式發表聲明，日中關係壟罩在不平靜的氛圍裡。我到現在都還記得，在採訪內容得到刊登許可之前，我有多麼擔憂焦慮。

我採訪易綱的地點，是在北京天安門廣場往西約數公里的中國人民銀行總行。玄關並排擺著泰國中央銀行致贈的一對大型大象擺設，進去之後就是有著萬里長城掛毯的大廳。

我們就在大廳內部的會議室裡，面對面訪談。

一九五八年出生的易綱好不容易在文化大革命結束後，通過重啟的大學考試，在一九七八年進入北京大學經濟系就讀。優秀到才三年就取得大學學位，還前往美國留學。取得伊利諾大學經濟學博士後，易綱到印第安納大學擔任教職，之後回應中國政府尋求具有海外經驗人才的號召，於一九九〇年代回到中國，先在母校北京大學任教，一九九七年轉而到中國人民銀行任職。

在國際會議上面總會以襯衫搭配領帶服裝出現的易綱，那天穿著樸素的卡其色短袖襯衫，坐在背後有一幅大約一張榻榻米大的紅色中國國旗前面，接受我的採訪。

我詢問他關於人民幣改革的進展，他除了和平常一樣地表示「（改革）沒有時間表」外，還很明確地說：「當改革、發展、安定三者發生矛盾時，要先強調安定。」

有意思的是，易綱對於以美元為中心的現行國際金融秩序的看法。雖然「相當長的時間都沒有改變」，但是「如果中國、日本、歐洲與其他新興國家，都擴大了使用自己國家的貨幣進行貿易與投資的行動，就會建立出更公平的國際金融秩序。我想要讓人民幣與歐元、美元、日圓站在相同的舞台上競爭。」他如此說道。而對於決定貨幣實力的因素，他則是明言：「是經濟規模、安定的政治、軍事力與文化上的吸引力。所謂安定的政治，也可以說是體制的可預測性。不夠透明而讓人看不出未來走向是不行的。」

關於人民幣，易綱保守地說：「人民幣還需要一段時間才能成為可以完全自由交換的貨幣，而且可能還要更久才能成為主流的儲備貨幣。中國現在堅持改革開放，朝著市場化與法治的方向邁進。在這個過程中，如果人民幣能得到更多人的信任，就能更廣泛地被使用，對安定國際金融秩序有所助益。」

把「體制的可預測性」列入決定貨幣力量的因素之一，明白地說出「不夠透明而讓人看不出未來走向是不行的」，或許是他以普遍論的形式，最大限度說出自身立場所能說出的了。

「人民幣能得到更多的信任，能更廣泛地被使用」他用這樣過於簡明的淺顯話語，指出了人民幣欠缺的東西。因為信用受損，於是資金不斷逃出中國。

二〇一五年十二月三十一日黃昏，頭髮染得墨黑，穿上一襲黑亮西裝的習近平，身為共產黨領導人，繫著象徵中國共產黨的紅色領帶，在辦公室裡對著攝影機發表年底慣例的新春致詞。在他身後是描繪著萬里長城的大幅畫作，他的桌上有台與中國共產黨內線相連的紅色電話，和家人合照的相片放在書架上。

「中國人民付出了很多，也收獲了很多。」

所謂的收穫，包括北京爭取到舉辦二〇二二年冬季奧運的主辦權、中國獨自成功開發大型客機等工程，以及人民幣納入特別提款權貨幣成員。習近平激勵道：「只要堅持（努力）下去，夢想總是可以實現的。」

習近平的話透過中國國營電視台與廣播網，傳到全中國。

不知道全中國十三億七千萬人，對特別提款權這個一般人不熟悉的金融用語了解多少。不過，習近平想要廣為宣揚的是，人民幣作為和美元、歐元、日圓、英鎊並駕齊驅的世界主要貨幣，得到了國際貨幣基金組織認證的這個「夢想的實現」。

貨幣可以說是個體現國家主權的東西。特別提款權的貨幣是超越各國各自管理的貨幣，擁有「超國家主權」性質的貨幣。中國將其善用在東海與南海主權問題中，強烈主張中國的主權，而和日本、越南、菲律賓等周圍國家都有領土紛爭的中國宣傳這一點，說起來總有些諷刺。

不管理論與理想再怎麼有道理，要相互放棄主權去創造新事物並不是件容易的事。如同周小川在論文裡指出的，政治人物必須要有「超凡的遠見和勇氣」。中國宣揚的善用特別提款權，比凱因斯所提倡的更加耀眼。

| 第七章 |

霸權

中國這頭獅子已經醒了。

——習近平

二十一世紀的絲綢之路

「讓中國睡吧！中國一旦醒來，就會撼動整個世界。」

一九五八年十二月一日出刊的美國《時代》（*Times*）雜誌封面上，除了有毛澤東的照片外，還搭配了這一段文字。而用「睡獅」來表現中國，是引用拿破崙．波拿巴（Napoléon Bonaparte）的話。

同樣的美國《時代》雜誌，在一九七九年元旦出刊的雜誌則是以鄧小平為封面，並搭配以下這句話：

「中國？沉睡的巨人還躺著。讓他睡吧！一旦醒來，中國就會改變世界。」

然後二〇一四年，習近平也親自表示：「拿破崙說過，中國是一頭『沉睡的獅子』，當這頭睡獅醒來時，世界都會為之發抖。中國這頭獅子已經醒了，但這是一隻和平的、可親的、文明的獅子。」這是習近平在巴黎舉辦的中法建交五十週年紀念大會上的致詞。很難用「和平的、可親的、文明的獅子」來形容中國，這頭已經醒來的獅子正在向西、向南發動攻勢。

從中國通往歐洲的絲綢之路，成為習近平時代的中國經濟、外交政策關鍵字，開始甦醒了。

二〇一三年秋天，習近平拜訪中亞的哈薩克與印尼等東南亞各國時的演說，是他向世

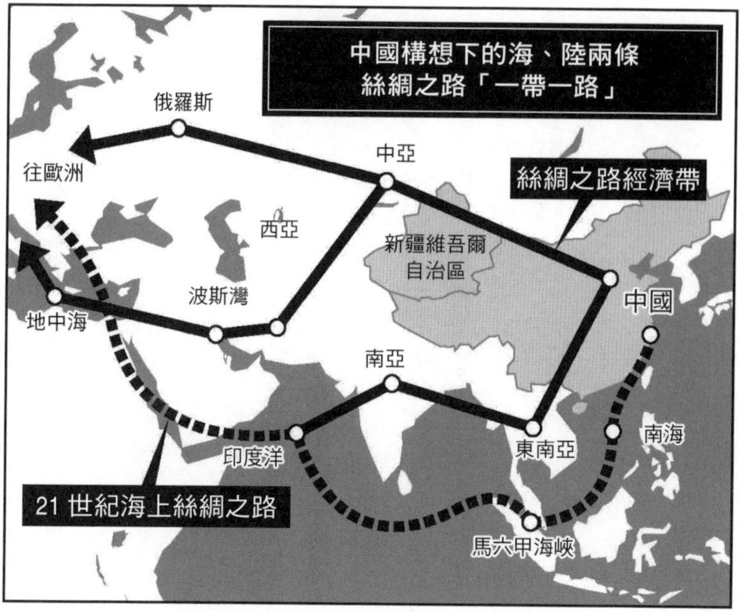

圖片繪製：infographics 4REAL。

界發聲的開始。

習近平使用「絲綢之路經濟帶」（一帶）與「海上絲綢之路」（一路）這樣詞彙提出建議，希望那些國家架設與中國連繫的基礎設備網絡，加強人與物的交流。

以中國為起點，陸路從中亞，海路則從東南亞穿過印度洋，經由中東，連繫到歐洲、非洲。這兩條「絲綢之路」的構想，被稱為「一帶一路」。此外，也有想在氣候暖化、冰融後產生新航道時，建立北極冰上絲綢之路的念頭。「一帶一路」沿線有六十五個國家，人口合計四十四億，占全世界人口的百分之六十三，國內生產毛額占世界總額的三成。只要是中國想要建立良好關係的地方，「一帶一路」就會涵蓋到那裡。阿曼、馬達加斯加和匈牙利，也是絲綢之路囊括在內的國家。到了二〇一七年一月，「一帶一路」合作國家數已經增加到一百。對中國來說，「一帶一路」要的不只是經濟成長，還希望獲得外交與國防上的安定保障。中國本身作為大國，就應該挺身而出，積極地建立區域秩序，「一帶一路」也有這個意思。而成為最大推動力的人民幣，是帶著甜味的金錢。在中國主導下成立的地域性國際組織亞投行，也承擔「一帶一路」的部分任務。

中國也獨自準備四百億美元規模的「絲綢之路基金」，而此基金的中心就是人民銀行，第一個案子是巴基斯坦山岳地帶的水力發電計畫。

從漢、唐到明、清，絲綢之路不僅是中國流通絲綢、茶葉、瓷器到西方的走廊，更是傳遞中國哲學與文明的中華繁榮象徵。「一帶一路」讓絲綢之路復活了，作為實現習近平「中國夢」的路，重新出現在世界的舞台上。

中國財政部負責亞投行，中國人民銀行負責人民幣的國際化，中國商務部則負責基礎建設的輸出，將每個部門各自的規劃都集中到「一帶一路」上面。從胡錦濤政權的時代開始，就有以絲綢之路為關鍵字，和歐洲、中東等國家進行外交連結的想法。例如中國總理溫家寶在二〇一二年一月訪問中東的行程中，就使用「新絲綢之路」這個詞彙來呼籲加深彼此的連繫。

根據中國與亞洲政治外交史專家，東京大學教授川島真的看法：「胡錦濤政權的後半時期，就有學者非常認真研究，參考十九世紀前以華夷思想為基礎的朝貢、冊封關係，討論是否能用於現在正要重新開始的外交上。」

到清朝為止的朝貢，是指中國鄰近國家派遣使節到中國，將貢品獻給中國皇帝。而接見使節的中國皇帝，會回贈比貢品更華奢的物品讓使節帶回國。皇帝的「仁德與恩惠」，其實就是在確認彼此的上下關係，也就是君臣秩序，是附帶著貿易的外交禮儀。

中國是宗主國，鄰近的國家是朝貢國。讓中國在二十一世紀裡重現王朝的安定與繁榮的手段，就是習近平政權的「一帶一路」嗎？川島真說：「以現在的國際關係來看，那是不可能的。一旦那樣的事情成為研究的對象，就等同於是中國的亞洲外交尚未穩定的證明。」

就經濟與安保層面上的意義來說，「一帶一路」可以說是「中國版的馬歇爾計畫」。原版的馬歇爾計畫（The Marshall Plan）是第二次世界大戰後，由美國推動支援歐洲的歐洲復興計畫。

東西冷戰下，為了封鎖蘇聯，美國幫助歐洲進行復興。美元流入歐洲，讓歐洲人購買美國製品，促進自己國家的經濟成長，美元也隨之普及。

中國對基礎建設與資金不足的周邊國家，進行類似的計畫，在支援對象國家的同時，也幫助因為生產過剩而感到痛苦的本國企業。這樣不僅能與近鄰維持穩定的關係，也是推廣人民幣的機會，諸如此類。不過當「馬歇爾計畫」太過於顯眼，中國政府相關人士便會被禁止在公開場合談及。然而，在非公開場合還是會被談論。

二十一世紀的今日，自覺自己是中心的中國，把人民幣出口到被稱為「周邊」國家的鄰近國家，是想在支援鄰國的同時，要求什麼回報嗎？這和日本又會有什麼關係呢？

我一邊往返於北京與沿線各地，一邊進行採訪。談到與中國的關係時，日本的立場和歐洲國家或亞洲等其他國家的立場，有著重大而顯著的不同。

重啟「大東亞縱貫鐵道」

進口到中國的石油有百分之八十，是經由美國管轄的馬六甲海峽運送到中國的。也就是說，成為中國國家生命線的資源，在運送上要依賴美國所主導的海路安全保障。中國對「馬六甲困境」的焦躁感，也是「一帶一路」的背景。

為了從陸路迂迴，中國鋪設管線經過俄羅斯、哈薩克，也開通緬甸的道路。強調以南海為核心利益，就是為了確保能夠安全運送原油的海路。

而亞洲國家是如何看待這樣的中國策略呢？

二〇一六年春天，我前往從印度洋到南海，再通往太平洋的要衝——馬六甲海峽。在街上來回穿梭的，不是日本那樣的電子花車，而是用凱蒂貓與哆拉Ａ夢玩偶來裝飾的人力車，在馬六甲街頭來來去去。

在前往海岸觀賞海峽的途中，我看到畫著習近平與中國總理李克強笑臉的大看板。中國參與當地政府推動的人工島和深水港的建設，並且提供資金與技術。

十五世紀初，這裡是明朝永樂皇帝派遣遠征非洲的海上英雄——鄭和率領艦隊的據點。以當時馬六甲王國為首的許多國家都向明朝朝貢，馬六甲也因為貿易而非常繁榮。鄭和的航海之行，比哥倫布從西班牙航行到美洲大陸早了將近一百年。

對中國而言，馬六甲是特別的城市。它是擁有光榮歷史的舞台，位於中東石油輸出的採購路上，也是現代海運的要衝。

不僅李克強在二〇一五年秋天趁著國際會議的空檔來過，江澤民、李鵬、朱鎔基、胡錦濤、溫家寶等中國國家領導人，也都來過馬六甲。屬於共產主義青年團體，即將進入未來領導階層的政治人物，廣東省黨委書記胡春華在這個城市裡散步的照片，也被貼在中華街上。

中國也支援馬六甲國際機場的整備，很多廣東省的企業也來這裡進行開發。然而，中國企業在馬六甲鋪設的單軌觀光列車在發生過意外事故後，便一直棄置原地停駛。

計畫中建設從中國雲南省連接到寮國、泰國、馬來西亞、新加坡的鐵道，與日本第二次世界大戰時夢想過的「大東亞縱貫鐵道」部分重疊。十九世紀以來，鐵道就是以歐洲列強為首的帝國主義膨脹勢力的工具，也是一種象徵。先前落後的中國，不管是在海洋或陸地，都像是在追逐影子般拚命地付諸行動。

連結馬來半島南北的高速鐵道計畫，是從馬來西亞的首都吉隆坡到新加坡，全長三百五十公里，時速三百公里的鐵路計畫。這個計畫完成後，可以將原本需要六個小時以上的交通時間，縮短為九十分鐘。這個計畫的成本費用以日圓計算，需要一兆數千億日圓。但吉隆坡到新加坡的廉價航空票價只要數千日圓，更為便宜的高速巴士也頻繁往返兩地。儘管有人對這個鐵道計畫的獲利能力提出質疑，但已在日本、中國及南韓成為火花四濺的話題了。

中國雖然在印尼、泰國暫時取得了權利，但是簽訂合約後仍然發生糾紛。在寮國也發生明明已經完成開工儀式，卻遲遲沒有動工的情況。與此相較，日本企業的效率是有目共睹的。不過，中國的工程費用只需日本的一半以下，施工期間也較短。

馬來西亞的都市鐵道已經有很多中國製的列車在行駛，中國的國有企業在馬來西亞成立鐵路工廠，相關企業也紛紛進駐預定成為高速鐵路車站的開發地區一帶。

中國的行動也介入馬來西亞內政。馬來西亞於一九七〇年代就與中國建交，是東南亞之中，從很早期就與中國建交的國家，而當時的首相就是前首相納吉・阿都拉薩的父親。在政府國有開發公司被指出資金流向納吉而發生經營危機時，中國國有企業挹注資金給該公司，並且提供援助。

有一次我又為了高速鐵路的中、日競爭的採訪而前往泰國出差，前往在軍事政變下誕生的帕拉育政權的總理府，訪問副總理布里迪雅通（Pridiyathorn Devakula）。他的辦公室位在像座宮殿的奶油色建築側邊，他就在那裡統合經濟政策。

「我想請日本調查這條鐵道的路線。」繫著紅色蝴蝶領結的布里迪雅通，開始說明關於鐵道合作的事。他手邊的地圖上已經有用紅色線條預先標示路線，那條路線從泰國南部的柬埔寨邊境開始，經過曼谷，直到緬甸國境，是一條東西向的連結路線。

泰國的方針是與中國共同開發從寮國國境到泰國海灣的南北走向鐵道，將東西走向鐵道劃分給日本。從前一個政權的時代起，泰國就把為了推銷高速鐵路而參與競爭的日本與中國放在天秤上，以有利的條件吸引技術與資金。

「泰國希望能與日本、中國都維持良好的關係。」

中國是許多東南亞國家最大的貿易對象，任誰都想在中國崛起而改變的權力平衡中擴張自己的利益，在新天秤前思考秤錘的位置與重量。正因為如此，要求美國與日本參與，成為區域平衡者的呼聲，也就越來越強烈了。

一帶一路不是在有詳細計畫下開始的，也有把之前討論的案子做連結的地方。中國企業處理生產過剩商品的結果，是會高築不良債權，還是會建立超越舊時絲綢之路的交流管道？這一點連中國自己也看不清楚。支持經濟力的天秤還在左右搖晃中尋找平衡點。

希望獲得中國資金挹注的歐洲

「中國能成為歐洲的救世主嗎？」二〇一〇年浮上檯面的希臘等歐盟國家債務危機，讓中國在歐洲的存在感大為提升。歐洲各國紛紛期待中國資金的投資，以及將本國商品出口到中國的龐大市場。

對中國而言，歐盟是最大的貿易夥伴；對歐盟而言，中國是僅次於美國的貿易夥伴。二〇〇〇年時，在歐盟貿易比率中，中國只占百分之五．五；但是到了二〇一六年，中國的比率快速成長到百分之十四．九，緊追在美國（百分之十七．七）之後。

二〇一五年二月十九日，希臘向歐盟申請延長金援。穿著襯衫，沒有打領帶的希臘總理阿歷克西斯．齊普拉斯（Alexis Tsipras）出現在停泊於雅典郊外比雷埃夫斯港的中國海軍大型登陸艦「長白山」號上，在穿著白色制服的年輕軍人圍繞下走上紅毯。

在索馬利亞海上結束對付海盜行動的中國海軍第十八批護航編隊，在完成英、德、法等國的親善訪問後，於農曆正月初一進入由中國國有企業經營的港口。擁有這個自古以來就因為是軍港而成為地中海要衝的部分碼頭經營權的，就是「中國遠洋運輸集團」（COSCO）。二〇〇九年，希臘政府為了減少借貸而出售國有財產，買家就是中國遠洋運輸集團。

「希臘非常重視中國的投資，希臘將作為中國製品輸入歐洲的入口。」

根據中國國營媒體新華社的報導，齊普拉斯在甲板上舉行的迎春節活動中，表示將參與結合中國與歐洲的海、陸路建設計畫，以及啟動雙方海軍之間的合作，還用中文說了新年賀詞。

在與歐盟的交涉過程中，中國金援希臘的傳言滿天飛，成為牽制中國資金的題材。

想把路上經濟活動往西擴展的中國，將比雷埃夫斯港定位為「一帶一路」的重要據點港口。作為通往北非與歐洲的門戶，中國遠洋運輸集團投資相當於數千億日圓的資金進行比雷埃夫斯港的建設，大幅增加貨櫃的吞吐量。以擴大權利為目標，盡力開拓與匈牙利等中、東歐國家的鐵路運輸。對想要強化與歐洲關係的中國來說，經濟情況衰微的希臘是很好的合作對象，所以中國海軍就在這個時間點出現。

「中國海軍在地中海的活動，有很高的可能性會變成常態化。」對中國軍事戰略有詳細了解的東京財團研究員小原凡司指出。中東對中國而言是重要資源的源頭，而此事攸關了對中東影響力的擴大。

高西慶是可運用部分外匯存底的中國投資有限責任公司總經理，我想起了他曾經的感慨。「我注意到年輕下屬們會用輕蔑的態度，對待那些想獲得中國資金的希臘等歐洲各國。在心理上的權力關係變化下，中國的年輕人變傲慢了。」

受到歐洲民主國家同伴的資金緊縮與成效壓力，希臘不得不出售國有財產。其策略性買家，竟然是一黨獨裁下的中國國有企業，這實在太諷刺了。民主主義與市場經濟的破綻，把兩個古代文明發源地連結在一起。

訪問喬治亞

二〇一五年春天，我訪問西亞北端，位於稍微途經絲綢之路南高加索位置的喬治亞。

這個國家在不久之前還被稱為格魯吉亞，擁有四百三十萬人口，大約是北京市人口的五分之一。

一九九一年蘇聯瓦解後，喬治亞獨立，但國內有主張分離主義的阿布哈茲與南奧塞提亞的問題，所以與俄羅斯之間的關係劍拔弩張。二〇〇八年，喬治亞與俄羅斯發生武裝衝突，兩國斷交。喬治亞的主要支援國是美國與德國。

喬治亞雖然不是歐盟會員國，但好像為了擺脫俄羅斯的控制，政府機關建築的裡裡外外到處可見歐盟的藍色旗幟。因為不符合加入歐盟的條件，所以無法成為歐盟成員國，但二〇一四年時與烏克蘭、摩爾多瓦，以全面合作為目標，和歐盟簽署聯合協議。

▲ 中國企業掌管了建設現場（喬治亞）。

在不安穩環境下求生的喬治亞，也想參與一帶一路。

我到喬治亞訪問時，首都提比里斯正為了夏天要舉辦的歐洲青年奧運而忙著建設會場。塵土飛揚的工地裡，除了當地的工人外，也有來自中國的工人。那些工人講的不是北京話，我問過他們之後，才知道他們來自陝西省西安市。

西安市曾是古代絲綢之路的要衝——唐朝國都長安。在工地裡進進出出的紅色卡車上，印有「重汽華威」的字樣，那是以前在重慶市用過的舊車，工地附近還有成排的中國工人宿舍。

總面積約四百二十萬平方公尺的廣大用地上併設大型商場與飯店，是個被稱為「港灣新都市」的國際經濟特區，很像常在中國地方城市看到的不動產開發案現場。目前正在蓋青年奧運選手使用的宿舍，據說比賽結束後，這些宿舍將變成集合住宅出售，這裡從玄關的門鈴、門簾、配電箱，到廁所的馬桶，都是中國製。

在中國國內的成長速度減緩時，「一帶一路」成為推動中國企業向海外發展的領路人，為中國過剩的生產力找到出口。

中國生產過剩的產業很多，包括鋼鐵、太陽能板、建設資材、電機、汽車等。住宅和商業建築物等不動產事業衰退，也對經濟造成影響。國內過剩的勞力與物資可以出口到國外，進行跨地域的基礎設施建設。

中國新疆維吾爾自治區的大企業集團——華凌集團（總部在烏魯木齊市），就在這裡投資了三億美元。

「帶來三千人的工作機會，所以要表達三千人份的感謝。」喬治亞總理瓦諾・梅拉比什維利（Ivance Merabishvili）在開工典禮上如此說。

配合投資與貿易，一邊主導地域規範的制定、一邊推廣人民幣的使用。這是意識到在美國的主導下，日本積極進行的跨太平洋夥伴協定（Trans-Pacific Partnership, TPP）。一帶一路不求跨太平洋夥伴協定那樣高標準的自由化，缺乏彼此束縛的統一規範，但強調多樣性。應該說，沒有規範也是一種規範。對大國來說，沒有規範的戰鬥更有利。

二〇一五年三月，喬治亞與中國簽署以共同建設「絲綢之路經濟帶」為目標的備忘錄。連接歐洲與中國的貨物列車，也在二〇一五年二月首次在提比里斯停車。簽訂人民幣互換協議與自由貿易協定（Free Trade Agreement, FTA）的交涉也開始了。

成為喬治亞最大外資系企業的華凌集團收購當地的貝西斯銀行（Basis Bank），使用人民幣進行交易與投資。貝西斯銀行總行的牆壁上，掛著美元、歐元、人民幣與喬治亞貨幣拉里的匯率板。貝西斯的一位高級行員表示「一帶一路的構想推動來自中國的投資，人民幣當然也會擴大使用」，正在考慮要增設分行。

喬治亞副總理兼經濟和穩定發展部長奇歐魯．克比里卡西比利毫不掩飾對人民幣的期待，表示：「中國的絲綢之路構想是連貫東西的新走廊，不只對位於走廊十字路口的我國，對整個歐亞大陸都具有重大的經濟意義。」

高人氣評論家哈度納．拉卡傑塞說：「像喬治亞這樣的小國，要和俄羅斯對抗的話，必須與大國有密切關係。在安全保障與價值觀方面，喬治亞依賴歐盟與美國；在經濟方面則對經濟實力崛起的中國充滿期待。兩相並存是必然的選擇。」

我曾到喬治亞外交部訪問外交部長塔瑪爾．別茹阿什維利。喬治亞的外交部建築之前是舊蘇聯時代的女子學校，既舊又小。雖然我臨時求見，但仍在週末下午得到回應。當我把在日本成田機場臨時買的，穿著和服的凱蒂貓娃娃送給對方時，他高興地說：「日本是非常可愛又了不起的國家。」

大概是要搭配紅白十字架國旗的關係吧!穿著鮮紅色套裝的別茹阿什維利開始談論喬治亞的歷史。送給我喝的紅茶杯旁，還有一包印著歐盟標誌的糖包。

「我們有被侵略、淪為戰場的歷史，還有俄羅斯這麼一個跟我們有著複雜關係的鄰國。藉由吸引國際投資、提高經濟實力，都能讓我們在經濟和安全保障上面更加強大。」別茹阿什維利看著身穿和服的凱蒂貓，又說：「當然，日本也很重要。」

「從蘇聯獨立出來的各國，基礎設施都很老舊，而且所有的交通路線都是在連結莫斯科的意識下打造出來的。這已經不符合現在的需要了。」

的確，中亞或高加索、波羅的海國家的基礎建設，都是以經過蘇聯時代的莫斯科為要求而計畫、建設的。如今使用鐵路連接到中國和英國的貨車已經開始運行了，而通往世界第二大經濟國首都——北京的「絲綢之路」有更大的魅力。

各個時代對「絲綢之路」的概念有不同說法。

希拉蕊擔任美國國務卿的二〇一一年，「新絲綢之路計畫」（New Silk Road Initiative）提出支援絲綢之路經過的中亞諸國基礎建設開發，讓貿易更加自由化的提案。

蘇聯瓦解後，經過十餘年時間，據說曾是最高權力者，也是前蘇聯外交部長愛德華·謝瓦納茲（Eduard Shevardnadze）也曾經表示，喬治亞是東西的交會點，要利用這樣的地理位置作為戰略，所以絲綢之路的構想也不能說是中國的新構想。

貫穿中亞的開發，不是件容易的事。複雜的地理環境與不穩定的政局，再加上人口稀少，增加開發的難度。

雖然相關國家對這個巨大構想的期待越來越高，但中國資金流入之路卻不平順。

亞投行的野心

「亞洲的國家陸陸續續集合起來，就連因為南海主權問題而對立的菲律賓與越南也參加了。」

這是從中亞的哈薩克首都阿斯塔納打來的國際電話，電話那頭的聲音聽起來相當激動，聲音的主人是《朝日新聞》的同事——新加坡分公司的主管都留悅史。他因為要採訪亞洲開發銀行每年一次的年會而到阿斯塔納出差，剛好中國也在召開加入亞投行的說明會。

那是二〇一四年五月，日本黃金週時的事。十幾個國家的代表聚集在總會會場附近的飯店宴會廳裡，但日本政府的代表並沒有受邀。

不管怎麼說，在日本擔任歷代總裁的亞洲開發銀行年會旁舉辦那樣的說明會，實在讓人不舒服，就像是要另立派別似的。我還記得當下的錯愕。

都留悅史的「發現」占據隔天早報的頭版，我也寫了關於這件事的相關專欄。

「中國不只為了拓展對既有國際組織的影響力，也開始要豎立不一樣的『旗幟』。或許『亞投行』會成為潮流的分界線。」

中國判斷自己現今的經濟實力與當前的國力，認為中國在歐美主導的「布列敦森林體系」內的世界銀行、日本擔任歷代總裁的亞洲開發銀行內，都受到不平等的發言限制，於是決定成立能由自己主導的組織。因為我們中國已經成為世界第二經濟大國了——中國的野心沸騰了。正如標題「中國開始政治遊戲」所示，回頭看了看我的文稿，文中也充滿警戒心。

習近平在二〇一三年十月訪問印尼首都雅加達時提出「一帶一路」的構想，與亞投行是相互呼應的。

「為促進本地區互聯互通建設和經濟一體化進程，中方倡議籌建亞洲基礎設施投資銀行。中國準備為包括東協國家在內的區域內發展中國家基礎建設提供資金援助。」

印尼總統蘇西洛對習近平的提議「積極響應」（中國國營新華社）。習近平的提議強調了亞投行與亞洲開發銀行，以及世界銀行等現有開發銀行的互補關係。

為什麼新銀行是必要的？

中國在亞洲開發銀行是僅次於印度的第二大借款國，也有好幾位中國人出任副總裁，出資比率排在日本與美國之後，名列第三。

也就是說，中國是亞洲開發銀行的實力會員國，但並不支持亞洲開發銀行的擴大方向，而要另舉旗幟。是因為「第二、第三都不行，一定要第一才可以」嗎？

中國強調要設立亞投行的論點，在於亞洲基礎設施的建設需求強勁，只靠亞洲開發銀行與世界銀行的現有資金是不夠的。但諷刺的是，亞洲開發銀行的推算卻常被拿出來當作依據。

二〇一〇到二〇二〇年，亞洲需要將近八兆二千億美元的基礎建設經費，也就是說每年需要七千四百七十億美元（後來亞洲開發銀行增額計算），這是只靠亞洲開發銀行、世界銀行和各國政府負擔不起的資金。中國政府在這個時候自行定位，表示：「中國將轉換角色，承擔起地域經濟大國的責任。」

高舉「中國夢」的口號，實現中華民族偉大復興的習近平時代來臨了，中國開始明確表達自己要成為亞洲地區主導者。或許在評估本身的國力後，中國認為挑戰美國的國際秩序為時尚早，但並不隱藏建立亞洲以中國為中心秩序的野心。

在雅加達公開聲明「一帶一路」的構想後，習近平又發表令人矚目的演說——「積極樹立亞洲安全觀，共創安全合作新局面」。二〇一四年五月二十一日，在上海舉辦的亞洲相互協作與信任措施會議第四次高峰會上，「亞洲的問題歸根結底要靠亞洲人民來處理，亞洲的安全歸根結底要靠亞洲人民來維護。亞洲人民有能力、有智慧通過加強合作來實現亞洲和平穩定」、「中國是亞洲安全觀的積極宣導者，也是堅定實踐者」等冠冕堂皇的話。當然，這些話是針對美國，而不是向著亞洲人說的

在潮流分界線的變化中，說到安全保障方面，中國有人民解放軍積極進出海上的問

題；而說到經濟方面，中國又帶頭成立亞投行。在這樣的情況下，受到最大影響的，就是即使在戰後，也仍飛翔在亞洲發展天空上的雁群領導者日本。

在這個銀行裡，人民幣重疊的日子會來到嗎？想到這裡，我更執著於對亞投行的研究了。

CLEAN、GREEN、LEAN

凜冽的寒風吹跑成為北京景色的懸浮微粒——霧霾。

「熱烈祝賀亞洲基礎設施投資銀行開業儀式系列活動」。二〇一六年一月十六日，晴朗的天空下，紅底白字的旗幟飄揚，從天安門廣場往西數公里，位於金融街的威斯汀飯店內，剛就任亞投行行長的金立群正在召開記者會，設置在北京奧運會場區域內的亞投行總部大樓也正在興建中。

我也從東京到北京參加這個記者會，然而記者會沒有預想中的熱鬧，參與的記者還不到一百人，外國媒體中又以日本記者最醒目，由此可知日本對亞投行的關心程度。

裝飾這個會場的是蝴蝶蘭盆栽，並不特別華麗。會場裡沒有中文的標示，記者會上全都使用英文，也沒有中文的同步通譯。

坐在金立群旁邊的是一位金髮女性，她是擔任司儀的發言人蘭希・古奇。因為被揶揄亞投行是中國所創，為了中國而存在的銀行，所以記者會上面盡量抹去中國的色彩。

「這是歷史性的一天」，得到五十七個會員國的信任，金立群的頭銜從臨時多邊祕書處祕書長轉為「行長」，任期五年。他純白襯衫袖口上的銀色袖扣閃閃發亮。

「沒有貪腐的問題嗎？」

金立群複述了以前就強調過的「CLEAN（廉潔）、GREEN（綠色）、LEAN（精幹）」三大原則。

「以後還是會敞開大門嗎？」

「不管是從北到南，還是從東到西，亞投行的大門是敞開的，並將繼續敞開。」這個回答表示歡迎亞投行創立時沒有加入的日本與美國加入。

「亞投行專案是否會使用人民幣？」

「亞投行將使用美元為結算貨幣，但之後也考慮使用歐元、人民幣等其他貨幣。」

三十分鐘左右的記者會結束了。從習近平發表構想到亞投行的成立，只花了短短兩年多的時間。無論如何，亞投行在中國的力量下成立了。

與亞洲開發銀行有何不同？

亞投行是什麼樣的銀行呢？與世界銀行、亞洲開發銀行有何不同呢？

亞投行的成員國與區域，已經多達七十個（二〇一七年三月時）。除了亞太諸國外，也有歐洲、俄羅斯到中東，甚至還有非洲國家。依照域內和域外、出資與融資等基準，加入條件不盡相同。雖然埃及列為域外的國家，但以色列、約旦、阿拉伯聯合大公國等則列為域內國家。

還有一些國家在等待批准手續，預定二〇一七年年中時，成員國與區域可達到八十五個（譯註：截至二〇二〇年一月，成員國與區域為七十六個）。比起剛剛迎接五十週年，擁有六十七個成員國與區域的亞洲開發銀行，亞投行規模大多了。亞洲開發銀行成員中，不是亞投行成員的，估計只有日本、美國和台灣。

亞投行的資本額約為一千億美元，雖然已是最初計畫資本額的兩倍，卻只是亞洲開發銀行約一千五百億美元資本額的三分之二。出資比率是發言權的後盾，中國在亞投行的出資比率占百分之二十九．八，在亞投行中排第一。第二是印度，所占比率僅有百分之八．四，所以中國一國就能否決議案，擁有實際的「否決權」。這一點和日、美各占百分之十五的亞洲開發銀行不同。

亞投行的工作人員不滿一百名，還有不少是從世界銀行與亞洲開發銀行等既有的國際組織轉職而來的。據點只有一處，就是北京。

各成員國的代表理事並不常駐在北京的總部。亞投行採用異於世界銀行與亞洲開發銀行的運作手法，以寬鬆的標準對待成員國，這一點招來日本等國的強烈批評。但是，對新興國家與開發中國家而言，複雜的手續會延誤業務與增加成本，這經常是它們對既有國際組織感到不滿的原因。所以亞投行以此為主張，不對強烈的批評讓步。

與除了馬尼拉外，還有三十個左右的據點，並擁有三千名職員的亞洲開發銀行相比，亞投行可說遠遠比不上亞洲開發銀行，不過當初亞洲開發銀行成立一年後的職員陣容也是一百人左右。

亞投行第一年決定的九件融資案中，有六件是與世界銀行或亞洲開發銀行等銀行的聯合融資，對印尼和亞塞拜然是與世界銀行的聯合融資，對巴基斯坦是和亞洲開發銀行，對塔吉克斯坦與緬甸等則是和歐洲復興開發銀行（European Bank for Reconstruction and Development, EBRD）。亞投行另外支付手續費給世界銀行與亞洲開發銀行。亞投行單獨融資的三件，是孟加拉的傳輸網路改善業務與阿曼的港灣業務等等。而亞洲開發銀行在第一件融資成立前，做了一年多的準備。亞洲開發銀行的第一任總裁渡邊武在回憶錄《亞洲開發銀行總裁日記》裡，這麼寫道：

「為了表現業績，趕快通過一、兩件融資案吧！並不是沒有人對我提出這樣的建議，但是為了確立銀行的信用，倉促融資是不可行的。」

亞投行以聯合融資的案件為主，獨自融資的案件少，日本有了這樣的批評意見。不過，我感受到的是亞投行必須要快點取得成果的焦慮。因為是習近平特別在意的銀行，所以第一年不能沒有業績，但勉強求得業績是有危險的。

亞投行第一年的融資總額是十七億美元，從資本額中借出使用。不管是什麼銀行，都必須像世界銀行或亞洲開發銀行那樣發行債券，獨自調度資金。因為新興國家、開發中國家的出資比率比世界銀行或亞洲開發銀行來得高，在市場上調度資金時所需的評等相對變低的可能性就提高了，因此就必須支付較高的利息，成本也會變高。

中國持續招攬日本的主因有兩個，一是為了在政治上取得作為亞洲機構的正統性；另一個則是因為有必要提高已開發國家的比例，並獲得較高的評等。要如何調度出借的錢呢？這是今後的大課題。從資金的調度與確保人才方面來看，亞投行應該不會突然變大吧！

不過，儘管在日本常常被那樣批評，亞投行應該也很難因為不良債權而破產，而且在有許多歐洲已開發國家也加入的情況下，亞投行很難會有不合理的融資。亞投行的成員國之多，超出中國預想。對中國來說，亞投行已經成為中國對國際社會的「展示櫥窗」，沒有必要讓它去做不合理的融資。

若要為了中國人民解放軍建立港口，就進行雙邊援助。中國國家開發銀行與中國輸出入銀行是只要照著中國的意思，就會送出經濟援助的卒子。它們擁有比日本的國際協力銀行（Japan Bank International Cooperation, JBIC）更充足的資金，中國人民銀行所控管的絲綢之路基金、中國東南亞基金、中國非洲發展基金等，有十個以上可以獨自掌控的基金。在尋找獵物的鵰鷲或老鷹銳利視線下，亞投行沒有什麼理由要有特別行動。

中國政府對於亞投行副行長的布局，是赤裸裸的國際政治操作。第一位副行長是英國自由民主黨的政治家丹尼·亞歷山大（Danny Alexander），負責全盤組織。直到二〇一五年選舉落選前為止，曾擔任英國財政部首席秘書長達五年之久。

其次，是二〇一六年秋天以前在亞洲開發銀行擔任副總裁的法國人蒂埃里・德隆瑪（Thierry de Longuemar），負責財務。他也曾經擔任非洲開發銀行（African Development Bank）副總裁。

負責政策與戰略副行長是德國人約金・馮・安博格（Joachim von Amsberg），他為世界銀行工作二十五年，從副總裁職位轉職到亞投行。負責投資的是印度人，內部管理從印尼的各政府機關招攬。事務局長則是紐西蘭人。

亞投行剛剛發足之時，還有從南韓官方銀行行長轉職過來的洪起澤。南韓加入亞投行時，強烈要求要有副行長職位，但是洪起澤卻以個人因素只擔任幾個月就離開亞投行，因為一開始就被潑冷水而憤怒的中國，於是把原本屬於南韓的副行長職位交給法國。

這樣的職務分配看來，是平等地對支持地區與亞投行的國家論功行賞。想想亞洲開發銀行副行長是美國、中國、荷蘭、印度、印尼、澳洲人，就會發覺也是選擇以區域的領導國來擔任重要職位，兩者的作法大同小異。

中國加盟亞洲開發銀行將近二十年了，才終於從南韓手中搶走副行長一職。所以在自己能做主時，也要享受一下分派職位的感覺。金立群也想招攬日本加入亞投行，也曾經暗示「給你們副行長的職位，要不要加入？」

首任行長的履歷

在亞投行準備成立之時就是行長人選的金立群，是個怎麼樣的人呢？

一九八〇年，中國取代台灣成為世界銀行的一員。那時有著圓臉，看起來很有福氣的金立群，是剛剛在財政部踏上官僚人生，通曉英語，被派到華盛頓的年輕人。到了二〇一六年，金立群就任挑戰美國主導布列敦森林體系的亞投行初任行長。

中華人民共和國建國的那一年，也就是一九四九年八月，金立群出生於上海附近江蘇省常熟市的教師家庭。從中學時代開始，金立群就特別喜歡英國文學，也表現出優秀的英語能力。但是，他的青春時代也被文化大革命的陰影籠罩，和其他與他同時代的知識分子一樣被下放到農村，十年間強迫學習農作與建築工作。好不容易到了一九七八年大學入學考試再現，他才得以進入北京外國語大學研究所，當時他已經快三十歲了。兩年後，他因為優秀的英語能力而被招攬到中國財政部，不久後就被派到華盛頓。

▲亞投行的首任行長金立群。

金立群能閱讀莎士比亞（William Shakespeare）或狄更斯（Charles Dickens）的原著，一有興致時「會自我陶醉地沉浸在朗讀當中」，這是曾與他交涉過的一位日本財務官對他的形容。

金立群在世界銀行工作期間，中國是初入國際金融場域的新生。中國這個貧窮的大國能獲得發言權嗎？不對，是能不受到不利的影響嗎？曾經長期在農村生活的人來到完全不一樣的環境，即使不願意，也必然會體驗到由歐美主導及建立的國際金融政治學。

金立群後來到美國波士頓留學，之後在中國財政部內負責世界銀行的業務，也就是在中國向世界銀行交涉借款的部門工作，被派駐到世界銀行總部。因為天安門事件而遭受以美國為首的國家經濟制裁的那幾年，他也負責一樣的業務。

有了這些經驗後，從二〇〇三年開始的五年間，他當上亞洲開發銀行的副總裁，是亞洲開發銀行的第一位中國人副總裁。金立群在九千萬名中國共產黨員裡，排名在四位數之列，可以說是相當低。但是他非常清楚，國際組織單靠華麗的外表和言辭是行不通的，凡事要有堅實的力量才行得通。

在東西方冷戰時期，國際貨幣基金組織和世界銀行的責任，都是為了以復興歐洲為起點的「西方」社會的成長與發展。亞洲開發銀行的成立也一樣，是美國以越戰為契機，重視亞洲的戰略性地位的結果。目的在於避免亞洲共產圈的骨牌效應。

長期以來，「東方」都一直屬於「外」。至今也不是「西方」的中國政治家與官僚，也不會幻想「平等、公平、公正」的國際組織。在台灣被視為中國代表的時代，中國是被國際組織淘汰的。擁有國力與財力就能得到正統性並制定管理的規則，一旦有了力量，就會成為制定規則的那一方，這是理所當然的。

英國開始的骨牌效應

那是亞投行的分歧點。

二〇一五年三月六日，配合中國全國人民代表大會在北京舉辦的記者會上，財政部長樓繼偉被詢問已開發國家加入亞投行的可能性時，這麼回答：「我們也歡迎區域外的國家加入，歐洲一些國家已經表示了願意參與，也包括比較大的國家。」

我還記得樓繼偉習慣性揚起單邊嘴角的微笑表情，一雙眼睛靈活轉動。據說他的眼睛很容易疲勞，很喜歡日本友人送的眼藥水。

因為他用了「比較大的國家」這個說詞，所以應該不是以金融立國，一開始就被認為會加入亞投行的盧森堡，因為盧森堡很小，全國人口只有六十萬左右。二月時，東京就有傳聞說英國會加入亞投行。

只是不能用想像來寫報導。亞投行三月底的創始成員申請截止日期，就快到了。尚未能獲知內情的情況下，英國財政部在樓繼偉的記者會結束的六天後，在官網首頁上宣布加入亞投行。

聲明稿中表示：「加強與亞洲的合作關係，是英國企業在全球成長市場獲得商業和投資機會的長期經濟計畫支柱。」也表達出要利用英國本身的知識與經驗，「從內部影響行政管理等事務運作」的意願。

英國反覆與中國進行財政金融對話，維持密切的經濟關係。對倫敦金融城而言，人民幣的市場吸引力可謂是致命性的。英國財政大臣喬治・奧斯本（George Osborne）完全不掩飾「親中」態度。

即使在「無視人權」強烈批評聲浪下，中國政府仍然繼續壓迫新疆維吾爾自治區，奧斯本前去訪問，為中國做政治宣傳。倒不如說是在拉近與中國市場的距離。另外，據說英國首相卡麥隆還因為「第十四世達賴喇嘛」而抱有心理陰影。

二〇一二年，英國首相卡麥隆會見被中國視為「分裂勢力」的藏傳佛教最高領袖第十四世達賴喇嘛。卡麥隆此舉激怒中國當局，中國拒絕與卡麥隆舉行領導人會議，這是國力越來越強大的中國近年來常常使用的手段。不知是因為吃過苦頭，還是因為接受了奧斯本的勸說，卡麥隆越發重視與中國的經濟關係。

英國決定加入亞投行的時期，正好是國內大選前幾個月，亟欲得到經濟界的支持。據說當時英國政府也和外交部門持不同意見。日本財務省強調，包括日本在內的七大工業國財政當局都商議應該要和亞投行保持距離。

英國的獨自脫隊，影響了同樣重視與中國經濟關係的歐洲其他國家，德國、法國、義大利也在英國加入亞投行五天後，一起表態要加入亞投行。參加亞投行的熱潮很快地推向世界。與美國有同盟關係，一直在猶豫要不要加入的南韓也決定加入，在中東地區同樣與美國有同盟的以色列也展開行動了。英國引發了骨牌效應，到了三月底，已經有四十餘國表明加入亞投行，亞投行的成員國在一個月內增加一倍。

第二次世界大戰後，挑戰歐美主導的布列敦森林體系而受到矚目的「亞投行狂想曲」（東京大學教授川島真），在英國表明加入後，有了相當大的變調。

不過，我認為即使英國沒有面臨幾個月後的國內大選，也遲早會加入亞投行。我們不妨回想一下英國與中國之間的漫長歷史。

第二次世界大戰期間，英國率先幫助蔣介石領導的國民黨進行貨幣統一，但戰後又很快地拋棄了國民黨所統治的台灣，在毛澤東建國的第二年就承認毛澤東的政權，是最早承認中華人民共和國的西方主要國家，目的在於保有香港殖民地的既有利益。為了自己國家的利益而與中國合作，原本就是英國的一貫作風。

英國決定脫離歐盟，開始把基礎產業中的金融業界，包括香港上海滙豐銀行在內的部分工作移轉到巴黎。對英國而言，在倫敦維持領先的人民幣業務，或許是越來越重要的事情。對歐洲大陸強勢的英國現任首相德蕾莎．梅伊（Teresa May），對中國是否也能維持強悍的姿態呢？

日本政府認為英國首相卡麥隆以及德國總理梅克爾同是叛徒，對此感到憤怒。

英國表明加入亞投行的三天後，梅克爾抵達東京。在領導人會議上，對於德國重視的烏克蘭問題，安倍晉三表達合作的意思；在打擊恐怖主義的政策上，也會與七大工業國採取一致的行動。雙方的意見並沒有什麼大鴻溝。

但是，與安倍晉三會談的八天後，德國表達了加入亞投行的意願。根據了解雙方會談情形的日本政府相關人員敘述，包括晚餐時間在內，雙方在一起長達五個多小時。

「一起詳細研究亞投行的條件吧！」安倍晉三對梅克爾這麼說。梅克爾未表明加入亞投行的意願，這讓日本政府認為「梅克爾答應不加入」。雙方之間也有「日本不參加嗎？」、「參加如何？」的對話場面。

幾天後，梅克爾致電安倍晉三。根據相關人員的說法，梅克爾解釋說英國加入亞投行就是德國參加亞投行的原因。

如果著眼於安保問題，就像看待烏克蘭問題一樣，俄羅斯一直是歐洲的威脅，是應該予以嚇阻的國家。但中國與歐洲有地理上的距離，和難民、恐怖主義等現有「危機」的直接關聯也不大。

日本雖然一直對絲綢之路的構想心懷警戒，但對利用中國建造的公路與鐵路運送歐洲製產品之事卻不排斥。而且歐洲國家是亞洲域外國，當初對亞投行的出資金額也不到十億美元，比日本加入的試算金額少一位數。

亞投行是可以確認日本與歐洲對中國立場不一樣的見證場合。

美國的成熟應對

美國政府又是怎麼應對的呢？美國沒有加入亞投行。

美國參與亞洲事務的程度很高，也可以說是亞洲的一部分。在亞洲開發銀行裡，美國也與日本並列最大出資者。在美國的認知裡，正在崛起，或者應該說是正在復興的中國所提倡的亞投行，基本上是在挑戰美國所主導並建立的戰後國際秩序。在美國看來，習近平政權的地域戰略「一帶一路」構想中扮演要角的亞投行，不但是金融上的抗衡者，也是安全保障的對抗者。

而且，就美國來說，不但不加入亞投行，更有著不能加入的強烈因素，而那個癥結點就是美國國會。美國國會不只不想出資給亞投行，也不喜歡出資給國際組織。大國往往都會認為比起處理多邊國家關係，雙邊國家關係的處理更能按照自己的意思去進行。這是因為多邊國家的關係中，無論如何都會有一些不得不遵守的各國共通的規則存在。

對國際貨幣基金組織的增資問題上，即使新興國家呼籲應該按照國力提高出資的比率，這件事就算美國政府同意，美國國會不同意也是行不通。

想擴大發言權的中國等新興國家對此感到非常不滿，這讓中國有了籌組亞投行的「藉口」與「正當性」，這也可以說是美國的「烏龍球」。

在英國引發骨牌效應後，美國財政部長路傑克（Jack Lew）以總統特別代表的身分飛往北京。三月三十日，聲明加入亞投行截止日的前一天，路傑克在人民大會堂與中國總理李克強會談，傳達「歡迎亞投行發揮更大的作用，加強兩國或多國間的合作」的訊息。

可以看出這是避開正面衝突的舉動。

曾任世界銀行中國事務負責人與駐北京的美國大使館財務負責人的杜大偉，擔任顧問一職。將長期服務於世界銀行的美國法律專家送去做顧問，比起採取「無視」應對態度的日本，美國的應對態度可說是十分成熟。杜大偉是美國智庫布魯金斯研究所的研究員，在接受《朝日新聞》採訪時，說出「美國敦促同盟國加入不是比較好嗎？」、「日本最好還是加入，接受中國的經濟規模已經從兩倍成長到三倍的現實」。

小布希政權（共和黨）時代的貿易部代表（USTR），也曾經是世界銀行總裁的佐利克在英國《金融時報》上指出「歐巴馬政權對亞投行的應對，有戰略上的錯誤」、「美國犯下的最大錯誤，就是失去改變國際制度的主導權」，美國應該積極參與中國提出的新秩序。佐利克是提倡國際社會應該讓中國成為「有責任的利害關係人」的人物。

柯林頓政權（民主黨）時代的財政部長是哈佛大學教授薩默斯，他在自己的部落格裡感嘆「或許會被記為美國失去世界經濟體系保證人角色的階段」、「自布列敦森林體系建立以來，不曾發生這樣的情形」。他是亞洲金融危機時，瓦解日本提出的「亞洲貨幣基金構想」的人。

是加入好，還是不加入好？是不加入，還是不能加入？在中國潛在的經濟力量面前，除了日本以外，美國顯然沒有勸阻其他同盟國加入的力量與意圖。不對，日本是不一樣的。正確來說，日本是依照自身想法不願加入的國家。

以色列的情形

從南韓、澳洲到加拿大，這幾個美國重要的同盟國家，都決定加入亞投行。連建國以來一直接受美國庇護的以色列也成為亞投行的一員。沒有加入亞洲開發銀行的以色列，為何會選擇加入亞投行呢？

二〇一五年五月，我在亞塞拜然的巴庫採訪完亞洲開發銀行第四十八屆年會之後，飛往了特拉維夫。以色列政府在兩個月前的三月三十一日，亞投行第一波加入截止日的最後一刻宣布加入。

中國駐以色列大使詹永新在可以眺望地中海夕陽的陽台上，開始說道：「中國與以色列的關係進入最好的時代。」生命科學博覽會在商業城市特拉維夫開幕，約一百名左右的兩國商業相關人員聚集在招待會上。

我和《朝日新聞》以色列分局局長渡邊丘，得到以色列政府的採訪許可來到陽台。中國政府的相關人員看到日本媒體記者拿著照相機出現還嚇了一跳，但是從中國來的企業家對我們的出現倒是並不在意，在知道我會說中文後，還很友善地靠近我們。

「對我們來說，這不是政治，是經濟。只要能賺錢，哪裡都會去。日本有沒有好的投資點呢？」一位浙江省出身，從事化學製品開發與販售的男子問道。

以色列在一九九二年與中國建交，二〇一四年的貿易額超過八十七億美元，和二〇〇九年相較，膨脹將近兩倍，僅次於歐盟的四百二十九億美元與美國的二百七十一億美元。

對中國而言，以色列的網路安全領域等高科技深具魅力，吸引中國急切地想投資與貿易。以色列前外交部官員歐戴德・耶朗說：「以色列正被迫在對美關係與加強對中關係所能得到的利益之間，做出抉擇。」

一九四八年，猶太人的國家以色列建國時，最早予以承認的就是美國。近年來，美國還持續給予以色列每年約三十億美元的無償軍事援助。對美國來說，以色列是第二次世界大戰後累積給予最多援助的國家。

了解以色列表示要加入亞投行內幕的關係人士，對來採訪的渡邊丘透露：「表明要加入亞投行的一週前，就傳達消息給美國友人了。」另一位關係人士也說：「美國當然不喜歡那樣的情形，但確定也沒有阻止。」

中國企業在「一帶一路」政策下，標下一個又一個以色列大型基礎設施建設工程，例如面對地中海的以色列國內最大港口阿什杜德的第二期建設工程、北部商業都市海法的隧道與新港建設。中國企業更對不經過蘇伊士運河而從地中海穿越紅海的鐵路建設，展現出旺盛的企圖心。

中國感覺到以色列高科技技術的魅力，在駐以色列的中國大使館官網首頁上，介紹了十幾家已經進入以色列的中國企業，華為科技也是其中之一。以收購當地法人的形式，在以色列設置研發中心。

「以色列擁有中國企業想要的高水準研發能力，它們非常活躍，有很充足的資金，決策也很快。」創投 Vertex 公司的的大衛．海勒（David Heller）表示。不只是資訊科技，對食品、醫療用品、農業、環境領域等也有很高的興趣。

「中國和日本不一樣，並不害怕阿拉伯諸國的反應，而且，事實上什麼事也沒有發生。幾乎每個星期都有從中國來的訪客，讓這裡忙得像旅行社。」

以色列亞洲商會副主席伊浪．馬歐拉則如此表示。彷彿是在展現與中國之間往來頻繁且密切的經濟關係，以色列外交部亞洲事務局某一層樓的電梯廳裡，掛著一幅繪製著萬里長城，大約兩張拉門大小的掛毯，是中國贈送的禮物。

事實上，以色列並沒有加入美國與日本所主導的亞洲開發銀行。「是沒辦法加入。」以色列的政府相關人士異口同聲地說。一九九〇年代時，以色列曾認真檢討加入亞洲開發銀行的事，但最後還是沒有加入。以色列外交部曾參與討論的耶朗表示：「和以色列關係不好的印尼、馬來西亞等伊斯蘭體系的亞洲強國，堅決反對以色列加入。我們判斷，那不是主導亞洲開發銀行的日本和美國可以說服得來的。」

在日本外務省服務的外務審議官田中均指出：「在國際組織裡，後來想加入的國家確實可能遭受已加入的敵對國家反對而無法加入。想要在國際社會擁有多方面的發言權，自然就會有『能加入的組織就先加入再說』的想法。」

作為蘇聯時代東西冷戰下的「敵對國家」，與先加入的國家之間存在矛盾關係而未能加入亞洲開發銀行的俄羅斯，也在亞投行一成立就加入了亞投行。在「一帶一路」的中國投資與國際政治多方角力之下，參與亞投行的加盟國比中國預想的還要多。

沒有射擊子彈的戰爭

對中國的企圖心懷疑慮、以負面態度來面對的國家，正是日本。

「這是與中國的戰爭之一，只是沒有射擊子彈而已。日本一開始就不會加入，這不是理所當然的嗎？跟中國之間沒有安保問題的歐洲，在立場上就跟日本不一樣。」

曾在駐北京的日本大使館服務的某位外交官抱怨道。這是亞投行開始營運十個月後，二〇一六年秋天的事。

中國經濟的崛起與向海外擴展的擴張主義擺在眼前，日本的亞洲政策在優先次序上，將壓制崛起中的中國與北韓問題並列，放在最優先考慮的位置上。

亞投行首任行長金立群在擔任多邊臨時祕書處祕書長時，首次拉攏日本加入亞投行，是在二〇一四年早春。開始對歐美展開遊說，也大約是在這個時候。在此之前約莫半年，國家主席習近平與總理李克強就相繼造訪東南亞國家「推廣」亞投行，得到亞洲各國的積極答覆。鞏固立足點後，中國才開始接觸已開發國家。

金立群首先在北京接見了日本大使木寺昌人與公使等人。日本方面認為這次的拜訪並不是正式的官方接觸，所以在大使館之外的地方進行談話。接著，金立群在六月飛往東京，在財務省與財務官古澤滿宏等人見面，再次呼籲日本加入亞投行。七月，中國財政部國際司長鄒加怡，拜訪古澤滿宏的繼任者山崎達雄與國際局局長淺川雅嗣等人。

二〇一五年夏天成為財務官的淺川雅嗣辦公室裡，有一個畫著貓熊的小屏風裝飾，那是鄒加怡送的禮物。亞洲金融合作的工作中，淺川雅嗣受到了中國當局的信任，但是他的反應卻很冷淡。

「明明已經有亞洲開發銀行了，為什麼還要亞投行呢？附加價值是什麼？」

「中國一國就占了將近一半的出資比率（後來成員國大增，中國最後的出資比只占三成左右），又沒有常駐的理事會，這樣的管理方式不是很不透明嗎？」

「融資的標準是什麼？對環境方面的考慮又是什麼？」

日本政府反覆提出被稱為是「三點組合」的問題。「這個問題沒有解決的話，日本就不會參加。」淺川雅嗣以不客氣的回答，結束這次的會談。

中國政府在歐洲國家幾乎一致決定加入的二〇一五年三月前，非常認真地想要拉攏日本加入。金立群等人不僅拜訪日本財務省的現任官員與幹部，甚至透過舊識前財務官渡邊博史等退役官員及公明黨，呼籲日本加入亞投行。

這股熱情在亞投行正式運作後，由於處理組織事務十分繁忙而有冷卻的趨勢，但即便如此，金立群「歡迎」日本加入的態度直到今日仍舊沒有改變。

關於日本向中國提出的透明化與管理方面的問題，我採訪過的亞洲各國政治家與專家說：「雖然理解日本的感覺，但方便就好。」中、日已經互相交手很久了，這件事也只被視為是以亞洲為舞台的中、日霸權之爭之一。

正因如此，才會說出就算是為了平衡力量，也希望日本加入。這樣一來，借錢這一方難以開口的事，也就可以經由日本向中國提出申請。

我在曼谷採訪了前泰國中央銀行總裁塔麗莎・瓦達納加（Tarisa Watanagase）。她曾就讀日本慶應大學，是日本通。她說：「最好日本可以加入，用經驗去協助中國，支持基礎建設。很多亞洲國家都是這麼想的。」

跟這個問題有所牽連的日本前財務官山崎達雄，回顧當時說道：

「亞投行從結構上開始，就只不過是中國的傀儡國際組織。日本不應該加入那樣的機構。」

他也曾向金立群提出以下問題。

「中、日的出資比率可以相同嗎？」、「行長的位置可以中、日輪流當嗎？」、「如果行長給中國人當，那總部可以設在東京，或是在北京以外的地方嗎？」但金立群對於所有問題都只有一個答案，就是「不可以」。

「行長是不可能的，但是可以讓日本擔任副行長或是主要幹部。」金立群說道。

於是山崎達雄便嘆了口氣。

「那是不可能的。以日本的國內生產毛額規模計算，日本要負擔的金額高達數千億日圓，跟歐洲是不同級別的。沒辦法向國民交代加入亞投行的好處。」山崎達雄進行交涉的同時，也密集地回報給官邸。即使是亞洲開發銀行，日本企業的商業訂單也只有百分之〇．五，被有競爭力的中國與南韓企業超越。日本加入亞投行的話，訂單也不會有飛躍性成長。

加盟派的主張

擔任過財務官的人之中，並不是沒有人提出應該加入亞投行的看法。曾擔任國際貨幣基金組織副總裁的篠原尚之指出：「如果不提高日本在區域架構中的存在感，日本的角色就會被中國取代，日本應該更積極參與亞洲的國際組織。美國唯一的世界金融結構已經變得多元化了，說什麼七大工業國會永遠在一起，根本是毫無意義的話。日本總有一天必須加入（亞投行）。」

但是，這類的聲音卻沒有變大。某位熟悉外交的執政黨中堅議員匿名表達意見，他說：「永田町與霞關基於已開發國家不參加中國亞投行的意願風向，揣測素來對中國強硬的官邸意見，陷入逃避討論的氛圍。我認為比起要不要加入亞投行這件事，在英國表明要加入亞投行前，日本沒有討論要不要加入亞投行這件事才是問題。」

英國引發的骨牌效應後，日本執政黨才邀來有識之士聽取意見。此時距離習近平提出亞投行構想已經將近一年半了。這位匿名人士繼續表示：

「一開始就縮小選項，戰略也會跟著受到局限。如果今後繼續這樣，哪一天說不定就會有更大的損失。」

用單腳打法挑戰中國是非常危險的。日本的行動容易理解，一下子就會被看穿。

前首相福田康夫也說過「加入以後再從裡面擴大影響就好了」的話。只是，如果不是安倍晉三政權的話，日本就會加入亞投行嗎？

我認為這不只是安倍晉三與麻生太郎的選擇。

「把日本人的血汗納稅錢放到中國人籌組的銀行，沒有能將這種行為正當化的理由。」某位財務官僚斬釘截鐵地這麼對我說。

「考慮通過國會這種事還是算了吧！誰也不願意想那樣的事。」

這不是財務官獨斷，而是有國內輿論支持的想法。我在進行採訪時的感觸是，如果讓國民投票的話，反對加入亞投行應該會取得壓倒性票數吧！距離亞投行最遠的國家，日本可以說是比美國有過之而無不及。所以日本總是會害怕「美國會越過日本加入亞投行」。

亞投行這輛「巴士」，是中國放進區域內行駛的新秩序。是好是壞還未可知。或許這是一輛破爛的巴士，引擎無法發動；也或許這是一輛豪華好車，走到哪裡都暢行無阻。

不過，中國今後應該還會接著駕駛別輛自己穩坐駕駛座的「巴士」繼續前進吧！屆時，儘可能地創造出能夠進行廣泛討論的環境，將與日本自身的利益息息相關。與其他乘客的攜手合作正是關鍵所在。

日本前首相鳩山由紀夫所謂的「內部」

坐上那輛巴士的日本人只有一個，他就是前首相鳩山由紀夫。被選為亞投行國際諮詢委員會的十一名成員之一，為亞投行提供諮詢。

中國共產黨的思考模式屬於二分法，不是敵人，就是朋友。針對這一點來說，被認定是「朋友」，又具有首相經歷這個「身分」的鳩山由紀夫，確實是國際諮詢委員會成員的適當人選。鳩山由紀夫透過中國主辦的國際金融會議，與亞投行行長金立群成為朋友，在日本是否要加入亞投行的問題上，他是積極的「加盟派」。

這個人選在日本造成討論，「加盟派」更發出失望的聲音。「作為參與中國事宜的一環，日本不應該自己關上進入亞投行的門。」說這句話的國際政治學者感嘆道：「這個人事安排是以疏遠日本為目標嗎？還是中國對日本根本毫不在乎？」

▲ 日本前首相鳩山由紀夫。

鳩山由紀夫從擔任首相的時代，就非常熱心推動「東亞共同體」的理想，但是他在處理美軍的普天間基地搬遷問題上一再犯錯，讓「東亞共同體」的理想被認為是「想擺脫美國的表現」。

造成日、美關係不穩，招來排山倒海的批評。鳩山由紀夫下台後，曾前往中國訪問，為日本過去在中國造成的戰爭真誠致歉。無關此事是非對錯，在日本國內也引起反彈。因為如此，亞投行選鳩山由紀夫擔任國際諮詢委員，反而讓人覺得日本距離亞投行更遠了。

但不管怎麼說，鳩山由紀夫都是少數直接與亞投行有互動的日本人。二〇一六年十月十九日，亞投行國際諮詢委員會在北京總部舉行第一次會議。鳩山由紀夫在被日本國內批評為親中的聲浪下，是如何思考現在的中、日關係與自己的角色呢？我前往位於首相官邸旁，鳩山由紀夫在東京永田町的辦公室，採訪從北京回到日本的他。

這樣的專訪還是第一次。政治部門的記者告訴我，鳩山由紀夫是個「奇怪的人」，是「外星人」。這一次是否能順利完成採訪呢？我有點不安，也有些興奮。

鳩山由紀夫先提到開會的行程，他說，從早上九點開始開會，中午站著吃完了自助式簡餐，又一路開會到下午五點為止。

「亞投行的形象應該要是由多個國家組成的國際組織，就像亞洲開發銀行不是日本的銀行，世界銀行也不是美國的銀行。不應該出現亞投行是中國的銀行這種形象。」這樣的建議獲得主持會議的金立群行長和與會者的認同。

諮詢委員共有十一人，包括巴基斯坦前總理、澳洲前總理、馬來西亞中央銀行前總裁、南韓經濟部前副部長、香港特別行政區行政長官、奈及利亞出身的世界銀行前副總裁、世界銀行前首席經濟學者，還有美國的前駐中國大使，以及日本的鳩山由紀夫。

我的採訪在鳩山由紀夫滔滔不絕的談話中開始。

「日本應該進入亞投行，並且說上一些話。看到日本跟中國都會提供協助，應該可以為亞洲各國帶來政治與經濟上的安心感。與其被迫跟在美國之後加入，更應該在手握自主權的情況下先一步加入亞投行。」

「（安倍晉三政權）不是一直很誇張地對國民說中國很可怕嗎？不就是因為經濟上被中國超越，所以才像個孩子一樣耍賴嗎？釣魚台列嶼從日本的觀點來看是日本的島嶼，從中國的觀點來看則是中國的領土。菲律賓的新總統展現想與中國對話的姿態，日本也應該和中國進行對話與調解。我當然不認為東亞共同體可以馬上實現，但那將是未來的形勢。」

從中國對國內弱勢族群與少數民族、異議分子的打壓與鎮壓情形來看，鄰近國家對於國力壯大的中國的對外態度，懷抱恐懼心態是很正常的。外交是內政的延伸，我自己也覺得中國可怕。癥結點就在於，與其叫人不要覺得害怕，不如教教大家應該如何減少恐懼意見微妙地出現分歧，不過老實說，這樣的發展是在可預測的範圍內。

我更感興趣的是，國際諮詢委員會開會前一天，帶有事前協商性質的晚宴上，鳩山由紀夫和金立群之間的互動。不知道是不是隨著習近平打擊貪腐所下達的「節約令」的關係，晚宴設在總部的會議室吃的不是中華料理，而是搭配紅酒的法式全餐。從習近平正式上台前，無限暢飲茅台酒的宴會，在北京、上海一下子就減少許多。

「食物的味道如何？」面對我的提問，鳩山沒有直接回答，而是淡淡說道：「我覺得蘑菇濃湯好像隔天在同一個會議室的午餐又端了出來。」我沒有把握他是不是在開玩笑，所以我一時之間猶豫著該不該笑。

在晚宴上自我介紹時，鳩山由紀夫對身為行長的金立群半開玩笑地說：「成為諮詢委員的事，讓我在日本國內飽受批評。我想如果不是我的話，就不會受到批評吧！有國際金融經驗的人就沒問題了。」

金立群回答道：「我很感謝鳩山先生。在（日本國內的）一片批評聲中接受擔任委員的邀請，我想為你的勇氣鼓掌。」

鳩山由紀夫很清楚日本國內是如何看待自己的，金立群也很明白日本是如何看待亞投行的。比起其他國家，日本與中國之間有著難以彌補的距離，這是金立群深切了解的。

我問他：「有日本人到亞投行就職嗎？」鳩山由紀夫回答道：「我聽說男性好像錄取了一位，但似乎因為個人因素推辭了。女性的話，目前正在招募一位。」而觸動「骨牌效應」的英國，則是把一位在北京大使館內工作的英國財務部出身職員，派到亞投行內任職。

「競爭不是壞事」

所謂的國際組織，是主導國展現霸權的手段，還是國際合作的工具？

我在紐約訪問了《掌握世界》（*Governing the World*）一書的作者，同時也是歷史學家兼哥倫比亞大學教授的馬克・馬佐爾（Mark Mazower），請他談談成立亞投行的中國。

「那是很正常的舉動。從一九七〇年代到一九八〇年代，德國與日本都完成了不起的經濟成長，可是這兩個國家作為第二次世界大戰戰敗國，在政治上同樣都背負著處於下風的命運。中國就不一樣了。」

「會和擁有新力量的國家分享權力的國際組織，才能倖存下來，做不到的國際組織就會成為被競爭的對象。競爭不是壞事，想與新力量一較高下的國際組織，如果在競爭中敗下陣，或許就會淪為支流。」從這樣的趨勢來理解，亞洲開發銀行和世界銀行這兩個組織與亞投行合作，可以說是「很正常的舉動」。

「現在的聯合國、國際貨幣基金組織、世界銀行、世界衛生組織等國際組織，大多是在第二次世界大戰結束後的數年內成立的。成立於美國的經濟實力，有著空前絕後壓倒性領先地位的輝煌瞬間。但是，美國能完全按照自己的想法運作聯合國嗎？就算能，也是在有限的時代裡，當這些組織無法讓美國如願時，美國反而會和這些組織保持距離。只是美國利用國際貨幣基金組織與世界銀行，沒有花太多成本地擴張本身的價值觀和影響力也是事實。而且正因為有些國家認為那對自己也有利，所以這樣的機制才能運作。」

的確，已經加入亞投行的國家正是因為認為對自己有利，所以才會加入，並不是被中國勒住脖子才加入的。只不過，中國想要宣揚的價值觀並不清晰，如果僅憑國力與利益，能否做到價值觀的傳播呢？

「接續歐洲時代的是美國時代，緊接而來的是現在這個新階段。由誰來單獨統治世界的時代，不管是一百年前還是現在都不會存在。」

雖然中國常說「雙贏」，但亞投行的走向如何，也並非中國單方面想想就能成立。如果不能讓成員覺得自身也能得利，就無法有所成長。

皮影戲

「日本有亞洲開發銀行，沒有必要加入中國成立的亞投行。」很多日本高級官員異口同聲地這麼說。

亞洲開發銀行因為常被拿來和亞投行做比較，所以自創立以來便受到相當多的注目。回顧亞洲開發銀行一路走來的足跡，即可從中看出以亞洲為舞台的日本與中國，雙方在歷史上的立場與著眼點之差異。

日本能與在相同地域裡崛起的中國「對抗」同時又保持「合作」嗎？亞洲開發銀行也能成為這個未來課題的實驗場所。

讓時光倒轉回到亞洲開發銀行設立之時。

東京奧運的隔年，也就是一九六五年。那一年的十一月三十日晚上，停泊在菲律賓馬尼拉灣的總統專用遊艇羅哈斯號上正在進行晚宴。預定加入亞洲開發銀行的各國代表受到菲律賓中央銀行總裁的招待，聚集在遊艇上。樂隊的演奏聲響起，也有人跳起舞來，奢華的晚宴一直持續到翌日凌晨兩點。

這場遊艇晚宴的目的當然不在跳舞，而是為了在亞洲開發銀行總部地點的投票表決上招攬票數。亞洲開發銀行總資本額是十億美元，對表明將與美國一樣出資兩億美元的日本來說，自然想把總部設在日本東京，也展現極大的熱忱拉攏人心。總部的地點一旦決定之後就會半永久固定下來，因此日本重視總部地點更勝於保住總裁職位。

日本正處於高度成長中，擁有同一區域內其他國家無法超越的經濟實力，也努力拉攏其他持有投票權的十七個國家。除了東京以外的其他總部候選城市，還有德黑蘭、曼谷、吉隆坡、剛從馬來西亞獨立出來的新加坡、可倫坡、喀布爾，以及現在總部所在的馬尼拉。

最初亞洲的當局者比起投票表決，更喜歡用「亞洲方式」來決定總部所在地。所謂的「亞洲方式」，就是用商討模式來決定一件事。但是，幾經激烈商討後，仍然無法決定出總部地點，最後不得不決定由美國等國以外的其他十八個預定會員國進行祕密投票。

可倫坡與喀布爾在投票前棄權了，剩下六個候選城市。東京在第一輪投票時得到八票，其次是德黑蘭四票，馬尼拉三票，曼谷、吉隆坡和新加坡各得一票。因為沒有任何一個國家得票超過半數，所以進行第二輪投票。但是日本衝過頭了，事前便把政府代表的當選談話文稿「這是我國國民的熱忱受到認可的結果」發送到外務省。

翌日，十二月一日，在菲律賓外交部進行第二、第三輪投票時，馬尼拉的票數成長了，最後以一票之差逆轉。馬尼拉以過半數的九票通過，東京依舊是八票，有一票棄權。

「太令人失望了，感覺好像是辛辛苦苦養大的孩子被搶到遠方。」之後成為亞洲開發銀行首任總裁的大藏省顧問渡邊武，在回憶錄《亞洲開發銀行總裁日記》裡懊惱地這麼寫道。

他和日本政府的相關人士都參與了遊艇上的晚宴。渡邊武生於明治年間的一九〇六年，祖父曾任大藏大臣，父親曾任司法大臣，他在第二次世界大戰前進入大藏省任職，戰後擔任對美國占領軍的涉外部長，後來陸續擔任國際貨幣基金組織、世界銀行的日本代表理事、財務官，是一位國際派的官僚。

美國的陰謀

這場激烈的選舉，也正好顯示出日本當時在亞洲的立場。

首先，來看日本與美國的關係。

一份寫著「極高機祕」的一九六五年手寫紀錄被留下來了。那是二〇〇〇年解密的外交文件。上頭寫著出處的地方已經被人劃掉，不知道文件出自誰手。

日本以出資兩億美元為餌，企圖得到亞洲開發銀行的花與果實。這類（從美國流出的）對日本抱持反感的傳言甚囂塵上，而日本必須耗費很大的努力才能澄清傳言。感嘆美國假裝中立，卻對日本「極其冷淡」。

美國甚至沒有表示要支持日本的動作，反而還有可能就是美國促成了希望總裁是日本人，但總部設在馬尼拉的行動，美國有很多動作都讓人有這種感覺。

這件事可以說是實際證實了，日本總是把美國想成盟友而全面信任美國有多危險。

馬來西亞首任首相東姑．阿布都拉曼（Tunku Abdul Hamid）也在選舉結束後，在吉隆坡一邊打高爾夫球，一邊對日本駐馬來西亞大使傳達上述的意思。日本大使傳回「基於阿布都拉曼首相的立場，這些話務必要保密」這樣的公務電文。

美國居中扮演了重要的角色。美國在想將總部設在馬尼拉、讓日本人當總裁的預定下，一開始就向各國鼓吹總部應該要設在DEVELOPEING COUNTRY。在這種低開發國家容易接受的思想下，大力推舉了馬尼拉。

這不只是費迪南德．馬可仕（Ferdinand Marcos）（當時菲律賓的下一任總統）在操作，美國的手在馬可仕背後大力操作是毫無疑問的。

當然，這或許是馬來西亞拿美國當擋箭牌，作為最後投票給馬尼拉的「藉口」。又或者是在馬來西亞當地的日本大使或外交人員，因為沒有爭取到馬來西亞這一票，而做出的辯解。因為亞洲開發銀行創立時扮演重要角色的日本大藏省史料並未公開，所以這樣的見解純屬猜測，不能說完全正確。

不過，懷疑這一切是不願意見到日本在亞洲擁有顯著力量的美國「陰謀論」，確實一直存在於日本政府內部。關於總部的設立問題，美國沒有對東京明確表示過支持。美國的基本路線是「雖然有意（與日本）合作，但這個問題應該是由亞洲地區國家決定的事」（美國詹森總統的顧問，世界銀行前總裁）。

「已經有世界銀行了，為什麼還需要有亞洲開發銀行？」美國在剛開始採取了謹慎的態度。比起透過國際組織干預，美國更傾向建立兩國之間的關係。但是，一場東西冷戰下的激烈戰爭改變了美國，那場戰爭就是越戰。

美國改變戰略，加強對東南亞的經濟干預。投票決定亞洲開發銀行總部地點的一九六五年，正是美國開始轟炸北越，並且增派陸軍到南越的那一年。美國似乎有了「為阻止共產主義擴張，就必須發展區域經濟」的想法。透過亞洲開發銀行開發區域經濟，穩定區域政局，藉此防止共產主義的「骨牌效應」。

美國國際開發署遠東局局長瑞瑟福德．波茲（Rutherford Poats）曾表示：「為了阻止區域巴爾幹化，必須有統合性的措施。」所以美國也加入亞洲開發銀行，積極參與多國間的援助活動。

不喜歡被大國牽著鼻子走的亞洲國家中，也有國家對美國加入亞洲開發銀行抱持否定態度。但是，日本在一九六〇年代前因為東海道新幹線的建設，而向世界銀行貸款，外匯並不十分足夠。為了確保調度資金時的信用，日本請求美國與歐洲已開發國家加入亞洲開發銀行。

四個月後將投票決定亞洲開發銀行總部地點的一九六五年七月，美國總統顧問尤金・布萊克（Eugene Black）訪問日本，就亞洲開發銀行問題，和當時的大藏大臣福田赳夫會談，地點是在大藏大臣的辦公室。

「美國希望亞洲能夠迅速建立安定的獨立國家，這件事對日本的生意也有幫助。」布萊克的話說得很直接，他的意思是那樣日本企業也能賺錢。有些國家剛從殖民地獨立，獨立的時間還很短，有能力承擔亞洲開發銀行專案的，就只有日本的某些大企業。

福田赳夫也對布萊克一再表示：「用經濟方式處理會比用政治方式處理，更能順利進行，政府也以此為方針，積極進行合作。」

岸信介的野心發言

日本戰敗後，以一九五〇年韓戰的特別物資需求為契機，經濟高度成長，完成復興之道。一九六〇年代，日本的經濟規模跟上西德，一九六八年經濟規模排名世界第二，僅次於美國，成為亞洲地區具有壓倒性經濟實力的強國。

但那時太平洋戰爭結束還不滿二十年，很難採行會讓人想起「大東亞共榮圈」的政策。地處亞洲的國家並非全部都歡迎日本的領導，那是一個戰火的傷口還沒有癒合的時代。

醞釀著要建立亞洲開發銀行的這個時代的亞洲，是「強權統治」、「渴望經濟成長」與「戰火」同時並存的區域。軍人出身的朴正熙政權下的南韓，還有台灣、新加坡等，都是行使「開發獨裁」體制的地區，在嚴格控制政治與社會運動下，以經濟成長為優先。

中南半島的越戰如火如荼，這一年印尼因為與馬來西亞對立而退出聯合國（一九六六年又進入聯合國），國際貨幣基金組織與世界銀行中斷對印尼的支援，印尼的經濟迅速惡化，之後印尼在有軍人背景的總統蘇哈托（Suharto）領導下，走向「開發獨裁」體制。

亞洲開發銀行以聯合國經濟問題相關的亞洲輔助組織，聯合國亞洲暨遠東經濟委員會（Economic Commission for Asia and Far East, ECAFE，總部在曼谷）提案形式進行設立。事實上在此之前，日本也提案討論過類似亞洲開發銀行的構想。

那是一九五七年五月，日本首相走訪東南亞國家後提出的構想，而提出構想的人就是岸信介。第二次世界大戰期間，岸信介在滿洲國發揮經營手腕，於戰後因為戰犯身分被撤除公職，在舊金山和約後恢復身分。有「昭和妖怪」之稱的岸信介是現任日本首相安倍晉三的外祖父，任職首相期間，提出了以聯合國為中心、和自由主義各國協調合作、堅持日本是亞洲一員立場的「外交三原則」。

在外交上，岸信介不局限於對美國的從屬關係中，摸索日本的獨立亞洲外交。在和談會議後僅僅六年，就展現出新興國家日本的「野心」，走訪外國時發表促進經濟發展的「東南亞開發基金」構想。

這個構想是以美國的資金為中心，加上各國出資，成立非營利的國際金融組織，對亞洲的開發進行投資，並給予低利貸款。一開始的資金為五億美元，以後會擴大到五十億美元。

這個組織不會與世界銀行等既有國際組織的機能產生衝突，是互補性質的組織。六月時，岸信介前往美國訪問，請求美國協助。但是岸信介的構想並未得到包括美國在內的其他國家贊同，他構想的組織未能成立。美國不願意提供資金，亞洲各國則是擔心區域內有其他組織的話，「是否會導致來自美國與世界銀行的援助減少」（宮城大藏編著《戰後日本的亞洲外交》）。

雖然當時日本正處於神武景氣之中，但是以日本為中心籌措資金的錢還是不夠。若沒有美國的參與，不管是政治性還是經濟性組織都很難在亞洲成立。就結果來說，這個構想發展為一九六一年日本單獨成立的援助開發融資組織「海外經濟協力基金」（Overseas Economic Cooperation Fund, OECF），是與亞洲開發銀行相似的想法。

經歷過那樣的過程後，亞洲開發銀行要成立時，也被認為存在著「不喜歡日本領導」

的想法，因此日本採取的立場是「要讓人們有亞洲開發銀行是來自亞洲各國的想法，到時候日本只要站起來接受就好了」（渡邊武）。

即使到了一九七〇年代中期，日本首相訪問亞洲時，有些國家還會有反日示威遊行。於日本是戰敗的記憶，於亞洲是日本引發戰火的記憶，同樣記憶猶新。不只歷史的問題，經濟快速成長而開始擴展到海外的日本企業舉止，也讓亞洲人心生反感。

菲律賓的選舉非常激烈是事實。因為從漁業權、領土問題，到說服他國把亞洲開發銀行設在馬尼拉，都成為選舉中的議題。從亞洲各國的觀點來看，不管是日本還是美國，被大國牽著鼻子走的厭惡感，影響了投票的結果，這是不容否認的事實。在這個時代，日本未曾單獨在區域成立國際金融組織，或者說，想成立也辦不到，或者應該說是不被允許的。

渡邊武在回憶錄的前言裡，對日本與亞洲的關係如此闡述：

> 對日本而言，亞洲是既近又遠的區域。日本在亞洲，但也脫離亞洲、學習西歐，進步為經濟大國。從亞洲的觀點來看日本，日本像是離開故鄉到城市裡奮鬥的孩子，並且在成功後衣錦還鄉。但是返鄉的成功者能否被家鄉的父老接受呢？這就要靠這個成功者的舉止來決定了。

我個人覺得用「家鄉」來表示亞洲的比喻有違和感。我到印尼、泰國、越南、菲律賓等國家進行採訪，看到當地的風景時，怎麼樣也不會覺得那裡是我的家鄉。當然，去中國與南韓時也一樣，並沒有回到家鄉的感覺。只是，以建立大東亞共榮圈為目標、經歷了戰爭的這一代日本人中，也有人抱持著與渡邊武相似的想法。我覺得日本人在大聲宣告自己是亞洲一員時，其實在內心裡潛藏著的對歐美民族主義的情結，更勝於對亞洲本身的認同。

亞洲開發銀行是美國、日本，以及區域整體在戰後糾葛在一起的同時所設立的組織，並且延續至今。

世界銀行的二軍

美國對亞洲開發銀行不是只有合作的時代。對美國而言，日本是在亞洲的重要盟友，這一點並沒有改變，但美國並不願意看到日本太過強大。對於歷任總裁都是美國人的世界銀行來說，亞洲開發銀行是「世界銀行在亞洲的二軍」。據曾任日本財務省副財務官與亞洲開發銀行研究所所長的河合正弘表示，美國是配合本身的政治、經濟、區域戰略需求，來決定是要對亞洲開發銀行提供幫助與否。

在對亞洲開發銀行的增資上，也經常有收手的情況。在國際收支惡化、財政赤字越來越多的情況下，美國「不拿錢出來，只開口指指點點」的姿態也越來越明顯。

寫了這麼多關於亞洲開發銀行誕生的過程，是為了梳理亞洲開發銀行與亞投行創立過程的不同，以及表達出亞洲開發銀行對日本的意義。亞洲開發銀行是日本在與美國同盟的大前提下，為了顯現哪怕是一丁點兒與美國不同之處，而摸索出來的戰後日本的部分亞洲政策。

對於中國設立的亞投行，日本有著比美國更多的疑慮與反彈，或許是自然的趨勢。想增加對亞洲影響力的中國，終於要與保護自己的「城堡」對抗了。

「日本絕對不該加入亞投行。一樣要用資金，使用亞洲開發銀行就好了。比經濟問題更重要的問題是，不能讓亞投行改變日本跟美國建立起來的亞洲秩序。日本不能接受中國想要改變現狀的企圖。」某位前財務官以強硬的口吻對我說。

亞投行是在中國「一個口令一個動作」的主導下設立的組織，總部設在北京，行長也是中國人。相對之下，亞洲開發銀行如同前面所說的，形式上是出於開發中國家的意見而成立，雖然總裁的位置已經被日本人獨占了，總部的地點則是由投票產生。

作為戰敗國，日本的力量受到限制。只是亞洲開發銀行與亞投行都是作為大國的戰略性工具而誕生的組織，若亞投行是「中國為了中國而成立的國際組織」（日本某財務官），那麼亞洲開發銀行就是美國強化亞洲戰略的工具。而對日本來說，亞洲開發銀行則是戰後日本透過經濟與亞洲重新建立關係的工具。

當然，作為亞洲唯一的先進工業國，日本以發展區域經濟來協助自己國家達成經濟成長的目標，是不用說也可以理解的事。所謂的國際組織，是大國藉由進行良好的協調，執行自己的意見，實現所謂二律背反的遊戲場所。

亞洲開發銀行總裁中尾武彥的糾結

亞洲開發銀行第九任總裁中尾武彥，背負著日本與中國所設立的亞投行之間，複雜又曲折的關係。中尾武彥曾是日本財務省國際金融方面的佼佼者。

▲ 亞洲開發銀行總裁中尾武彥（攝於馬尼拉總部）。

二〇一三年春天，也曾任日本財務官的亞洲開發銀行總裁黑田東彥轉任日本銀行總裁之後，中尾武彥接替黑田東彥成為亞洲開發銀行總裁。寫下《已經不是戰後》經濟白皮書的中尾武彥生於一九五六年，是日本兵庫縣人，關西是他到高中時代為止的生活圈，小時候搭乘大阪環狀線，看到窮人過的生活時，就產生了「想讓大家都過著富足又幸福的生活」的願望，所以立志成為可以提出國家政策的官僚。自東京大學經濟學系畢業後，進入日本大藏省，成為公職人員。

二〇一三年秋天，中尾武彥就任亞洲開發銀行總裁後，飛往各會員國拜會。和中尾武彥一樣在半年前就任新職，成為中國國家主席的習近平，在訪問雅加達時提出亞投行的構想。和國際貨幣基金組織與世界銀行相比，亞洲開發銀行是總部在馬尼拉的亞洲地區開發銀行，即使在日本，亞洲開發銀行的存在也沒有受到特別注意。

然而，由於亞投行出現，亞洲開發銀行變得受到矚目。中尾是繼亞洲開發銀行的首任總裁渡邊武之後，發言最受到關注的總裁。

這樣的中尾武彥，與預定接任亞投行行長的臨時多邊祕書處祕書長金立群會面了。時間是二〇一五年五月，地點是二次世界大戰期間曾是希特勒目標，擁有油田的亞塞拜然。這一年亞洲開發銀行年會在面對裏海的亞塞拜然首都巴庫舉行，中尾武彥與金立群晤談一個小時左右。這時是英國表示加入亞投行，在歐洲引起「骨牌效應」後兩個月左右的事。

「亞洲開發銀行在亞洲擁有豐富的經驗和專業，打算與亞投行合作，共同融資。」打著藍色領帶的中尾武彥與打著紅色領帶的金立群緊握雙手的照片，被公開在亞洲開發銀行的官網首頁。

當時我也到巴庫進行採訪。

「在中長期內達到理想的成長，推進新的行動。」日本財務大臣麻生太郎以英語致詞，亞洲開發銀行主辦討論會的訴求是「高品質的基礎設施投資」。

除了設立日本國際協力機構和亞洲開發銀行合作的架構外，也表示要加速技術轉移與培養人才的意願。顯然目的是為了區分被批評融資標準與營運不夠透明化的亞投行和亞洲開發銀行之間的不同。「日本今年很努力呀！」在會場遇到的一位菲律賓記者很感興趣地說。

「亞洲開發銀行在區域經濟合作的進化過程中，真的發揮了重要的作用。」中國財政部長樓繼偉在討論會上如此讚揚，但是說話時並沒有看向坐在右側的中尾武彥。

「（亞洲開發銀行的業務和）中國構想的『一帶一路』有互補性。」

日本與中國的地域領導意識是衝突的。已經決定加入亞投行的某開發中國家交涉官員接受我的採訪時，很肯定地說道：「每次的聚會都會提醒，亞投行不是中國的銀行。雖然很感謝日本的支援，但亞洲開發銀行也不應該是日本的銀行。」

相互砥礪，亦敵亦友

我有機會在巴庫的飯店會議室裡採訪中尾武彥。

採訪過程中，看不出中尾武彥有要與中國或亞投行對立的樣子，並且一再強調進行合作的方針。日本在二〇〇七年時，除了極少部分外，停止了對中國的新政府開發援助。面對在援助、商業及技術發展的領域上，皆已開始有競爭力的中國，做出已經沒有必要繼續援助的判斷。而且，不只日本，美國議會也一樣，對於亞洲開發銀行給予中國融資之事，出現批評意見。

但是中尾武彥認為應該繼續提供中國融資，而且還要增加融資。他很斷定地表示：「那對雙方都有好處。」中國想借重亞洲開發銀行的知識與經驗。

亞洲開發銀行的融資，以支援中國在環境、氣候變化等方面的需求為主，這對亞洲與世界都有幫助，況且借錢給信用度較高的中國所得到的利益，可以成為支援更貧窮國家的財源。

中尾武彥接著說：「把中國排除在貸款客戶的名單之外，亞洲開發銀行在亞洲的存在感就會下降。對亞洲開發銀行而言，中國是區域中絕對不可缺少的大型投資主體。」

在共同融資方面也能明確地公事公辦。

「如果一起的話，從開發計畫的方法，到考慮因為開發環境而被迫必須搬遷的原居民問題等，亞投行也可以利用亞洲開發銀行的基準實施處理。如果是亞洲開發銀行主導的專案，也可以從亞投行得到手續費。」

在訪問過程中，中尾武彥開玩笑地說：「出現了亞投行，我在總裁的致詞準備可是下了更多的工夫。這是身為亞洲開發銀行的領導人該有的態度吧！我今天的致詞講得好嗎？很完美吧！嗯，那就好。」中尾武彥帶著關西腔說。從他說的話，可以明顯知道他很在意亞投行。

中尾武彥並不是沒有感受到壓力。

亞投行開業約一年後的二〇一六年年底，我前往馬尼拉的亞洲開發銀行總部拜訪中尾武彥。隨著擴大而一再搬遷的總部，與一座寬廣的購物中心相連。

原本應該搬遷到郊外，但隨著都會的擴大，郊區也變成商業區。雖然是平日，但商場裡還是擠滿購物的人潮。一進入商場裡，就可以看見到處都貼著「亞洲開發銀行五十週年」的海報。來自各會員國的民俗工藝品與禮物被擺在走廊上當作裝飾，這裡也有中國的長城掛毯。中尾武彥在八樓的總裁辦公室接見我。辦公室入口的走廊上，掛著除了前任總裁黑田東彥與現任總裁中尾武彥之外的七位歷任總裁的紀念照片，清一色都是日本人。

前一個月，中尾武彥才再次當選為亞洲開發銀行總裁，進入第二任任期。「這一次也沒有競爭者，所以得到百分之百的支持當選連任。我覺得這是大家覺得日本做得很好，期待今後會有更多的貢獻，所以才能得到這麼多的支持吧！」

亞洲開發銀行總裁不但歷任都由日本人擔任，也沒有競爭者。雖然也有中國人想要出任亞洲開發銀行總裁的傳言，但中國已經自行設立亞投行，中國人理當會成為亞投行的總裁，所以不會在意亞洲開發銀行的總裁之位。

在接受我的訪問前，亞投行的行長金立群於十二月十五日先拜會中尾武彥，會商共同融資進行巴基斯坦的道路工程後，繼續討論孟加拉國油田的效率化與擴張交通網的工程案件。金立群在拜訪亞洲開發銀行的前一天，先行拜會菲律賓總統羅德里戈．杜特蒂（Rodrigo Duterte）。

「我和金行長已經見過九次面了，亞洲開發銀行在德國法蘭克福舉行年會時，他也來了。」中尾武彥說，當時正值聖誕節，他和自己分坐在以聖誕紅裝飾的接待桌旁。

亞洲開發銀行的法國人副行長與巴基斯坦人的北京事務所所長，轉職成為亞投行的幹部，中尾武彥對此事並未表現出在意的樣子。他自己一年內也訪問中國好幾次，與中國財政部長等重要人物舉行會談。

「就算亞投行開始運作了，和中國的關係也不會改變，我覺得那樣反而能讓他們想要強化與亞洲開發銀行之間的合作，不是嗎？」他給我看最新一期的《經濟學人》。「經驗老到，已有五十年歷史的亞洲開發銀行在中國的壓力下試圖進化」，這樣的標題躍然於紙上，報導裡還附上了站在正門形似穀穗圖案的亞洲開發銀行標誌前面，右手指向前方說著話的中尾武彥的彩色照片。

雖然亞投行比較受到關注，但是亞洲開發銀行的規模在亞洲也有很大的存在感。報導的最後也提及日本人獨占亞洲開發銀行總裁職位的事情，並表示下一任總裁如果是日本以外的亞洲其他國家人士，就可以證明亞洲開發銀行是真正的亞洲開發銀行。雖然有這樣的報導，但大部分是善意的內容。

為了準備採訪，我已事先看過這篇報導。看到中尾武彥遞雜誌給我的模樣，我覺得他應該是滿意這篇報導的，雖然他說不喜歡那張照片。要合作，但也需要自我改革。這是中尾武彥對亞投行的價值觀，可以說是簡單明瞭。

「歐洲也有很多國家加入亞投行，所以亞投行也必須遵守國際規則。亞洲進行基礎設施建設的需求量非常大，亞洲開發銀行與亞投行無須爭奪專案，可以共享知識和方法，一起進行支援行動。」

除此之外，他也提到雙方之間的差異：「無須競爭會員國數量，亞洲開發銀行歡迎真正有意願、有能力幫助開發中國家的國家加入。亞洲開發銀行重視開發，但亞投行更重視投資，銀行的要素較強。」

代表亞洲的國家

一九八〇年代擔任亞洲開發銀行總裁的藤岡真佐夫也是財務官僚出身，一九七五年，法國在宏布耶（Rambouillet）召開已開發國家領導人會議，與會國家除了有美國、英國、法國、德國、義大利外，日本也在受邀之列，藤岡真佐夫與當時的日本首相三木武夫一起出席領導人會議。

「亞洲得到一個席位。」作為亞洲唯一的代表首長，三木武夫非常振奮，這是可以理解的，但是從年輕時就是國際派的藤岡真佐夫，相較之下就顯得非常冷靜：

> 美國不只是西半球的代表，也是世界之雄。德國和法國雖然共享歐洲文明，但也各有各的經濟、政治地盤。英國除了和美國息息相關外，還擁有大英聯邦時期留下來的產業。日本身為亞洲之中唯一脫離的已開發國家，除了日本以外，沒有可以代表亞洲

的己開發國家。

雖然說日本是亞洲的代表，但並不是說亞洲的任何地方都要依賴日本。自己說自己是代表，反而是失禮的事。

藤岡真佐夫卸下總裁的職位後，在一九九四年出版的著作《國際化四十年》裡這麼寫著。並且在後記裡再次自問「日本代表亞洲嗎？」然後說：「還不能回答這個問題。」

我在馬尼拉的亞洲開發銀行總裁辦公室裡，試著詢問現任總裁中尾武彥：「現在日本代表亞洲嗎？」

「一九八〇年代中與二十一世紀是截然不同的時代，所以這個問題本身就無法成立，不是嗎？」他急著這樣說明：「日本在明治時代快速完成現代化的成就，給了非西歐國家很大的刺激。戰後日本達成讓人驚訝的復興與高度經濟成長，在和平主義的基礎下，透過貿易與直接投資、援助，我認為對亞洲有很大的貢獻，亞洲的知識階層對此都有很清楚的認知。但現狀是不只中國，南韓、印度、印尼等國家的存在感也越來越明顯，而且也都加入了二十國集團。亞洲正在變得多元化，現在已經不是日本代表亞洲的時代了，但我覺得日本仍然持續扮演重要的角色。」

中尾武彥繼續說道：「日本七十年來都沒有表現出地緣政治方面的利害關係，靠著適度表現自己，在區域裡得到不錯的評價。不只在外交與援助上得到良好評價，在經濟上也一樣。我覺得這樣的慎行足以跨越七十年前的戰爭歷史，建立日本的好形象。我認為比起代表某個單一價值，有能力接受多方面事物應該是更有意義的，不是嗎？」

從中尾武彥的話裡爬梳出他的脈絡，意思是中國也不能代表亞洲。話說回來，「代表」需要有一個表達的對象，那麼是要向誰表達代表亞洲呢？是美國？還是世界？

「寬廣的太平洋有足夠的空間容納中美兩個大國。」這是習近平對美國總統歐巴馬說的話。然而，太平洋周圍不只有兩個國家，而是有著許許多多的國家。直到現在，中國和日本還是無法分出勝負，在各自主張的民族主義下，展開爭奪亞洲代表的戰爭。

亞洲開發銀行和亞投行是日本與中國在區域內的皮影戲。要如何參與？如何切磋交鋒？日本在亞洲的每一步都受到考驗。

在經濟規模上，中國已經不是日本可以競爭的對手。按下日本是亞洲唯一經濟大國影像的刪除鍵吧！現在與一九六〇年代的亞洲不一樣，許多開發獨裁下的國家民主化了，投資主體並非只有與政府或權力結合的財閥。

要提出超越國境的共享規則，就需要廣泛的接觸點。從長遠來看，不僅是國家間需要力量上的較量，也是亞洲開發銀行跟亞投行，各自與提供資金的世界市場和企業，以及居民、非政府組織（Non-Governmental Organization, NGO）之間協力合作能力的考驗。中國內部也存在日本需要的合作對象。

日圓與人民幣，選擇貨幣的人正是參與市場的人。

來看幾個有意思的數字。占亞洲開發銀行承認總額（二〇一五年）的八成，借給所得較高的新興國家資金，有百分之九六是美元，日圓只有百分之二，並且「有逐漸減少的傾向」（亞洲開發銀行報告）。贈送給低所得國家的資金，則全部都是美元。接受者大多喜歡美元，借貸者有百分之七十借的也是美元，只有百分之二借的是日圓。

這是壓倒性的美元世界。即使是由日本所主導，也是美元更受歡迎，這就是現實。所以亞投行要推廣人民幣並不是容易的事。

台灣的處境

我想在此說一下亞洲開發銀行的一個特點，它是一個中國與台灣共存的組織。中國加入亞洲開發銀行的時間是一九八六年，是取代台灣成為國際貨幣基金組織與世界銀行成員六年後的事，處理與台灣相關的問題，需要談判的時間。

台灣當然希望能夠繼續留在亞洲開發銀行，美國在這件事情上面也支持台灣。美國國務卿喬治·舒茲（George Shultz）與財政部長唐納德·黎根（Donald Regan），主張「台灣如果被趕出亞洲開發銀行，美國提供亞洲開發銀行資金的態度將要再做檢討」。

美國和日本的相關人士經過數次與中、台兩邊接觸後，才決定台灣的去留問題。

我訪問一九八〇年代中國加入時的亞洲開發銀行總裁藤岡真佐夫。一九二四年出生的藤岡真佐夫已經九十二歲了，第二次世界大戰結束後不久，他就進入日本大藏省（現在的財務省），踏入國際金融界。老當益壯的他，這天也穿著正式的三件式的西裝。

「在我擔任總裁的八年間，最讓我記憶深刻的事就是中國加入亞洲開發銀行。」中國、台灣，加上美國與日本，為了中國加入的事，整整交涉三年多。中國要求亞洲開發銀行把台灣除名，但是在亞洲開發銀行裡，台灣的經濟地位並沒有涵蓋中國大陸。在這個理由下，免去了將台灣除名的局面。最主要還是因為這是一個美國與日本擁有深遠影響力的組織。

一九八六年三月十日，為了歡迎中國加入，在亞洲開發銀行總部前與禮堂內，色彩豐富的各會員國國旗紛紛被拿下來了，因為中國表示不能接受台灣的青天白日滿地紅國旗，而亞洲開發銀行也有自己的立場，不能只拿下台灣國旗。

亞洲開發銀行雖然試圖以「英國殖民地香港也有旗幟」來說服中國，但中國的態度非常強硬，結果亞洲開發銀行便決定撤除所有國家與地區代表的旗幟。「沒有旗幟雖然看起來冷清，但是可以讓中國和台灣都加入亞洲開發銀行，我覺得這就是飛躍性的成就。」

今日亞洲開發銀行總部前除了亞洲開發銀行的旗幟外，也沒有擺上其他國家與地區的旗幟。環視國際組織，不管是聯合國、國際貨幣基金組織、世界銀行等，不少組織都是在中國加入時放棄台灣。中國利用外交實力，將台灣排除於門外。在鞏固主權的「核心性」問題下，中國要貫徹台灣是中國不可分割的一部分的「一個中國原則」。

| 結語 |

沒有肖像的貨幣

比特幣將跨越國家、文化和語言。

——李啟元

修昔底德陷阱

「啊！我覺得那是很破舊的貨幣。」日本的民間智庫「日本再建基金會」（Rebuild Japan Initiative Foundation）理事長船橋洋一，從一九八〇年二月到一九八一年十二月，以日本《朝日新聞》特派員的身分駐留北京，與中國有著深厚的緣分。一九四四年，船橋出生於在美國洛克斐勒家族（Rockefeller Family）捐贈下成立的北京協和醫院，他的父親是日本國策會社的北支那開發株式會社（即華北開發股份公司）會長室文書課職員。北支那開發株式會社，是日本在中國華北蒙疆進行投融資的單位。一九四六年夏天，船橋洋一舉家搬回日本。

二〇一七年二月，我在美國總統唐納．川普（Donald Trump）大力批評中國的匯率制度時，在船橋洋一的東京辦公室訪問他，詢問他對於三十五年前人民幣的回憶。

「又髒又皺的，我當時深深地覺得怎麼會有這麼破舊的貨幣？」船橋洋一在記述一九八〇年代初期中國社會種種面貌的著作《內部》中，也這麼寫著：

「我覺得中國最缺乏價值感的就是紙幣了，在與外幣及外匯兌換券的黑市交易裡經常被迫降價，在通貨膨脹時還被認為必須『打七折』。」

當時的匯率是一人民幣兌換一百五十九．八三日圓，比進入二十一世紀後的人民幣多上好幾十倍。

之後，船橋洋一採訪從《廣場協議》到《羅浮宮協議》時，日圓升值、美元貶值背後的國際政治與經濟動態，完成著作《通貨烈烈》。這本書被翻譯成中文後，受到共產黨與中國政府高層的注意和閱讀。

長期觀察國際金融現況的船橋洋一說：「雖然華盛頓有加入中國簽訂第二個《廣場協議》的提議之聲，但那是要與美國同盟的行為。在美、中雙方的修昔底德陷阱之中，是很困難的事吧！」

修昔底德（Thucydides）是古希臘歷史學家。修昔底德所寫的《伯羅奔尼撒戰爭史》（*History of The Peloponnesion War*）一書中提到的「陷阱」，作為比喻中國崛起時的中、美關係，在二十一世紀成為今日經常提到的詞彙。

回溯雅典與斯巴達的戰爭。崛起的雅典取代斯巴達，利用結盟的關係，統治愛琴海。心懷恐懼的斯巴達於是決定開戰，成為戰爭的契機。在現代中國與美國的形勢上，可以看到新興勢力與原有統治勢力發生衝突的可能性。中、美之間存在戰略上的互不信任，都對對方抱持強烈的懷疑心態，在這種情況下要調整與主權息息相關的貨幣，不是非常困難嗎？這就是船橋洋一的看法。

雷曼兄弟連動債事件後，船橋洋一有一段時間也想過美元統治的時代已經結束了嗎？「完全想錯了啊。」他說。在危機出現時，很多國家要求的「安心貨幣」仍然是美元，中國也不例外，在經濟環境惡化時，匯率就會與美元掛鉤。

「依賴美元到如此程度嗎？這真的讓人非常驚訝。貨幣是國家大事，是政府必要討論的事項，投資人與市場的觀點果然是非常重要的事，我深刻感受到這一點。參與市場的人需要的是有透明性與流動性，而且可以馬上提取的貨幣。畢竟，投注的資金都是自己非常重要的資產。」

中國的人民幣在這一點尚未成熟。「中國尚未達到法治，在貨幣市場的包容力也還不夠大。從二〇一五年夏天人民幣出現貶值的騷動來看，信用度還不夠。毛澤東的鈔票雖然變新了，（作為貨幣）卻還早得很，人民幣成為主要儲備貨幣的時代尚未來臨。那個時代或許會出現在三十年後，但不會在十到二十年後到來吧！」

從中國的經濟規模與貿易量看來，人民幣的存在感確實一直在成長，但以美元為關鍵貨幣的時代，目前還是不變。船橋洋一的看法得到廣泛認同。

美國的雷曼兄弟連動債事件後，二〇〇九年中國經濟的存在感急速上升，中國中央電視台連續播放數集《貨幣戰爭》的特別節目，內容在觸及日圓的盛衰時，指出：「日本經濟大起大落，日圓命運的跌宕起伏，固然與本國宏觀貨幣政策連續失誤有關，與美國施加外部壓力有關，但更與日本自身決心和目標有關。」

那是中國藉日本之名，對國內進行的呼籲。人民幣改革緩慢的原因，應該是在外面套了件不能屈服於美國「壓力」布偶裝的內政問題。

背後有依賴出口產業的地區與國有企業的有力政治人物會抗拒改革；無法在自由競爭

中看到勝算、大而無用的國有銀行也會抗拒改革。阻止改革「決心與目標」的，是國內的既得利益者。

無論如何，能分配金錢的權力才是權力的源頭，改革的最大障礙應該是一直握著人民幣韁繩不放的中國共產黨保守派的統治慾。

與人民幣對抗的最厲害對手不是美元，也不是歐元，而是中國自己。

川普風險

於西元前修築出萬里長城，現在已是社會主義國家的國家領導人，宣傳了自由貿易的重要性。以自由為目標跨海而出，他們的後世子孫所建立的國家，其領導人則是大聲向鄰國叫囂要築起圍牆來隔絕鄰國。

二〇一七年，倒錯的一年開始了。

一月中旬，世界經濟論壇在瑞士滑雪勝地達沃斯召開年會（也稱為達沃斯論壇），這一次的年會有兩個主角。

一個是以中國國家主席的身分，首度出席世界經濟論壇的習近平；另一個是幾天後就要正式就任為美國總統的川普。他們都是即使不在現場，也不能讓人忽視的存在。

習近平在開幕式上發表了演說，表示「困擾世界的很多問題，並不是經濟全球化造成的」、「我們要堅定不移發展全球自由貿易和投資，旗幟鮮明反對保護主義」。可以容納一千八百人的演說聽座無虛席，甚至還有人站著聽講。

習近平也提到人民幣，說：「中國沒有用貶值人民幣的方式來提高貿易競爭力的想法，也不打算發動貨幣戰爭。」習近平的言論顯然是針對川普而來。川普在美國大選期間，猛烈砲轟中國操控人民幣貶值，是「外匯操縱國」，威脅要對中國產品徵收高額關稅。

世界經濟從雷曼兄弟連動債的震盪中重新站起來，美國在升息中、中國資金停不下來的不斷流出，如果任其發展就會造成人民幣下跌。擔心人民幣暴跌的中國當局，於是持續介入市場，賣美元、買人民幣。對於努力阻止人民幣下跌的中國，川普的批評是「不要讓人民幣下跌」。

人民幣會被如何對待？川普打破公約，並未將中國列入「外匯操縱國」。

對中國而言，在開始圍繞著人民幣展開攻防的時期出現的布希政權，和其後的歐巴馬政權，都是很棘手的對手。在各種虛虛實實的言論滿天飛的情況下，政策持續蜿蜒前行。不動產業者出身的川普，不受自由、民主、人權等美國傳統價值觀的約束。川普莫非是靠著生意人的直覺，把外交、國家安全等，也當作「交易」進行吧？整個世界都在為此擔憂。

對習近平而言，這種情況不算壞事，中國才是討厭把價值帶入外交的「交易外交」國家。這幾年裡，和菲律賓之間因為南海主權的紛爭，而阻擋菲律賓的香蕉進口中國；與蒙古因為西藏問題而更新貨幣互換協議；因為南韓同意美國在南韓部署高空防禦飛彈（薩德）系統，而取消南韓百貨業者的營業執照；另外，中國和日本也有釣魚台列嶼的主權與稀土出口問題。政府裝做沒有直接出手干預的樣子，卻透過拐彎抹角的交易手段來影響外交，這是中國政府慣用的手段。

川普的作風大概就是我行我素吧。在川普就任美國總統兩個半月左右，二〇一七年四月，川普和習近平在美國佛羅里達州棕櫚灘的川普別墅「海湖莊園」，進行兩天會談。正在學習中文的川普孫女背誦唐詩歡迎習近平。在川普與習近平一起用餐的同時，美國向敘利亞發射了飛彈。和他國首長會面期間發動攻擊，也是一個特例，這樣的雙面性正是川普政權。

習近平呼籲重視基礎設施投資的川普加入「絲綢之路」的構想。兩人會談後，川普表示「與習先生的關係加深了」、「我們志趣相投」。隱藏對人民幣的強硬壓力，在北韓的問題上尋找「力量」合作。

中國雖然不放心美國對台灣是中國不可分割的一部分的「一個中國」立場，但在經過川普與習近平的電話會談後，修正一些看法。美、中雖然開始對話，但還是看不清未來的走向。

受到最大影響的是華爾街。川普大量任用高盛的高層成為政府的要員，成為白宮經濟政策指揮中心的美國國家經濟委員會主席葛利・寇恩（Gary Cohn），原本是高盛總裁暨營運長；被川普點名出任財政部長的「金庫管理人」史蒂芬・梅努欽（Steven Mnuchin），和總統顧問蒂娜・鮑威爾（Dina Powell）也都來自高盛。川普的人事布局因此被諷刺是「高盛政府」，川普政權志在藉由放寬限制等政策，來實現高盛所代表的美國金融業界利益。

如第四章詳細敘述的，美國與中國之間有金融水脈。前財政部長鮑爾森、魯賓等人都出身高盛，而「中南海」也與華爾街連結。鮑爾森訪問中國時都會與習近平等人密切交談。

川普的經濟政策顧問組織「戰略與政策論壇」（Strategic and Policy Forum）的主席史蒂芬・蘇世民（Stephen Schwarzman），也是世界最大投資公司黑石集團（Blackstone Group）的執行長。在中國做不動產投資的黑石集團執行長蘇世民，是非常有名的。中國在二〇〇七年成立運用外匯存底的國家基金，第一位投資客戶就是「黑石」，中國是黑石的股東。二〇一三年，蘇世民捐贈一億美元的個人資產，給培育出習近平與前總書記胡錦濤、前總理朱鎔基等眾多中國政壇大人物的名校清華大學。對此，清華大學表示：「本項目是中國大學迄今為止從境外獲得的最大單項慈善捐贈。」此活動是一項從全世界招募優秀年輕人的計畫。

以蘇世民為首，鮑爾森、摩根大通以及高盛的領導人，都是朱鎔基曾任職過院長的清華大學經濟管理學院的顧問。「不管景氣好不好，中國都充滿商機。」我認識一位中文流暢，在高盛的北京當地法人工作的美國人，他的中文名字叫莫浩波，大約三十幾歲。二〇一六年夏天，我在北京見到他時，他剛結束與中國南方的某國有企業的商業談判，回到北京。莫浩波畢業於美國哥倫比亞大學，進入中國國有證券公司中信證券任職，五年後轉職到高盛，談成中國國有企業收購瑞士農藥公司超過四百億美元的併購案。據說因此拿到大筆獎金，但他表示不能告知具體金額。

中國企業很流行收購外國企業或不動產，但要建立全球性「爆買」業務，單純靠中國金融機構的力量尚嫌不足，高盛等美國投資銀行此時就有機會出手了。中國政府是擁有超過一兆美元的美國公債，與約三兆美元的外匯存底可運用的投資客，對美國的投資銀行來說，當然是絕佳的客戶。

▲ 在中國的春節期間，伊凡卡帶著女兒拜訪駐美中國大使館。

對華爾街而言，中國是難以割捨的市場，即便經濟惡化，中國還是有很多商機。就如同鮑爾森與在習近平體制下負責指揮打擊貪腐的王岐山之間的結識，為他帶來了處理廣東省政府金融機構破產的請託。川普也在中國註冊自己的商標，而他的長女伊凡卡・川普（Ivanka Trump）還讓五歲的女兒阿拉貝拉・庫許納（Arabella Kushner）學中文。但川普政權內部也有許多人是對中強硬派。在安保議題上面搖擺不定，在經濟上面想賺錢，這是走在綱索上的危險行為。

以民族主義論調著稱的中國共產黨機關報《人民日報》的旗下媒體《環球時報》，比較台灣與領土問題時，寫下「經濟與貿易、匯率的問題，是中美策略中最柔軟的一部分」。只是經濟是活的，再怎麼精密計算，也會因為扣錯鈕扣而出現讓人措手不及的變化。

中美關係如果只看經濟問題，或是只看安保問題，就會出現錯誤的判斷。重要的是用更多雙眼睛去仔細盯著瞧。

還是歸零重來吧。關於貨幣的中美的新交易開始了。

什麼都不是第一次。第一次世界大戰後，以華爾街為代表的國際金融資本，深入參與東亞的國際政治。中日戰爭前，蔣介石領導的國民黨得到英、美支持，挑戰統一貨幣的政策，誕生法幣。毛澤東在建國後不久，因為參與韓戰，受到美國的經濟制裁，中國被踢出美元關鍵貨幣圈。不過，改革開放開始後，中國在紐約證券交易所（New York Stock Exchange,NYSE）敲響了上市的鐘聲，這對中國企業來說是榮譽的象徵。

以國家的信用為後台的貨幣上，有濃厚的國家主權色彩；另一方面，跨越國境流動的貨幣則帶有強烈的國際性。在國籍貨幣與國際貨幣的競爭宿命中，二十一世紀的人民幣要走向何方呢？高成長期已經過去，加上不確定性的「川普風險」，正壓迫著國內較為脆弱的中國經濟。

虛擬貨幣比特幣

從清末開始中國就處在列強的壓力下，隨時擔心可能會被瓜分得四分五裂，這種「瓜分危機」的記憶被中國共產黨拿來作為故事的起源。一九四九年，中國共產黨建國後，中華民族的屈辱歷史成為統一的千斤頂，中國數千年歷史中第一個完成統一的貨幣，就是人民幣。

五十年後的一九九九年，建國代表人物毛澤東一個人的臉獨占了人民幣。中國人民使用的貨幣，成為強勢國家資本主義的武器，開始躍上世界舞台。

現在，沒有肖像的貨幣正席捲著中國。

那就是網路上蠢動的錢。「言論戰爭的主戰場在網路上。」習近平如此宣稱。即使對貨幣也一樣，二十一世紀的「制高點」（commanding heights）或許就是網路。

網路有的不止是方便性，還成為想鑽法規漏洞的人展現企圖與衝撞國家權力的場所。

不只北京烤鴨老店與上海的流行酒吧，連農村的擔擔麵小吃店，從錢包裡拿出現金付款的人也變少了。使用智慧型手機的應用程式，就可以簡單完成朋友之間金錢的轉帳。即使在小吃攤也一樣，店家只要擺上印有二維條碼的紙張，顧客就可以用智慧型手機讀取條碼進行付款。

「支付寶」是中國最大的智能手機付款服務，在日本也能使用「支付寶」的商店與計程車正在增加中。自二〇〇三年起，中國最大的網路經銷商阿里巴巴開始啟用智慧型手機的付款服務，隨著智慧型手機的流行，這項服務也被廣泛地使用於實體店鋪，使用人數已經超過四億五千萬人。二〇一三年，中國的大型網路公司騰訊也加入其中，有將近九億人使用通話應用程式，被稱為是中國版LINE的「微信」（WeChat）也有支付功能。使用微信匯款給朋友的支付平台叫做「財付通」，是相當受歡迎的系統。

不需要到銀行忍受長時間的傲慢待客態度，也能降低拿到偽鈔的風險。而為了降低偽鈔帶來的損失，印有毛澤東肖像的人民幣最大面額是一百元。這對購買高價物品的人來說是極為不便的，所以有人提議要發行五百元或一千元紙幣，並且使用鄧小平肖像。不過，因為電子貨幣已經廣為流通，近來已經聽不到這種提議了。特別是年輕人身上不帶現金，阿里巴巴總部所在的浙江省杭州市更被吹捧為「無現金城市」。

根據中國市調公司「比達諮詢」的調查顯示，二〇一六年中國行動支付的交易金額是三八·六兆人民幣，比前一年增加三倍多。其中支付寶占百分之五二、財付通占百分之三三，外資幾乎看不到插足的空隙。

另外，把錢像是存進銀行帳戶那樣存進電子貨幣帳戶裡，沒有用於支付的錢就可以用來投資金融商品，賺取利息，這樣的機制也很普及了，阿里巴巴集團的「餘額寶」就是這樣的機制。這就是只要有支付寶的帳戶，就可以進行投資的貨幣市場基金（Money Market

Fund, MMF）。

餘額就是指帳戶裡剩下的錢。捨棄不方便、利息又低的銀行，把錢放進餘額寶，不僅利息會比放在銀行來得好，還可以隨時使用。這項服務雖然從二〇一三年才開始，但到了二〇一六年年底時，餘額寶的總餘額已經達到八千零八十三億人民幣，比前年增加三成。

在這樣的結算機制與投資商品推動下，阿里巴巴集團在二〇一六年三月份的財務業績，已經超越有五十年歷史的美國跨國零售企業沃爾瑪（Walmart）。網路商店於二〇〇三年興起，短短十三年就追過傳統商店。

銀行在中國也被開玩笑似地說成是「吸血鬼」，當局比較經濟狀況與物價的上升比率，調降存款利息，就像吸人們的血一樣地聚集金錢。

而運用制定的高利率，賺取龐大利益，出借貸款也以國有企業為優先。利率雖說已經自由化了，但是在中國人民銀行行長周小川佯稱是向日本學來的「窗口指導」下，實際上卻還是繼續進行限制。這是為了拯救有貸款的企業與效率不好的國有企業，「餘額寶」可說是人民對國家分配金錢的反抗行為。

此外，阿里巴巴還把集中到餘額寶裡的大部分款項借給銀行。從國有銀行手中分走的錢，在轉了一圈後又回到銀行，餘額寶也可以說是吸血鬼的吸血鬼。

美國也有過限制利率的時代，但在貨幣市場基金這種人人可以取得的金融商品出現後，管制就被瓦解了。日本也在野村證券推出中期國債基金這項商品，在移轉存款的過程中，利率的管制便瓦解、消失了。

中國的情形也是一樣，餘額寶這類金融商品，便是在對管制與實體經濟失去平衡的情況下誕生，有別於政府從上到下循序放寬管制，這是從下湧起向上瓦解管制的行動。

當然，中國政府一定緊盯著利率設定與運用方法，阿里巴巴等企業也不打算對抗當局。從小酒館的分攤費用，到孩子的補習費，各種不同的支出與收入等個人資料，都是以大數據的方式，儲存在智慧型手機中。

智慧型手機裡的人民幣沒有毛澤東肖像。

在中國，國家以嚴格控制網上的訊息交流，達到監控個人的目的，電子錢幣比有毛澤東肖像的現鈔更缺乏匿名性。人們因為方便，在生活上越依賴使用電子錢幣來付款，中國當局就越容易得到包含個人家計支出與人際關係在內的種種訊息。

電子錢幣是自由的象徵嗎？還是中國共產黨的統治工具？答案到底是什麼，目前還尚未得知。

有一種貨幣突破國家發行人民幣的限制，在暗地裡活躍而且沒有肖像。它就是代表性的虛擬貨幣——比特幣。

支付寶等行動支付使用的電子錢幣雖然不具錢幣形體，但仍舊流通於中央銀行所發行的人民幣世界裡面。不過，同樣是在網路上流通的貨幣，比特幣與人民幣卻大不相同。比特幣沒有發行的銀行，是自稱「中本聰」的人在二〇〇八年依據提出的理論為基礎所創造發明的程序，會自動發行一定數量的貨幣，沒有中央銀行那樣的管制者。

比特幣不是鈔票或硬幣那樣的實物，也沒有國家信用作為背景，能以低廉的成本跨國匯款。因為使用起來的匿名性高於現金，所以也曾有過募集比特幣援助脫離北韓者的募款活動。

比特幣與向美元、歐元、日圓、英鎊等既有貨幣秩序進行挑戰的人民幣不同，比特幣是新次元的「貨幣」，能透過交易所（網站），與美元或日圓等由中央銀行發行的貨幣進行兌換。二〇一七年年初，比特幣的時價總額達到最高點，相當於一兆日圓。

▲比特幣中國的執行長李啟元。

中國的投資人占了比特幣的大半交易，二〇一六年時更占據九成以上。中國大大撼動世界的市場價格。到底發生了什麼事呢？

比特幣中國（BTCC）是比特幣的大型交易所之一。我前往比特幣中國位於上海的總公司，採訪比特幣中國執行長李啟元。他的辦公室位於一棟嶄新大樓的六樓，稍微遠離素有上海澀谷之稱的徐家匯繁華街道。

第一次採訪是二〇一四年夏天的事，當時辦公室裡大約有四十個人左右，看上去都是二十幾歲到三十歲出頭的年輕人，每個人都面對電腦坐著。我被帶到會議室，會議室內的白板上寫著許多我看不懂的數字和記號，但看起來好像是統計的算式。

那位比特幣的先鋒笑瞇瞇地走過來，他有著靈活的雙眼及圓圓的臉頰，問我：「中文？英文？」我選擇用中文，並且先向他道謝。在中國，記者必須有記者採訪簽證才能進行採訪。常駐的話一年要申請一次，短期出差則是每次都必須申請，還會被要求提出受訪者的邀請文件。因為必須向當局通報自己與採訪者的關係，所以大多數人不太喜歡接受外國記者的採訪。

但是，比特幣中國很乾脆就同意受訪。或許是因為不在乎與政府的關係，也或許是正處於這個產業的黎明期，特別重視宣傳活動的原因。

一九七〇年代後期，李啟元生於西非的象牙海岸，父母都是上海人，因為做生意而離鄉背井。李啟元長大後在史丹佛大學就讀電腦科學。離開學校後，他曾在矽谷的雅虎（Yahoo）工作，並擔任負責技術的管理職位。之後移居上海，轉入新生的比特幣業界，二〇一一年創業成立比特幣中國，是比特幣中國的執行長。

「我是被弟弟拉進這個業界的，他在這個業界的名氣比我大。哦？不知道他嗎？」李啟元說他的弟弟李啟威畢業於美國麻省理工學院。名氣雖然不如比特幣，但卻是另一種虛擬貨幣——萊特幣（Litecoin）的開發者。

此時，正是比特幣的逆風時期。

「比特幣不是真正意義上的貨幣。」前一年年底，中國人民銀行針對比特幣提出否定見解。雖然比特幣的交易量與價格一天天地往上飆漲，但是受到當局指示的銀行抽手比特幣的結算，造成比特幣價格暴跌。

確實，從中國共產黨一黨獨裁的中國來看，在網路不受國家制度束縛，可以任意行動的虛擬貨幣，看起來就像是可能擾亂金融秩序的「反體制派」。在日本經營比特幣交易的Mt. Gox 交易所的破產，也讓人們對這個產業的信心一下子墜到谷底。

「因為害怕價格劇烈變動，新加入的人變少了，但是繼續進行買賣的人還是很多。和網路的發展一樣，對社會來說，是方便而有用的東西，就會有很多人想要使用。那樣的話，也能解決安全的問題。網路剛開始時，不也被很多人質疑網路的用途嗎？」李啟元是樂觀的。量雖然微小，但交易本身不能被禁止。「而且如果不是真正意義上的貨幣，就不能限制它與外國之間的自由交易。」

在月亮上也可以使用

二〇一六年夏天，我第二次採訪李啟元，那時是比特幣的順風時期。

因為中國的景氣減緩與限制轉嚴，在股票與不動產市場低迷中，想要尋找好的投機目標的人於是變多了。再加上中國人民銀行在二〇一五年夏天突然大幅下修對美元的匯率，人們認為人民幣將會貶值，在中國國內開始賣人民幣，紛紛改買美元等外幣、投資外國不動產。人民幣的「大逃亡」開始了，中國人民銀行緊盯資本流出的動態嚴密執行管制。在中國，人民幣與外幣兌換原本就有上限。

每年每人可以兌換的上限是五萬美元。其實原本還有許多可以逃避管制的手段，但當局把能堵的洞都盡可能堵住了。結果，因為「虛擬」貨幣不受管制的束縛，於是比特幣大受歡迎。把人民幣換成比特幣，然後用比特幣換成美元等外幣，比特幣的市場就這樣轉為活絡。

李啟元展示他的新手錶給我看。黑色的四方形錶盤，搭配白色指針。紅色秒針在動，錶盤上面會出現比特幣價。那一天是一฿（比特幣）＝五六八＄（美元）＝三七七〇￥（人民幣）。以書法寫著「每個人都使用比特幣」的匾額，在盡是英文與數字的辦公室裡特別顯眼。

「比特幣不是貨幣，但可以作為資產增值。貨幣有管制、黃金很重、不動產不能移動，而比特幣能在網路世界裡縱橫無礙地進行交易。」根據李啟元的看法，中國人很好賭，即便是稍嫌可疑且帶有風險的投資標的，也會對其產生興趣。無論如何，考慮包括政治在內的種種風險，分散手中資產的管理方式是一種常識。正因為有風險，所以選擇風險。就像李啟元的父母，一手拿著錢就到陌生的象牙海岸闖天下。

「比特幣的資產價值與國家無關。比特幣是全球化的、無國界、跨國家、跨語言、跨文化。不管是美國人、中國人、非洲人、日本人還是歐洲人，任何人種都能使用。人類如果發展到太空，發展到月亮、火星，只要有網路的話，不管在哪裡都能使用比特幣。」

可是中國共產黨不喜歡那樣吧！我直覺地這麼認為，然後試著提問：「人民幣上面有毛澤東的肖像。如果比特幣上面可以加上肖像的話，會用誰的呢？」

「什麼？妳想問什麼？我聽不懂妳的問題。但我不是在中國長大的，對那個（毛澤東的）鈔票沒有特別的感覺。」李啟元笑著抓起上面標有比特幣符號的圓形模型，給拿著照相機的我看。

大約是半年後的二〇一七年一月六日，前一天比特幣大漲，來到一比特幣兌換將近一萬人民幣的歷史新高。李啟元等三大交易所的執行長，被請到中國人民銀行，報告交易的狀況。這件事讓比特幣又暴跌了，不喜歡資金外流的中國人民銀行，也對比特幣投出牽制球。

交易所的辦公室甚至遭到搜查，害怕管制的投資人於是開始出售比特幣，比特幣在一週內貶值四成，交易量也減少了。到了二月再度傳出中國人民銀行約談九個交易所的負責人，聽取比特幣交易的消息。當局正在檢討洗錢與資金違法轉移到海外的新規定。在以價格波動投機為主體上，人民銀行所在意的資金外流到海外的情況雖然不多，但也不能疏忽錯過。之後在幾乎每天都有新聞的情況下，中國引發的虛擬貨幣價格之亂一波接著一波。

我帶著擔心的心情，試著和李啟元連絡，終於在三月下旬打通電話。「針對洗錢的管制是必要的，我們會協助當局。」他這麼表示。對於暴動般的價格變化，他說：「非常興奮！（Exciting!）」

利用電話號碼或推特（Twitter）帳號匯款的應用程式「mobi」已經開發出來了。「比特幣殺手級應用程式。真正的全球貨幣要誕生了。」李啟元自信滿滿地說。

面對困境屹立不搖，賭上未來的發展空間。在新次元的貨幣裡，中國人表現出主角般的存在感，這也是國家強勢管制與表裡一體的現象。

中國人民銀行也在研究

要如何對待在中國也被稱為「數位貨幣」的虛擬貨幣呢？這彷彿是以毒攻毒的行動。以下的說明雖然稍微有點技術性，但考量到隱含了涉及未來「貨幣戰爭」的可能性，所以還是想介紹一下。

把新的資訊技術應用到金融服務的金融科技（financial technology，也稱為FinTech）愈來愈受到關注，很多國家都在研究是否也能把金融科技應用到中央銀行發行的貨幣上。不只中國人民銀行，日本銀行與歐洲中央銀行等各國和各區域的中央銀行也在積極研究這個可能。數位貨幣可以降低金錢的流通成本，也有促成無現金化的優點，但同時也存在很大的憂慮。

當這樣的貨幣擴大到凌駕中央銀行發行的貨幣，成為能作為交易使用的貨幣時，就會對中央銀行重大工作之一的「金融政策有效性，造成無可避免的影響」。正因如此，中央銀行要靠著自己發行數位貨幣，「避免因為紙張成本，造成銀行發行票券被虛擬貨幣超越的情形」（日本銀行〈關於中央銀行發行的數位貨幣〉）。

在金融科技的領域裡面作為重要技術的區塊鏈，亦是支撐比特幣的基本技術。這是分散管理帳簿的系統，是與中央銀行所採取的集中管理完全對立的系統。例如，如果說傳統的中央銀行貨幣發行是中央集權型的，區塊鏈就可以說是地方分權，甚至也可說是個人分散型技術。對一黨獨裁的中國政治體系來說，這不是容易熟悉的東西。

因此中國人民銀行傾注力量於此，成為研究數位貨幣「最熱衷的中央銀行之一」（日本銀行負責人員表示）。在民間不可控制的狀況發生前，政府就先將管制高點掌握在手中吧！他們說。或許他們還想著，如果有機會領先世界走在最前面的話，就能將標準握在自己的手中。

二〇一四年，中國人民銀行開始著手數位貨幣的研究。在二〇一六年展開的檢討會中提及，綜合了國內外的研究，建議應該讓中央銀行儘快發行數位貨幣。

於是，人民銀行在二〇一六年公開招募六位高學歷的區塊鏈人才，蔚為話題。

因為有新技術與智慧型手機，非公營機構也能建立貨幣了，這讓「貨幣民主化」變得具有可能性，但這也是中國共產黨不想見到的事。管理貨幣的力量是國家權力的源泉，不管是紙張還是數位，這種權力是一定要緊緊握在手中不可的。正因如此，不但不否認數位貨幣，還要主動推動中國人民銀行向前走。

威脅集權統治的貨幣

習近平提出「實現中華民族的偉大復興」的起點是鴉片戰爭。回溯中國歷史，直到鴉片戰爭前，中國國內的貨幣種類複雜而且混亂，每個地方都有各自使用的貨幣，不同貨幣的兌換價格時時都在變化。中國人長期就在那種複雜環境下做生意、過生活。就某種意義來說，可以說是民主的地方分權型貨幣體制。如此交錯在一起的多樣性，也很像是分散型管理的數位貨幣。

貨幣體系可以反映出人類關係與社會既有的組成模式。根據日本的中國經濟史專家，東京大學教授黑田明伸所寫的《貨幣系統的世界史》指出，「中國貨幣史可以說是兩種貨幣力量的對抗史。一種是以私人發行或地域性通貨形式出現的各式貨幣，另一種是朝廷為樹立某種秩序，由朝廷發行的統一性貨幣。」

中國文明很早就誕生，貨幣早就滲透到社會中。農民熱衷賺錢，公家對商業的規制也寬鬆。但儘管如此，近代中國仍在競爭中落後使用單一貨幣的西方經濟。統一後的中國擁有廣闊程度和歐洲大致相同的領土，所以共產黨選擇不容易從內部崩壞的強權管理政治體系。

那麼在中國共產黨第一次用人民幣統一貨幣的七十年中，作為一個中國共同體的人類關係，是否有所改變？孫文曾經感嘆如同「一盤散沙」的中國人社會，能用混凝土固定嗎？事情沒有那麼簡單。如果從統治者的角度來看，正因為這是一個不進行管理，能量就會四處擴散的社會，所以才必須集權加強管理。

關於金錢的流動，也是同樣的道理。在各自的欲望下，無論是國境也好、法律也罷，都會被拋諸腦後吧！稍不注意，就會逃到中國共產黨的手伸不到的地方。讓貨幣國際化的這件事，同時也是在承認並許可人的夢想與欲望，有時是可以打破國家主權所建立的秩序。

現在的中國畢竟還是不能接受人民幣在倫敦、東京、紐約市場裡，每天任意漲跌。雖然首先應該允許上海等國內市場的價格自由波動，但還是擔心波動會給社會帶來影響而不予許可。

在這樣的體制下，人民幣的國際化還是有極限。在完成進入象徵貨幣勳章的國際貨幣基金組織的特別提款權時，還是關起門來，建起了一堵無形的牆阻隔了資本自由進出的前提。人民幣的國際化暫時打上休止符，中國還是害怕人民幣流出。

中國的貿易量與美國並列為世界最大。人民幣今後勢必也會以亞洲為中心，不斷地增加存在感。根據國際貨幣基金組織的預測，中國經濟規模到二〇二〇年時將會達到日本的三倍。在包含人口移動、產品製造網路在內，有著經濟關係密切的亞洲，或許人民幣的使用率超越日圓的時代將會來臨。

只是我在一邊回顧中國歷史，一邊進行採訪的過程中，會有一種想法。在中國共產黨一黨獨裁的政治體制下，人民幣在自由飛繞於世界市場的同時，真的能夠代替美元成為關鍵貨幣嗎？

金錢的配置是權力的源泉。無論是將之委託給市場，還是被創造了沒有國籍也沒有國境之分的虛擬貨幣的電腦奪走，都是不能允許的。那麼要把國際秩序與市場的規則全部改成中國式管理，然後由人民幣做主嗎？

不管怎麼做都有困難。反過來說，在經濟全球化和技術創新的悄然推進下，人民幣的國際化或許會成為中國共產黨集權統治被消除的一個漏洞。

不能讓目光離開人民幣的動態。因為我認為那可能不只是了解中國經濟、政治、外交的關鍵，更是了解人民的生活和社會形態、與其他國家之間的距離，以及和世界接點轉移的關鍵。

後記

感謝讀者耐心看到這一頁。

關於為什麼要寫談論人民幣的書，我有些話想說。

我第一次拿到人民幣是在一九八七年一月。當時是大四的寒假，我利用假期到北京語言學院（現在的北京語言大學），學習中文一個月。北京的冬天冷得像是可以把人凍結，街道上彌漫著為了供暖而燃燒煤炭的酸味。

大學時，我的主修並非中文，一句中文也不會說。至於為什麼會不顧一切地突然前往中國留學，無非就是想看看母親出生的國家。我的外祖父曾是日本商社職員，因為工作關係外派到舊滿洲國的遼寧省撫順市，我的母親便是在那裡出生的。第二次世界大戰結束，日本戰敗了，母親當然也跟著外祖父，全家搭船回到故鄉日本岡山。

瞞著擔心女兒獨自出遊的父母，我自作主張，偷偷從岡山搭乘新幹線到新大阪，再從伊丹機場（大阪國際機場）離開日本，經過上海，前往北京。到了北京後，我才從大學打公共電話和在日本的父母連絡。我還記得電話那端傳來母親驚訝到快要哭出來的聲音，這是我第一次出國。

大概是耳朵上大大的圓形紅色塑膠耳環看起來很稀奇吧！在大學裡相當照顧我的商店姐姐，難為情地表示想買我的耳環，但我不知道可以用什麼價格賣給她，再加上原價只要一千日圓，便直接摘下來送給她。她很高興地收下了。當時，距離中國用武力鎮壓以民主運動為訴求的天安門事件尚有兩年，而距離鄧小平加速改革開放的南方談話還有五年。

當時，外國人不能直接使用外幣，必須拿手中的外幣兌換沒有人頭肖像的外匯兌換券購物，所以我也用日圓換了外匯兌換券。中國人則使用人民幣。不過，因為有些舶來品或高級品只能使用外匯兌換券購買，所以外國人走在街上時，時常會有人過來表示想要交換外匯兌換券。我不太記得當時幣面上的圖案，只記得人民幣皺皺的，看起來很不體面。

對人民幣重新產生印象，已是我進入朝日新聞社後，被派到北京學習語言的事了。那時是一九九九年，外匯兌換券已在市面上消失，貨幣統一成了人民幣。為了慶祝建國五十週年，新版人民幣問世，所有的人民幣紙幣上都印著毛澤東肖像。

為什麼只有他突然成為鈔票上的肖像呢？毛澤東是中華人民共和國的建國人物，深具領袖魅力，他的照片甚至被高掛在天安門上，但五十年來他的肖像為什麼從沒有單獨出現在人民幣上呢？明明列寧就成為了蘇聯鈔票上的肖像、金日成也成為了北韓鈔票上的肖像、華盛頓亦成為了美國鈔票上的肖像。所以我覺得很奇怪，但沒有人能告訴我答案。

然後是二〇〇三年春天，我以《朝日新聞》上海特派員的身分到中國工作。中國在加入世界貿易組織後，成為世界工廠，在出口不斷成長下，賺到貿易順差。但人民幣對美元的匯率一直處於低價，中國不當提高本身的競爭力，來自美國的批評卻越來越多。隔年秋天，我被調到北京，因人民幣而產生的中美摩擦成為我的最大採訪題目。

出席國際貨幣基金組織、世界銀行的年會，以及七大工業國財政部長、中央銀行總裁會議，我是第一個從中國出發到他國去進行採訪的《朝日新聞》中國特派員。人民幣問題將中國推向國際金融舞台。在新加坡進行的國際會議中，我還因為在跑著追上中國人民銀行行長周小川進行採訪的途中，在擁擠的電扶梯上掉高跟鞋了。這位有著人民幣先生之稱的初任銀行行長，經常被記者團團圍繞。

成為被關注焦點的中國人民銀行的發祥地，也就是中國共產黨在國共內戰中打敗國民黨，進入北京之前的根據地——河北省石家莊。經過一番尋找後，我很驚訝地發現，到了二〇〇六年時，原址上的竟是一家奇怪的三溫暖，不過建築的所有權仍然屬於中國人民解放軍。那棟房子在二戰前是日本政府建設部門建造、使用過的建築物，如今正在改建、整修為漂亮的博物館。

之後經過二〇〇八年的雷曼兄弟連動債事件，對美元信賴感急速冷卻的中國人轉換方向，轉為致力於人民幣的國際化。當然，其中應該也存在著野心吧！我每次到海外出差，都會看到有「¥」這個符號的看板漸漸變多。但這裡的「¥」不是日圓，而是人民幣的商業廣告，我的心情因此變得複雜了。

日圓與人民幣，述說著日本和中國的關係。

觀察中國人民的日常活動與經濟活動當然可以幫助人們了解中國，但是追蹤與歷史、政治、外交、中日關係息息相關的貨幣——人民幣，或許可以幫助我們更接近中國的整體面貌。不知道從何時起，我開始有了這樣的想法。

時刻都在變動的時代裡有著森羅萬象的事物，我身為一個每天都必須面對這些事的記者，為什麼要冒險地去用人民幣書寫中國這一百五十餘年呢？

這是因為中國進入習近平政權之後，一再地強化政治的復古論調。

不妨試著回想一下習近平剛剛成為中國共產黨最高總書記後的二〇一二年十一月。包括習近平在內的七位政治局常委第一次集體公開活動，就是到國家歷史博物館參觀「復興之路」的常設展。

我也很快去看了那個展覽。展覽入口的地板上，嵌入依照色彩區分各列強殖民地的世界地圖。踩著它向前走時，「落後就會挨打」的文字立刻躍入我的眼中。從展開中國屈辱歷史的一八四〇年鴉片戰爭前夕開始，先是列強侵略，接著是覺醒人民的抗爭，然後有了中國共產黨新中國的建國，之後走上改革開放的路。

共產黨為了提高政治向心力，宣導「中華民族偉大的復興」的這個故事的起點，是十九世紀中葉。不只中國這樣，國家在講述歷史時都會添枝加葉。記者是追著時事跑的人，為了具備洞察時事的能力，我覺得應該在更長的時間軸上面去思考中國。話雖如此，我卻沒有力氣像教科書一樣去整理一百五十年的中國近代史。

因此，我決定要讓人民幣成為我的空中魔毯。

紙幣原本只是紙張，但是當這樣的紙張承載人們的欲望與價值，就好像變成了可以飛向任何地方的生物，於是我開始追蹤領導者們以及人們所做的人民幣之夢。幸好日本長期累積關於中國近現代史的研究，所以能夠請有為的歷史專家當作我「魔毯」的羅盤，借給我智慧。我認為了解歷史就是在擴大對於現今的理解，也可以成為我今後猜想中國行動模式的能力。

以國家信用為後台而發行的貨幣帶有濃厚的主權色彩，是摻雜了國籍與國際的地方。我思索著，要透過人民幣，去闡述中國這個國家的真實樣貌，以及建立起這個國家形態的人們的樣貌。以前中國存在許多與國家無關的貨幣，在中國五千年的歷史中，貨幣獲得統一的歷史可謂是只有短短的七十年。作為國際貨幣則是還處在「包著尿布的嬰兒」（英國《經濟學人》雜誌）狀態。

當我一腳踏進人民幣的歷史時，腦海裡馬上湧出許多疑問。

毛澤東為什麼數次拒絕把自己的肖像放到人民幣上頭？建國十年後，最後才納入人民幣圈的地區是哪裡？鄧小平明明已經同意，卻還是如幻影般消失的人民幣是什麼？習近平成為人民幣紙幣上肖像的日子會到來嗎？

在陷入採訪泥淖中苦苦掙扎的同時，開始一點點地看見歷史和現在的關聯，進而思考未來。那就是這本書。若要追溯人民幣的歷史，日圓很自然會作為這段歷史的重要配角粉墨登場。日圓之於人民幣，這種既不能說是對抗者，又不能說是合作者的難解關係，又會如何交鋒呢？圍繞著貨幣的中日攻防戰走向，也會成為人民幣的試金石。我採訪過「日圓的守護者」日本銀行總裁，以及以他為首的日本銀行幹部，還有很多站在國際談判前線的財務官員和許多歷任的當局者。雖然其中有些內容為了避免對當事人造成不必要的困擾而無法標明真名，但他們都對於二十一世紀從「日圓」到「人民幣」，說出寶貴的證言。

《紙幣肖像的近現代史》作者，也是紙幣、郵票專家植村峻幫了很多忙，不僅讓我看到許多一般看不到珍藏紙幣，還爽快地讓我拍攝照片。

在中國，我可以從中國人民銀行職員寫下的文章上，嗅到即便是受到言論管制，也仍然藏不住的時代氣息。因而得以在國家這個龐大歷史故事的主述者的用語中，將目光放到被遺落的歷史事實上面。

另外，神戶大學教授梶谷懷、《朝日新聞》的記者前輩外岡秀俊先生，在百忙中看了我的原稿，還給予了非常寶貴的意見。

在此深表感謝。

也非常謝謝朝日新聞社，在兩次讓我擔任中國特派員後，還給了我機會以曼谷為據點，採訪包括中國、日本在內的廣大亞洲地區。改變指南針指針的位置，能看到的景色也會跟著變得不一樣吧！我會在累積各種具體經驗的同時，繼續進行貼近事實的採訪。

最後我想說的是，如果沒有小學館的柏原航輔先生，本書就無法付梓出版了。我充分體驗到書寫的樂趣與嚴苛。獻上衷心謝意。

著手準備曼谷生活的簽證中

二〇一七年四月二十八日　吉岡桂子

參考文獻

中文文獻

中國貨幣／中央銀行歷史

- 《中國貨幣發展簡史和表解》，千家駒、郭彥崗（人民出版社，一九八二年）
- 《中國革命根據地貨幣（上、下）》，中國人民銀行金融研究所、財政部財政科學研究所編（文物出版社，一九八二年）
- 《原西藏地方錢幣概況》，中國人民銀行西藏自治區分行金融研究所編（一九八八年）
- 《近代上海金融市場》，洪葭管、張繼鳳（上海人民出版社，一九八九年）
- 《人民幣圖冊》，中國人民銀行貨幣發行司編（中國金融出版社，一九八八年）
- 《中華人民共和國人民幣大系》，夏立平主編（西南財經大學出版社，一九九八年）
- 《中國人民銀行五十年》，戴相龍主編（中國金融出版社，一九九八年）
- 《中國名片：人民幣》，馬德倫主編（中國金融出版社，二〇一〇年）
- 《人民幣讀本》，陳雨露（中國人民大學出版社，二〇一〇年）
- 《金錢與抗日戰爭》，戴建兵（人民文學出版社，二〇一七年）
- 《貨幣戰爭三》，宋鴻兵（中華工商聯合出版社，二〇一一年）
- 《貨幣戰爭四》，宋鴻兵（長江文藝出版社，二〇一二年）
- 《從自由到壟斷：中國貨幣經濟兩千年（上、下）》，朱嘉明（遠流出版，二〇一二年）

回憶錄／人物傳記

- 《人民幣史話》，石雷（中國金融出版社，一九九八年）
- 《谷牧回憶錄》，谷牧（中央文獻出版社，二〇一四年）

- 《薛暮橋回憶錄》，薛暮橋（天津人民出版社，二〇〇六年）
- 《開國第一任央行行長：南漢宸》，鄧加榮（中國金融出版社，二〇〇六年）
- 《戴相龍金融文集》，戴相龍（中國金融出版社，二〇〇八年）
- 《白色恐怖祕密檔案》，谷正文口述（獨家出版社，一九九五年）
- 《習近平談治國理政》，習近平（外文出版社，二〇一四年）
- 《毛澤東年譜（一～六）》，中共中央文獻研究室編撰（中央文獻出版社，二〇一三年）
- 《陳雲年譜（修訂本）（上、中、下）》，中共中央文獻研究室編撰（中央文獻出版社，二〇一五年）
- 《陳雲文集（一～三）》，中共中央文獻研究室編（中央文獻出版社，二〇〇五年）
- 《周恩來問答錄》，中共中央文獻研究室編（人民出版社，二〇一六年）
- 《鄧小平（上、下）》，中共中央文獻研究室編（中央文獻出版社，二〇一四年）
- 《江澤民文選（一～三）》，江澤民（人民出版社，二〇〇六年）
- 《朱鎔基講話實錄（一～四）》，朱鎔基講話實錄編輯組編（人民出版社，二〇一一年）
- 《朱鎔基答記者問》，朱鎔基答記者問編輯組編（人民出版社，二〇〇九年）
- 《胡錦濤文選（一～三）》，中共中央文獻編輯委員會編（人民出版社，二〇一六年）

現代中國

- 《國際金融危機：觀察、分析與應對》，周小川（中國金融出版社，二〇一二年）
- 《音樂劇之旅》，周小川、肖夢等人（新世界出版社，一九九八年）
- 《國際貨幣體系改革與人民幣國際化》，李若谷（中國金融出版社，二〇〇九年）
- 《中國金融戰略二〇二〇》，夏斌、陳道富（人民出版社，二〇一一年）
- 《吳敬璉文集（上、中、下）》，俞可平主編（中央編譯出版社，二〇一三年）
- 《中國經濟增長十年展望（二〇一三－二〇二二）》，劉世錦主編（中信出版社，二〇一三年）

●日語文獻

歷史

- 《中国経済史》，岡本隆司編（名古屋大学出版会，二〇一三年）
- 《中国の誕生》，岡本隆司（名古屋大学出版会，二〇一七年）
- 《日本と中国経済》，梶谷懐（ちくま新書，二〇一六年）
- 《通貨の日本史》，高木久史（中公新書，二〇一六年）
- 《日中関係史》，国分良成、添谷芳秀、高原明生、川島真（有斐閣アルマ，二〇一三年）
- 《日中関係史一九二一二〇一二 II 経済》，服部健治、丸川知雄編（東京大学出版会，二〇一二年）
- 《シリーズ中国近現代史（①～⑤）》，吉澤誠一郎、川島真、石川禎浩、久保亨、高原明生、前田宏子（岩波新書，二〇一〇年～二〇一四年）
- 《満洲暴走　隠された構造》，安冨歩（角川新書，二〇一五年）
- 《「満洲」の成立》，安冨歩、深尾葉子編（名古屋大学出版会，二〇〇九年）
- 《大陸に渡った円の興亡（上、下）》，多田井喜生（東洋経済新報社，一九九七年）
- 《昭和の迷走》，多田井喜生（筑摩選書，二〇一四年）
- 《ウォール・ストリートと極東》，三谷太一郎（東京大学出版会，二〇〇九年）
- 《ブレトンウッズの闘い》，ベン・ステイル（日本経済新聞出版社，二〇一四年）
- 《マオの肖像》，内藤陽介（雄山閣，一九九九年）
- 《紙幣肖像の近現代史》，植村峻（吉川弘文館，二〇一五年）
- 《中華帝国の構造と世界経済》，黒田明伸（名古屋大学出版会，一九九四年）
- 《貨幣システムの世界史（増補新版）》，黒田明伸（岩波書店，二〇一四年）
- 《世界経済の成長史一八二〇～一九九二年》，アンガス・マディソン（東洋経済新報社，二〇〇〇年）

- 《清帝国とチベット問題》，平野聡（名古屋大学出版会，二〇〇四年）
- 《チベット入門》，ペマ・ギャルポ（日中出版，一九八七年）
- 《チベット受難と希望：「雪の国」の民族主義》，ピエール＝アントワーヌ・ドネ（岩波現代文庫，二〇〇九年）
- 《香港　「帝国の時代」のゲートウェイ》，久末亮一（名古屋大学出版会，二〇一二年）
- 《戦後日本のアジア外交》，宮城大蔵編（ミネルヴァ書房，二〇一五年）
- 《昭和史（上）》，中村隆英（東洋経済新報社，二〇一二年）
- 《日本政治史》，北岡伸一（有斐閣，二〇一一年）

回憶錄／人物傳記等

- 《東方見聞録（1、2）》，マルコ・ポーロ（平凡社ライブラリー，二〇一六年）
- 《三民主義（上）》，孫文（岩波文庫，一九五七年）
- 《満州脱出》，武田英克（中公新書，一九八五年）
- 《見果てぬ夢　満州国外史》，星野直樹（ダイヤモンド社，一九六三年）
- 《赤い夕陽のあとに》，三重野康（新潮社，一九九六年）
- 《ニクソン訪中機密会談録（増補決定版）》，毛里和子、毛里興三郎訳（名古屋大学出版会，二〇一六年）
- 《周恩来キッシンジャー機密会談録》，毛里和子、増田弘監訳（岩波書店，二〇〇四年）
- 《周恩来秘録（上、下）》，高文謙（文藝春秋，二〇〇七年）
- 《胡耀邦》，楊中美（蒼蒼社，一九八九年）
- 《趙紫陽》，宗鳳鳴（ビジネス社，二〇〇八年）
- 《趙紫陽極祕回想録》，趙紫陽ほか（光文社，二〇一〇年）
- 《現代中国の父　鄧小平（上、下）》，エズラ・F・ヴォーゲル（日本経済新聞出版社，二〇一三年）
- 《鄧小平　政治的伝記》，ベンジャミン・ヤン（朝日新聞社，一九九九年）
- 《鄧小平祕録（上、下）》，伊藤正（文春文庫，二〇一二年）
- 《「朱鎔基」中国市場経済の行方》，矢吹晋（小学館文庫，二〇〇〇年）
- 《朱鎔基伝》，高新、何頻（近代文芸社，一九九八年）
- 《日本と世界が震えた日》，榊原英資（中央公論新社，二〇〇〇年）

- 《通貨の興亡》，黒田東彦（中央公論新社，二〇〇五年）
- 《私の履歴書　人生越境ゲーム》，青木昌彦（日本経済新聞出版社，二〇〇八年）
- 《円の興亡　「通貨マフィア」の独白》，行天豊雄（朝日新聞出版，二〇一三年）
- 《サッチャー回顧録（下）》，マーガレット・サッチャー（日本経済新聞社，一九九三年）
- 《ルービン回顧録》，ロバート・E・ルービン、ジェイコブ・ワイズバーグ（日本経済新聞社，二〇〇五年）
- 《テロマネーを封鎖せよ》，ジョン・B・テイラー（日経BP社，二〇〇七年）
- 《波乱の時代（上、下）》，アラン・グリーンスパン（日本経済新聞出版社，二〇〇七年）
- 《ポールソン回顧録》，ヘンリー・ポールソン（日本経済新聞出版社，二〇一〇年）
- 《決断のとき（下）》，ジョージ・W・ブッシュ（日本経済新聞出版社，二〇一一年）
- 《オバマと中国》，ジェフリー・A・ベーダー（東京大学出版会，二〇一三年）
- 《ガイトナー回顧録》，ティモシー・F・ガイトナー（日本経済新聞出版社，二〇一五年）
- 《チベットわが祖国　ダライ・ラマ自叙伝（新版）》，ダライ・ラマ（中公文庫，二〇一五年）
- 《コルナイ・ヤーノシュ自伝》，コルナイ・ヤーノシュ（日本評論社，二〇〇六年）

現代中國

- 《内部　ある中国報告》，船橋洋一（朝日新聞社，一九八三年）
- 《香港　アジアのネットワーク都市》，浜下武志（ちくま新書，一九九六年）
- 《円と元から見るアジア通貨危機》，関志雄（岩波書店，一九九八年）
- 《人民元・ドル・円》，田村秀男（岩波新書，二〇〇四年）

◆《中国共産党》，リチャード・マグレガー（草思社，二〇一一年）
◆《とてつもない特権》，バリー・アイケングリーン（勁草書房，二〇一二年）
◆《中国共産党の経済政策》，柴田聡、長谷川貴弘（講談社現代新書，二〇一二年）
◆《次の中国はなりふり構わない》，呉国光（産経新聞出版，二〇一二年）
◆《紅の党》，朝日新聞中国総局（朝日新聞出版，二〇一二年）
◆《超大国・中国のゆくえ（2～5）》，青山瑠妙、天児慧、菱田雅晴、鈴木隆、丸川知雄、梶谷懐、新保敦子、阿古智子（東京大学出版会，二〇一五年～二〇一六年）
◆《チャイナズ・スーパーバンク》，ヘンリー・サンダースン、マイケル・フォーサイス（原書房，二〇一四年）
◆《中南海》，稲垣清（岩波新書，二〇一五年）
◆《デジタル・ゴールド》，ナサニエル・ポッパー（日本経済新聞出版社，二〇一六年）
◆《China 2049》，マイケル・ピルズベリー（日経 BP 社，二〇一五年）
◆《問答有用　中国改革派 19 人に聞く》，吉岡桂子（岩波書店，二〇一三年）
◆《愛国経済　中国の全球化》，吉岡桂子（朝日新聞出版，二〇〇八年）

本書照片出處

◆ 原日文版書衣、封面：Alamy ／ AFLO（中国紙幣）、路透社／ AFLO（習近平）、路透社／ AFLO（鄧小平）。
◆ 原日文版本文：Ullstein bild ／ AFLO（P73）、共同通信社（P101、105、113、125、195）、路透社／ AFLO（P267）、Imaginechina ／ AFLO（P329）。

※ 其他書中刊載照片均由作者自行拍攝或自行取得。

年表

- 一八四〇　鴉片戰爭（～一八四二年）。
- 一八六三　港幣成為英國殖民地香港的法定貨幣。
- 一九一二　清朝滅亡，中國民國建國（孫文任臨時大總統）。
- 一九二一　中國共產黨成立。
- 一九二七　蔣介石在南京成立中華民國國民政府。
- 一九三一　中國共產黨成立中華蘇維埃共和國臨時政府（以毛澤東為主席）。決定發行貨幣（蘇幣，一九三二年開始）。
- 一九三二　日本建滿洲國（以溥儀為執政者），發行貨幣（滿洲國幣）。
- 一九三五　中華民國在英、美的支持下，改革貨幣制度，發行「法幣」。
- 一九三七　盧溝橋事變，中日戰爭開始（～一九四五年）。
- 一九四〇　汪兆銘在南京成立政權。中央儲備銀行發行貨幣（中央儲備銀行券，簡稱中儲券）。
- 一九四一　太平洋戰爭開始（～一九四五年）。
- 一九四四　聯合國在美國布列敦森林召開國際金融研討會，中華民國參加。
- 一九四八　中國共產黨設立中國人民銀行，發行人民幣。
- 一九四九　中華人民共和國建國。中華民國政府遷都台灣台北。
- 一九五〇　英國承認中華人民共和國。韓戰爆發（～一九五三年），美國凍結中國在美國的資產作為制裁。
- 一九五九　趁著西藏動亂之際，中國共產黨禁止使用當地貨幣（藏幣）。人民幣統一整個大陸。
- 一九七二　美國總統尼克森訪問中國，改善中、美關係。日本與中國建交。
- 一九七八　鄧小平推動改革開放政策。
- 一九七九　美國與中國建交。日本開始向中國政府提供援助開發（於二〇〇七年終止。剩餘部分新增貸款）
- 一九八〇　中國取代台灣，成為國際貨幣基金組織、世界銀行的成員。
- 一九八六　中國加盟亞洲開發銀行。

- 一九九二　鄧小平南方談話，加速改革開放的腳步。
- 一九九三　中國停止糧食配給票「糧票」的流通（一九五五年～）。副總理朱鎔基兼任中國人民銀行行長（～一九九五年），控制通貨膨脹，推動金融改革。
- 一九九四　統一人民幣的官方匯率與市場匯率。廢除外匯兌換券（一九八〇年～）。對美元的匯率大幅下跌。
- 一九九七　香港回歸中國。亞洲金融危機爆發（～一九九八年）。
- 一九九九　人民幣的紙幣圖案統一使用毛澤東肖像（第五套人民幣）。
- 二〇〇〇　中、日、韓與東南亞國家協會簽署用於兌換外幣（美元）的貨幣互換網絡《清邁倡議》。
- 二〇〇一　中國加入世界貿易組織。
- 二〇〇二　中國與日本簽署人民幣的貨幣互換協議（二〇一三年結束）。
- 二〇〇五　人民幣從實際美元固定匯率制，轉為參考「一籃子貨幣」的管理浮動匯率制。對美元匯率上升了約百分之二。
- 二〇〇六　中國的外匯存底額超越日本，成為世界第一。
- 二〇〇八　美國爆發雷曼兄弟連動債事件。中國從南韓開始，與世界各國簽署貨幣互換協議（截至二〇一六年六月，共與三十三個國家、地區締結協議）。
- 二〇〇九　中國的國內生產毛額超越日本，僅次於美國，居於世界第二位。利用人民幣擴大貿易結算，推動人民幣「國際化」。
- 二〇一一　東南亞國家協會與中、日、韓成立東協加三宏觀經濟研究辦公室（總部在新加坡），首任主任是中國人。
- 二〇一二　人民幣開始與日圓直接交易。
- 二〇一三　中國貸款利率自由化。
- 二〇一五　中國與印度、俄羅斯、巴西、南非成立新開發銀行（總部在上海），申請加盟歐洲復興開發銀行。人民幣在三天內總計下跌百分之四・五（八月）。存款利率自由化。國際貨幣基金組織決定把人民幣納入特別提款權的貨幣成員。
- 二〇一六　亞洲基礎設施投資銀行開業。

資料來源：《日中關係史》、《人民幣讀本》、《中華人民共和國人民幣大系》、香港金融管理局官方網站、人民銀行官方網站、日本財務省官方網站